A (Des)construção do Caos

Coleção Debates
Dirigida por J. Guinsburg

Equipe de realização – Edição de texto: Lilian Miyoko Kumai; Revisão: Bárbara Borges; Fotografias: Noemi Moritz Kon e Sergio Kon; Produção: Ricardo W. Neves, Sergio Kon e Raquel Fernandes Abranches.

**sergio kon e
fábio duarte
(orgs.)**

A (DES)CONSTRUÇÃO
DO CAOS

PROPOSTAS URBANAS PARA SÃO PAULO

PERSPECTIVA

Dados Internacionais de Catalogação na Publicação (CIP)
(Câmara Brasileira do Livro, SP, Brasil)

A (Des)construção do caos: propostas urbanas para
São Paulo / Sergio Kon e Fábio Duarte (orgs.).
– São Paulo: Perspectiva, 2008. – (Coleção
Debates ; 311 / dirigida por J. Guinsburg)

ISBN 978-85-273-0812-0

1. Política urbana – São Paulo (SP)   2.
Renovação urbana – São Paulo (SP)   3. Urbanismo
4. Urbanismo – São Paulo (SP)   I. Kon, Sergio.   II.
Duarte, Fábio.   III. Guinsburg, J.   IV. Série.

07-10294   CDD-711.40981611

Índices para catálogo sistemático:

1. São Paulo: Cidade: Urbanismo   711.40981611
2. Urbanismo: São Paulo: Cidade   711.40981611

Direitos reservados à

EDITORA PERSPECTIVA S.A.

Av. Brigadeiro Luís Antônio, 3025
01401-000 São Paulo SP Brasil
Telefax: (11) 3885-8388
www.editoraperspectiva.com.br

2008

SUMÁRIO

Introdução 11

1. O Caos se(m) Cura: dez mandamentos para uma cidade combalida
   Sergio Kon 15

2. Caminhos e Descaminhos: alguns projetos e intervenções no espaço metropolitano
   Maria Alice Junqueira Bastos 39

3. Signos de uma Paisagem Des(cons)truída
   Polise Moreira De Marchi 73

4. Os Caminhos da Cidade
   Fábio Duarte 115

5. Cidade Movente: a matriz de transportes da metrópole
   Carlos Mercante 145

6. Crônica da Província de São Paulo: duas ou três coisas que eu sei sobre ela
   Tales A. M. Ab'Sáber 175

7. O Destino das Sobras: a gestão do lixo
   Gilson Lameira de Lima 217

8. Água Que Não Se Vê
   Jenny Perez 255

Sobre os Autores 297

INTRODUÇÃO

Uma cidade se faz no tempo. O território, as formas de organização, as práticas políticas, as tendências culturais, os fenômenos naturais, as disputas, as guerras, as exigências, os comportamentos, as influências, os fluxos populacionais, todas as experiências humanas, individuais e coletivas, e os eventos naturais e artificiais são elementos originários e modeladores do ambiente urbano. Tempo e espaço se mesclam à ação humana para definir esse formidável cenário de convivência, para onde convergem os anseios e as esperanças dos homens. Na infinidade de lugares, na capacidade de abrigar gentes as mais diferentes, oriundas das mais diversas e distantes regiões, e de fazê-las reunir-se e interagir, reside sua vitalidade essencial. Corpo dinâmico, instável, móvel, a cidade é a síntese do que o homem pôde construir de mais humano, o espelho da sua capacidade de criar e inventar, seu produto cultural mais característico, o palco de seu drama.

Ao se reunirem, contudo, as sociedades humanas despertam no indivíduo o gosto pelo poder, pela riqueza e pelo privilégio, e criam barreiras sociais pautadas pelo preconceito ou pela segregação, num ambiente em que uns mandam e outros se submetem e obedecem. Dessa lógica maniqueísta surge a cidade moderna, com seus conflitos e sua riqueza. Seu poder de organização e aglutinação atraiu, ao longo de séculos, mais e mais pessoas para dentro de seus muros; e a multiplicação do trabalho, com a mecanização das fábricas, e a universalização do consumo acabaram por seduzir as massas, que acorreram em grande número, agigantando e criando imensas estruturas urbanas – as metrópoles –, que, por tão grandes, passam a depender de muitos e múltiplos recursos e investimentos em infra-estrutura, trabalho, segurança e educação, gerando, assim, territórios heterogêneos, complexos, problemáticos, tanto mais quanto mais periférica for a economia em que estiverem inseridas. Destarte, países mais pobres, como o Brasil, desenvolvem metrópoles que crescem de forma desordenada e descontrolada, com uma infra-estrutura básica e de equipamentos urbanos precários.

Ser a cidade mais rica do estado mais rico da nação não poupou São Paulo de submergir nesses traumas e dificuldades. Pelo contrário, aprofundou as fissuras da malha urbana – em sua conformação física e social – com suas próprias características e criou um ambiente difícil de ser administrado, em que as esferas pública e privada se misturam e se confundem, deixando milhões de pessoas à margem da sociedade organizada, à serviço de um pequeno grupo de privilegiados, e alijadas de uma vida mais plena e confortável.

Este livro é fruto dessa preocupação, desse entendimento de que é preciso despertar no homem que vive na cidade – São Paulo ou outra grande cidade qualquer – o desejo de participar das decisões que atinjam seu espaço de vivência e circulação e de exigir o *seu* lugar na *sua* cidade. Ser sujeito e agente, com pequenos e grandes gestos, fazendo com que qualquer intervenção de qualquer natureza no ambiente urbano tenha por finalidade a si mesmo e qualquer outro cidadão.

Os ensaios procuram penetrar um pouco a espessa e densa pele dessa metrópole e refletir sobre seus problemas mais vitais, ao nível da rua, da percepção direta do cidadão em relação a sua cidade. Uma cidade complexa, à espera de grandes e pequenas reformas capazes de acomodar a expectativa do cidadão mais simples de ter uma vida melhor.

Durante a elaboração deste trabalho, enquanto finalizávamos os textos, a prefeitura de São Paulo conseguiu finalmente implantar a Lei Cidade Limpa, que disciplina e restringe o uso de placas comerciais e *outdoors*, fazendo aparecer uma cidade oculta, que havia sido varrida como sujeira para debaixo do tapete. Também iniciou um programa de recuperação de vias públicas, que consiste em reformas e homogeneização dos passeios públicos de alguns corredores em bairros centrais, como os das ruas Augusta, Teodoro Sampaio e das avenidas Pedroso de Morais, Nove de Julho e Rebouças, e ainda exige que os imóveis adaptem suas soleiras ao calçamento regularizado. Espasmos de um poder que há muito parece desprezar as soluções urbanísticas mais simples e que privilegia ações de grande ou pequeno porte, discutíveis, como as parcerias com empresas e lojistas que reformaram a elegante rua Oscar Freire, nos Jardins, ou a Avanhandava, no centro, e que, afinal, ao sugerir um padrão urbanístico particularizado e dissociado do restante da cidade, repete o mesmo rumor de sempre, dos pequenos favores àqueles que podem mais. São ações que vêm bem a propósito do debate que pretendemos estimular.

Agradecimento especial dedicamos à editora Perspectiva, pelo apoio irrestrito à publicação, e em particular a seu editor, J. Guinsburg, que sugeriu e estimulou a realização da obra.

São Paulo, fevereiro de 2008

O CAOS SE(M) CURA
Dez mandamentos para uma cidade combalida

Sergio Kon

Espraia-se a carne vasta e macilenta. Um corpo imenso, confuso e híbrido que tosse, fede, pulsa e cresce. Quinze milhões de almas embrulhadas em 1 500 km² de cimento, barro, asfalto, tubos, galerias e fios num emaranhado que escorre por suas bordas úmidas, tépidas, escuras, sujas.

São Paulo é um amontoado de coisa e gente, agigantada em pouco mais de meio século de ganância e de desprezo pelo ambiente. Cidade que respira através de seus milhões de almas, pulverizadas na imensa malha construída sob o estigma da pujança econômica e que vivem vidas tão díspares quanto múltiplas são suas origens. Carregam em si as marcas da riqueza e da miséria, contraste-síntese da metrópole-síntese brasileira.

1º *Serás um cidadão solidário; darás valor aos interesses coletivos; serás sensível às necessidades de seus semelhantes.*

O robusto desenvolvimento industrial a partir da terceira década do século xx trouxe à aprazível cidade investimentos massivos e grandes levas de migrantes e imigrantes, gerando um ciclo violento de expansão econômica e urbana. Historicamente constituída como entreposto e passagem, os agentes econômicos e políticos, mais preocupados em facilitar a dinâmica do capital de qualquer natureza, produtivo ou especulativo, pouca ou nenhuma atenção deram ao controle e à organização da explosão da mancha física da cidade. Não que faltassem dados e projeções dos limites e das armadilhas de um crescimento descontrolado, mas todas aquelas oportunidades de lucro fácil e rápido seduziam os grupos dominantes, enquanto a massa era acolhida nos chãos das fábricas e nos canteiros de obras. Partindo de seu centro histórico, a cidade cresceu para o leste e para o sul, ao longo dos dois grandes rios, o Tietê e o Pinheiros, que até hoje a definem territorialmente. Sendo o capital, e não o homem, o centro de referência dos agentes públicos ou privados, à falta de uma infra-estrutura urbana sólida e racionalmente elaborada juntou-se a exacerbação do consumo e da especulação da propriedade em solo urbano, num território que precisava abrigar, a um só tempo, uma população que crescia vertiginosamente e que demandava uma expansão massiva do comércio e dos serviços, e as fábricas, que cresciam e se multiplicavam na mesma proporção em que cresciam os investimentos na cidade. Assim, instituído o ciclo de crescimento, o município de São Paulo passou de 1,3 milhão de habitantes (1,5 milhão na região metropolitana) em 1940 para onze milhões de pessoas (quinze milhões na região metropolitana) em 2000, distribuídas numa mesma área de 1.500 km², quase sete mil habitantes por km², segundo dados do Instituto Brasileiro de Geografia e Estatística (IBGE).

Ao caos estabelecido – e, em certa medida, constituído – sucedeu-se o colapso gradual da infra-estrutura urbana, seja pela grande concentração dos serviços no centro, pelo aumento desordenado das periferias, pela favelização de áreas depreciadas; seja pelo envelhecimento das redes de saneamento e serviços existentes, obsoletas e à beira da ruína por falta de cuidados; seja pela ausência de políticas de saneamento básico para as regiões periféricas.

> 2º *Não descuidarás de teu ambiente. Cuidarás de mantê-lo sempre limpo e seguro; nunca o poluirás e nunca deixarás que o degradem.*

Atualmente, mais de 40% da água distribuída na cidade é desperdiçada em vazamentos na rede pública, enquanto parte considerável das áreas de mananciais está invadida por loteamentos ilegais. Nos bairros de periferia, as ruas foram quase todas asfaltadas; os barracos de chapas de compensado foram substituídos por alvenaria de blocos de concreto ou tijolos e lajes pré-moldadas, com dois ou três andares; os terrenos foram progressivamente ocupados, sem que se construísse uma rede de distribuição e escoamento de águas e esgoto adequada, formando uma malha urbana tortuosa e impermeável.

O solo assim impermeabilizado, agora incapaz de absorver as águas das chuvas e escoá-la para alimentar as represas, fez da cidade uma ilha de calor, que "atrai" as massas úmidas de ar e provoca chuvas torrenciais sobre as áreas urbanizadas. Como resultado, ano após ano, vemos notícias de racionamentos severos de água no ciclo da seca e, em tempos de chuva, de mais ameaças de racionamento generalizado – uma vez que os mananciais não mais têm reservas de água para toda a população – e, simultaneamente, de enchentes dramáticas, sempre nos bairros periféricos.

Enquanto isso, a rede viária de toda a cidade, sem um modelo estrutural e uma infra-estrutura adequados para o transporte público de massa, continua sendo ampliada e adaptada para acomodar o crescente número de automóveis, dando fôlego à indústria automobilística, que, como indústria-chave dos programas nacionais de desenvolvimento econômico, em razão de seu nível de especialização, de sua capacidade de gerar empregos diretos e indiretos e da movimentação que provoca nos negócios em seu entorno, nunca é questionada como vetor de degradação do ambiente urbano. Mais carros e mais ônibus, numa escala irreparável, interminável e inconsistente, drenando recursos vultosos que apenas aliviam temporariamente os inevitáveis congestionamentos e sufocam ainda mais os já estreitos calçamentos. Entre um lado e outro das ruas e avenidas movimentadas, cria-se uma barreira desconfortável, às vezes intransponível, que aniquila toda a atividade comercial, afastando os pedestres e comprometendo a vitalidade de todo o bairro.

Ao invés de políticas que equilibrem transporte, trabalho, moradia e serviços, que reduzam as distâncias, integrem e valorizem as regiões fora do centro, a cidade, lotada de ônibus e de automóveis, fica com suas áreas mais vitais abarrotadas de obras de malabarismos viários, num esforço extraordinário para minimizar o colapso do sistema. Deslocada para o asfalto, pelo menos metade da população paulistana utiliza veículos particulares para sua movimentação diária na cidade. São 3,5 milhões de automóveis particulares (quatro milhões de pessoas – apenas 1,2 pessoa por veículo) circulando pelos dezessete mil quilômetros de ruas da cidade, oito mil ônibus (que percorrem 4.500 km de vias), seis mil lotações e quinhentas mil motocicletas. A malha metroviária, por sua vez, conta com apenas sessenta quilômetros de extensão após 35 anos do início de sua implantação (a cidade do México, por exemplo, com a mesma idade, tem 220 km e Nova Dheli, que implantou seu sistema há apenas cinco anos, já conta com os mesmos sessenta quilômetros de trilhos e tem financiamento e obras em curso para ultrapassar os cem quilômetros nos próximos três anos) e transporta cerca de quatro milhões de pessoas[1]. Diante das precárias condições de conforto e segurança, a humilhação de servir-se do transporte coletivo fica reservada à outra metade, menos afortunada.

> 3º   *Não vilipendiarás o espaço público.*

Bem característico da cidade, a rede elétrica estende-se de poste em poste – enormes, sujos, numerosos, encravados nas calçadas. As redes telefônicas e de TV a cabo sublocam estes postes, formando uma grande barafunda visual, ou seguem pelo subsolo das calçadas por caminhos tortuosos, em que cada operadora constrói sua malha a seu tempo e concorre com a rede de gás encanado, num festival de dutos, galerias e buracos que atazana a vida da cidade o ano todo em todos os lugares e faz das calçadas uma babel de tampas de todos os tipos e tamanhos. Nos bairros mais pobres, o que se vê são os mesmos postes, acrescidos de amontoados de ligações ilegais precárias, desprotegidas e perigosas.

Contudo, é o exército de indigentes de todas as idades nas ruas de qualquer bairro, pedindo esmolas, vendendo balas, "controlando" o estacionamento público, limpando vidros, vendendo flores, panos de prato ou a esmo, o lado mais visível e cruel desse processo predatório de metropolização de São Paulo; o *apartheid* social não é, por certo, um privilégio exclusivo da metrópole, mas é onde ele se manifesta com maior clareza e contundência. Reflete não apenas o inacreditável fosso social do país, mas, sobretudo, a indiferença histórica do homem brasileiro em relação ao outro. Um desdém cujas cicatrizes espalham-se por toda parte: no abandono das crianças, nos velhos e deficientes que pedem esmolas, nos saudáveis indigentes e subocupados das esquinas; no cenário desconcertante de uma cidade salpicada de pequenas malandragens, de apropria-

---

1. Dados da CET, ANTP, SPTrans e do jornal *Folha de S. Paulo*, extraídos de http://www.apocalipsemotorizado.net, acesso em 1/11/2007.

ções sutis do espaço público, de burlas quase invisíveis, sob a complacência de uma fiscalização pífia e corrompida da autoridade pública, que degradam o território urbano. Uma brutalização que se reflete no comportamento do cidadão comum, exilado no percurso casa-trabalho-casa e reduzido ao nível da suspeita, da desconfiança e da discriminação mais sórdida.

Reduzido a si mesmo e restringido a um convívio pouco mais que familiar, freqüentando *shoppings*, danceterias ou restaurantes, o paulistano abriu mão de seu direito à rua, ao contato com o outro, à coisa pública.

4º *Obedecerás às leis, exigirás reformas, permanecerás crítico e ativo.*

O isolamento das edificações é emblemático: o público é o fora, o lugar do perigo e do abandono. O privado é o lugar da vida, mas de uma vida desvinculada da violência-lá-de-fora. A grade e/ou o muro negam à cidade o edifício, que é sua paisagem mais íntima, mais característica e mais fundamental. Aos que passam, é-lhes oferecido, na maioria dos bairros, o asfalto quente e sujo e uma incrível sucessão de calçamentos, grades e muros de uma cidade amortecida no medo e na ação individual mais egoísta. Não olhe, não pise, não entre! Não passe por aqui. A cidade se nega ao cidadão e o criminaliza: não há pedestres, há suspeitos.

A cidade cindida nas suas faces pública e privada, vulnerável por qualquer ângulo que se observe, é um tal amontoado de intervenções pontuais e oportunistas, tão aleatórias quanto freqüentes, que torna virtualmente impossível qualquer ação corretiva de escala. O grande problema de São Paulo é muito menos a falta de regras de controle e normas de conduta e muito mais o desdém, a desconfiança e o desrespeito às leis, que, talvez por isso mesmo, muitas vezes estão desatualizadas e contrastam com o dinamismo dos processos urbanos, que torna, ao longo de anos, ruas pacatas em vigorosos corredores de serviço e comércio, incentivando ocupações ilegais do território e as inomináveis e cíclicas anistias, que, afinal, legitimam a burla e a esperteza de não poucos cidadãos.

Faz toda a diferença para o território urbano se o cidadão encara as leis a que deveria se submeter como um emaranhado de restrições do qual precisa se livrar, ou se as vê como um esforço coletivo de convivência e tolerância, que deve ser respeitado e continuamente aprimorado. A decisão de agir segundo uma ou outra visão traz muito mais conseqüências para o tecido urbano do que qualquer novo viaduto, edifício público ou monumento (que decerto resultam dessa mesma decisão). A cidade é o homem. Se São Paulo é complicada, deseducada, malcuidada, maltratada, vil, cruel, elitista, preconceituosa, discriminatória, é porque sua gente a fez assim; é porque somos uma sociedade assim.

5º *Respeitarás teu próximo e teu distante. Nada farás que incomodaria a ti mesmo, como cidadão.*

A metrópole agiganta-se e asfixia o cidadão. As periferias, perpetuadas na precariedade, na ausência de equipamentos urbanos de qualquer tipo e de garantias mínimas à sua segurança, tentam se organizar em "comunidades", num esforço para conquistar o mínimo de atenção da autoridade pública, de integrar-se à sociedade que os mantém à margem, ou para simplesmente poderem viver melhor suas vidas, apesar do Estado. Enquanto isso, multiplicam-se os guetos de exclusão e revolta, nos quais o crime, organizado ou não, torna-se uma oportunidade – e provavelmente uma exigência – de sobrevivência. A institucionalização da violência pelo crime como agente empregador pôs a megalópole diante do seu grande paradoxo: o desvario de uma população que se arma e se protege contra si mesma. Homem contra homem, cidadão contra cidadão, motorista contra motorista contra *motoboy* contra motorista, periferia contra centro contra periferia, pobre contra rico contra pobre, pobre contra pobre, motorista contra pedestre, ônibus contra táxi contra automóvel contra pedestre: tantas pequenas guerras, tão grandes desencontros. O resultado é uma metrópole-faroeste, sem lei e sem xerife, uma cidade de inúmeros "um", cidade-do-um, do singular, do homem isolado, quase exilado na sua casa-trabalho.

Menos dramática é a situação dos moradores mais abastados. Embora sofram com uma infra-estrutura comprometida, as opções de lazer (os templos de compras, os bons restaurantes, as salas de concertos, os museus públicos vigiados e controlados, os cinemas e teatros), as oportunidades de acesso a bens fundamentais (educação de qualidade em estabelecimentos privados, bens culturais e fartura de informação, bons hospitais, planos de saúde e previdenciários), a mobilidade relativamente garantida por farto – embora congestionado – sistema viário (carros com ar-condicionado e vidros escuros tornam as viagens mais seguras e confortáveis), a possibilidade de escolher o lugar onde morar (bairros que atingiram aquele estado de equilíbrio vital entre usos variados, substituindo uma população mais antiga, e que neles já não podem mais se manter em razão dos altos preços dos imóveis, turbinados pela especulação imobiliária) e a possibilidade de providenciar a própria segurança (proteção garantida por uma polícia privada paralela que cresce na mesma proporção – e com os mesmos homens – em que a polícia civil fica cada vez mais sucateada e corrupta) garantem-lhe uma vida mais plena, com muitas oportunidades de desenvolvimento pessoal e de entretenimento, compensando, em parte, as carências e o desconforto do dia-a-dia. A cidade é melhor ou pior, dependendo de como e onde se mora. Protegida na cidadela, servida pelo povo da periferia e de bairros mais afastados, essa elite tem uma vida própria, cada um a sua, distante da dos serviçais. À medida que cresce o desamparo e a frustração da população mais pobre, o tecido urbano vai se esgarçando, e as ilhas de prosperidade reagem, convocando um numeroso exército paramilitar, blindando seus carros, fechando-se em muros e renunciando definitivamente ao convívio das ruas. A cidade, então, dispersa-se em pequenos fragmentos de vida.

> **6º** *Exigirás teu lugar na tua cidade. Tomarás o espaço público também como teu.*

A cidade e o cidadão refletem-se e complementam-se numa espiral de equívocos. O crescimento acelerado e desordenado destrói as referências naturais e culturais e gera um certo descompromisso da cidade pelo cidadão. Desse descaso surge a apatia, a desconsideração pelo território urbano e, por fim, a renúncia ao ambiente público. Esquecida do que lhe pertence, a população perde, em conseqüência, aquilo que a define como cidadã: sua natureza política. Esvai-se como agente político, influente, resultando apenas num amontoado de gente, ao sabor e a serviço daqueles poucos que detêm ou capital ou poder político, e que não têm qualquer vínculo ou obrigação com as agruras do indivíduo que vive para sobreviver. Não à toa, o espaço por excelência dessa massa alijada das decisões políticas, as calçadas, que, como uma monumental colcha de retalhos, são estreitas, inadequadas, irregulares, mudam de cor e de material a cada dez metros, segundo o gosto e as necessidades pessoais dos donos de estabelecimentos e edifícios que as conservam, obstaculizadas por toda sorte de equipamentos, públicos ou privados, e atravancadas por degraus e planos destinados a "corrigir" os desníveis de acesso dos automóveis aos portões e garagens das edificações, obrigando o pedestre, e não o automóvel, ao maior esforço. Também não surpreende o fato de o cidadão viver apartado da convivência com o outro, pelas grades e pelos vigilantes; ou enfrentando horas de viagem nos ônibus lotados, malconservados e desconfortáveis entre sua casa, provavelmente num bairro carente de serviços e de conforto, e seu trabalho. E não é por outro motivo que a cidade se torna um amontoado de luminosos, placas comerciais e *outdoors*, campo de batalha de interesses privados. Nem nos espanta mais as invasões de degraus, floreiras, mesas, bancos, postos de manobristas, suportes para depósito de lixo dos prédios, postos de segurança particular, toldos levados até o meiofio, que procuram tirar proveito do passeio público para ampliar o espaço interno dos estabelecimentos, configurando um ambiente de confisco do público pelo privado e de absoluta segregação física e visual para o pedestre. Tendo renunciado à cidadania, o homem comum de poucas posses, com ou sem carro, rechaçado para os bairros periféricos desestruturados, quilômetros distante de seu posto de trabalho, simplesmente inexiste: é apenas uma sombra, que vive para fazer viver uma minoria de privilegiados.

Invisível o homem, a cidade sucumbe com o cidadão. Torna-se, pouco a pouco, um corpo fragmentado e doente, em que aos benefícios de uma formidável rede de bens culturais e de serviços, do grande acesso a informações e conhecimentos e de uma intensa dinâmica de negócios e oportunidades contrapõem-se cicatrizes profundas de miséria e um vazio político-cultural de difícil reversão.

> 7º   *Lutarás pela recuperação da paisagem natural de tua cidade.*

Se o fenômeno de metropolização tem sido uma história trágica de privatização da vida em todas as grandes cidades do mundo, no caso de São Paulo, o soterramento do *corpus* urbano foi também dramático. São Paulo arruinou sua paisagem natural e também a construída; eliminou todas as suas âncoras paisagísticas, naturais ou arquitetônicas, todo o equilíbrio sinestésico entre o olhar e a realidade. O que sobra é uma sensação de desconforto e desequilíbrio, contrastes violentos de muitas realidades diferentes sobrepostas numa mesma matriz, que em cada um de seus fatores carrega os fardos de todos os outros – fardos de miséria, pobreza, sofrimento, carências, falta de saneamento e infra-estrutura, insegurança, descuido, desprezo pelo próximo –, enquanto do bem-bom, da cidade desenvolvida e atrativa, partes muito grandes da metrópole pouco ou nada podem se aproveitar, ou pelos custos proibitivos, ou pelo acesso controlado e discriminatório, ou pelas enormes distâncias, ou pela falta de comunicação e informação, ou simplesmente por diferenças culturais e de gosto. Naquilo que interessa, que faz a diferença – poder optar, ter oportunidades –, a cidade é fechada, opaca, elitizada, preconceituosa.

Ao mesmo tempo, prospera a já conhecida onda de expansão urbana: mais construções nas áreas valorizadas, mais vias de circulação de automóveis, mais adensamento, aproveitando-se da infra-estrutura instalada, mais concentração dos mais pobres nas favelas e loteamentos irregulares, construídos à beira de mananciais ou em áreas de risco. Mais do mesmo, enfim: mais *apartheid*, mais conflito, mais segregação, mais concentração de renda, mais inconformismo da população numerosa e carente; as mesmas ineficazes soluções para os mesmos problemas, que, aliás, nunca são realmente enfrentados. Porque as questões sociais, educacionais e culturais da população, de um lado, e as garantias de seu direito ao conforto, à segurança e à cidadania, de outro, permanecem desprezadas pela agenda política da cidade. O fato decisivo é que nunca serão reconhecidos e respeitados, como cidadãos, os homens e as mulheres que não tomarem para si a responsabilidade de agir e exigir pelos seus direitos. Numa cidade, o sujeito tem de ser determinado.

> 8º   *Respeitarás o ambiente público como público. Exigirás das autoridades públicas o cumprimento de seus deveres na fiscalização, manutenção e melhoria de sua cidade.*

Muitas crises coexistem no ambiente urbano de São Paulo: a da convivência, da educação, do sucateamento dos equipamentos públicos, da renúncia dos direitos e deveres individuais, da lisura das relações públicas e privadas, do exercício do poder político, do colapso dos serviços e sistemas públicos de apoio ou amparo ao cidadão. Num país falto de recursos, numa cidade de tantas exigências, o exercício político do poder não pode ser perdulário nem favorecer opções estratégicas secundárias que priorizem resultados de curto alcance e curto prazo, ou que sejam meramente oportunistas. A maneira pela qual são aplicados e distribuídos os recursos públicos espelha o modo como a sociedade se comporta e se educa. Diz de seu anseio pessoal, da importância que dá à sua participação política, do que exige de seus representantes, de como elege seus heróis e suas referências. Diz, sobretudo, de como ela se vê.

Não nos apercebemos completamente, ainda, da falência da vida em nossa metrópole. É como se, estando com os olhos afundados na lama, achássemos que a vida é isso mesmo e as coisas são como são. Não obstante, construímos um caos tão gloriosamente irresponsável, que aniquilamos todos os focos de vida do nosso território: não temos jardins, não temos parques, não temos mais rios, enquadramos os céus, eliminamos os animais, limitamos à raridade os pássaros, odiamos os pombos, amamos apenas as árvores dos vizinhos, reduzimos ao mínimo as nossas áreas de vivência e convívio. E resolvemos nossos problemas urbanísticos com rara incompetência, eliminando mais e mais tudo isso que faz da vida, vida. Somos pós-modernos; pré-imbecis. Para resolver nossos problemas, sejam eles técnico-operacionais – transportes, saneamento básico, captação e escoamento das águas, moradia etc. – ou culturais – educação, emprego, divertimento etc. –, é elementar que respeitemos nossa cultura e a história de nossa formação social, nossos arquétipos, que nos remetem, invariavelmente, ao contato com a natureza, à experiência estética, à expressão e criação artísticas, ao conhecimento. E ao outro. Coisas a que todos têm de ter oportunidade de acesso e desfrute. O zelo pelo outro e o cuidado para com o ambiente são os princípios fundamentais para a formação de uma sociedade justa, produtiva e, acima de tudo, suportável. Vivemos no país, e especialmente nas nossas grandes cidades, uma realidade neolítica: os políticos assumindo facetas militarescas – impondo a ordem, multiplicando as jaulas – e religiosas – travestindo-se de mágicos salvadores, dotados de capacidade sobre-humana –; o Estado avassaladoramente voraz, com um exército de falsos-úteis; e uma casta de empresários habituados aos jogos de favores e ao desprezo pela lei, que sugam da população seu trabalho e sua energia, em troca de promessas de segurança e de esperança de uma vida melhor, coisas de que são incapazes de prover, porque, como parte de uma elite medieval, não têm o menor interesse em compartilhar verdadeiramente das riquezas que acumulam. É simplista, porém, responsabilizar o rico por aquilo que o pobre mesmo tenderia a fazer em seu lugar. Nossa crise é de valores e de estrutura, e é de sistema também. Nossa forma selvagem de ver o mundo não se encaixa mais na realidade: a pobreza e a miséria tornaram-se visíveis demais, expostas demais, e impossíveis de serem dissimuladas. Na ânsia de poder consumir bens melhores e mais sofisticados – para o quê todos fomos educados nos últimos cem anos, pelo menos –, as massas passam a exigir conforto; e, afinal, num sistema econômico pautado pelo consumo, o desperdício dessa população numerosa, potencialmente compradora, é marca da atrofia do nosso mercado e da estagnação de nossa economia.

> 9º   *Circularás a pé pelo bairro onde moras e onde trabalhas. Freqüentarás seus bares, as lojas, os restaurantes, cinemas, teatros, museus e galerias. Privilegiarás a rua como lugar de passeio e convívio.*

Um cenário que exige um trabalho árduo de educação, formação básica e renúncia, que, em grande medida, diz respeito a essa mesma população, subjugada, submissa e mediocrizada pela ação paternalista e clientelista do poder público, e que, estupidificada e preconceituosa, alimenta os mesmos chavões e acredita nas mesmas promessas e nas mesmas soluções que os relegam à mesma condição do "estrume que jaz na campina", como se referia, séculos atrás, a rica aristocracia à população mais pobre que morava fora dos muros da cidade, em condições sanitárias precárias.

Este é, certamente, o aspecto mais relevante do desafio urbano de que as cidades-sem-fim, especialmente as dos países fora do grupo dos industrialmente avançados, precisam enfrentar para superar sua pobreza endêmica, da qual todos – ricos ou pobres – somos vítimas. Maior e mais importante que qualquer plano urbanístico.

O que não nos exime de ter de lidar, também e rapidamente, com o ambiente físico da metrópole. Um homem necessita de um território para circular com liberdade e sobre o qual ele tenha controle, de um espaço – físico e psíquico – que lhe dê a sensação de amplitude e prazer. O conforto e a segurança dos deslocamentos e a facilidade de movimentação do cidadão em ambiente urbano é absolutamente vital à cidade, seja pelas suas conseqüências de caráter econômico, seja pelas de caráter cultural. A valorização do cenário físico, pelo qual ele se desloca, faz parte dessa matriz. Pois os problemas físicos da metrópole nunca serão solucionados se não forem enfrentadas as questões do deslocamento pessoal e da agilidade e permutabilidade do uso e da ocupação do solo, e de um projeto mínimo de regulamentação e controle do desenvolvimento, que se antecipe aos problemas urbanos, sem, no entanto, corromper os vetores naturais do processo de ocupação do solo na cidade.

Vale a pena ressaltar que nos lugares onde o trânsito, o comércio, a moradia, os serviços e os equipamentos urbanos misturam-se de forma equilibrada, isto é, onde os usos são múltiplos e variados, atraindo a vida ao longo de todo o dia e à noite, a metrópole reluz e se abre para o prazer do convívio e leva os cidadãos para o ambiente público da rua, que é da sua essência, numa movimentação diuturna que só por isso traz uma inequívoca sensação de segurança. A cidade é o lugar da experiência humana, o lugar do encontro por excelência. Onde ele floresce, o caos se dissolve e a massa urbana, independentemente de ser feia ou bonita, bem ou mal aparelhada, renasce.

Hoje, porém, o que se observa é que, distante de soluções mais simples e mais gregárias, e na mesma intensidade e velocidade com que São Paulo se transforma e se reinventa pelos movimentos de capitais, pelas oportunidades de negócios ou pelas tendências mundiais, a carcaça que fica para trás torna-se massa edilícia vazia e abandonada. A dificuldade da metrópole, na sua pressa insana e cega em atingir ares "globais", em reciclar, revigorar e reaproveitar seus espaços "deixados para trás" revela exatamente o lado reverso da transformação ágil: a inércia de construções pesadas, de difícil desmanche, de requalificação improvável, que jazem mortas, subaproveitadas ou degradadas na malha urbana. A cidade demonstra-se muito menos ágil e muito mais triste do que cantam os seresteiros do poder e do capital. Enquanto os signos de um decantado vigor estrutural, representado por redes de informação, negócios, oportunidades e referenciais interconectadas em escala global, pontuam aqui e ali na cidadela das elites políticas e econômicas, inúmeras edificações abandonadas ou sem qualificação ocupam o sítio urbano, sem pudor, como uma praga, em todos os bairros paulistanos. Mesmo esses novos grandes centros comerciais e empresariais estabelecem-se sem o menor cuidado com o impacto ambiental, em todos os seus aspectos, e muito freqüentemente se instalam em meio à prevaricação com o poder, por meio de processos de legalidade discutível, como, aliás, é próprio de nossa história recente e remota. Essa massa de edifícios indemolíveis e inertes, esse desprezo pela paisagem, esse descaso pelo entorno fazem de São Paulo uma colcha de fragmentos tão variada quanto inadministrável.

O território é hoje um fato de caráter sociológico e físico. Numa sociedade materialista, fundamentada no consumo (e no desejo do consumo), os valores retroagem ao âmbito

29

do indivíduo. O fosso social entre os que têm e os que não têm definem as relações interpessoais dos cidadãos e está refletido em como os equipamentos urbanos, públicos ou privados, estão distribuídos pelo espaço metropolitano, demarcando nitidamente as áreas abastadas – região centro-sudoeste – das mais carentes – leste, norte, extremo-sul –, repartindo a mancha urbana em territórios de exclusão, em que prevalece a lógica materialista dos excessos: tudo a quem tem muito; pouco ou nada a quem tem nada. Com parcos recursos e problemas complexos de gestão, o tecido urbano desmancha-se nas extremidades.

A dinâmica do mercado, por seu turno, faz o mesmo jogo. Todos os investimentos tecnológicos e os destinados aos serviços – basilares para o crescimento sustentável da metrópole – beneficiam as mesmas áreas já estruturadas. As periferias permanecem ao léu, sem recursos e sem liderança, ocupando as áreas de fronteiras, meio sem-donas nas zonas-limite da conurbação com as cidades vizinhas, numa espécie de cartão-postal da pobreza.

Além de uma revolução de valores, precisaremos, provavelmente, de novos métodos para desconstruir o caos urbano de São Paulo e estabelecer novos focos. Para que queremos essa cidade? Para quem?

10º   *Nunca desistirás de tua cidade.*

A cidade que construímos é um corpo disforme e imenso com muitos corações pulsando cada um a seu modo, malgerida por um sistema nervoso central frágil e falho, o sangue estancando nas artérias entupidas, tornando crítica a drenagem e capilarização da energia. Essa ameba gigante gangrena nas regiões mais delicadas e nas mais distantes e respira mal sem a ajuda de aparelhos; seus pulmões estão em petição de miséria e os órgãos saudáveis começam a sentir os danos das partes podres. Não é possível diagnosticar o nível de disseminação do câncer nesse corpo exaurido.

30

Só num pesadelo imaginaríamos, há trinta anos, esta metrópole de agora. Previsões de um cenário que apontasse para essa direção tinham um caráter de advertência. No entanto, e paradoxalmente, a grande metrópole continua a nos seduzir, e cada vez mais, sempre de uma maneira ambígua, é verdade, mas sempre imensamente sedutora: poucos cidadãos estabelecidos nas grandes cidades brasileiras pensam em sair para centros menores. O fato é que as maiores cidades do planeta continuam a potencializar a capacidade de criação e do processamento cultural do homem e da sociedade, e oferecem ainda as melhores condições de financiamento e de troca de experiências. Para além da capacitação tecnológica desses imensos aglomerados, o que não é nada desprezível, o maior valor de uma sociedade é, como sempre foi, o encontro entre pessoas e, simultaneamente, a disponibilidade de sua memória cultural, que se traduzem tanto no acesso ao patrimônio artístico e histórico como na dinâmica de seu ambiente físico.

Porém, se os contrastes étnicos e culturais são fatores nitidamente positivos – e propositivos – para o ambiente urbano de São Paulo, o fosso econômico que separa a minoria mais rica da imensa maioria das pessoas é uma tragédia para a sua vivificação. Um contraste que levanta um muro invisível entre a cidadela, ao centro, e a periferia, cujo ingresso ao maravilhoso mundo das oportunidades e do encantamento consumista do lado de dentro dá-se ao preço do servilismo e da subserviência. Como nas cidades primitivas, dentro dos muros vive-se à farta, fora deles vive-se para engordar os de dentro.

A cidade é responsabilidade do homem urbano, de cada um deles. De seu comportamento perante as regras de convivência e as leis, de como as encara, do que exige das autoridades políticas ou de seus vizinhos, ou de seus filhos, de sua atitude e reação pessoal diante dos problemas urbanos depende o seu nível, digamos, de civilidade, seu cosmopolitismo, sua capacidade de oferecer ao cidadão oportunidades de uma vida mais plena.

A metrópole é o reflexo da sociedade que a habita, nunca o contrário. Ela é uma construção essencialmente humana, para abrigar experiências unicamente humanas. São os homens que vivenciam a experiência de ser e estar nesse ambiente radicalmente artificial – livre de toda interferência de vida não-humana –, em toda sua completude e complexidade. A metrópole, de certa maneira, instiga e instila o cidadão a reagir à sua conformação. E isso é sempre um diálogo – ou uma disputa – entre homens, pois sendo essencialmente experiência humana, a cidade é ontologicamente o lugar do relacionamento humano. A participação de todos os seus habitantes, portanto, é o que a define; suas exigências é o que a transforma; suas vontades é o que a conforma. Nessa medida, ela reflete inteiramente o homem que ocupa seu espaço. A cidade – e tudo o que ela traz em si – somos nós.

CAMINHOS E DESCAMINHOS
Alguns projetos e intervenções no espaço metropolitano

Maria Alice Junqueira Bastos

A Cidade de São Paulo em Seu Processo de Metropolização: Ponto de Vista Histórico-crítico

Para muito intelectual que já ouvi, São Paulo é uma cidade belíssima. Pela força da sua população – com tanta diversidade, todo dia esses 20 milhões levantam e trabalham serenamente, apesar de tudo. [...] A cidade flui. Há comida para todos, todos os dias.

[...] Onde moram pessoas é sempre uma maravilha, uma presença monumental. [...] São [as cidades] todas belas como realização – bem ou mal – desse ancestral sonho dos homens de, juntos, construir seu hábitat[1].

1. Paulo Mendes da Rocha, em Fred Melo Paiva, Uma São Paulo por Cima da Outra, *O Estado de S. Paulo*, São Paulo, 16/04/2006 (Entrevista).

39

Uma cidade como São Paulo apresenta certa inércia. A cada etapa de sua história convivem antigas infra-estruturas, edifícios e lógicas espaciais de etapas anteriores. As imagens representativas de cada um desses períodos cobrem tenuemente o aglomerado de hoje: a capital do café, já quase esvanecida, atropelada pela "locomotiva da nação", com as chaminés da indústria; depois, já com um grande setor terciário, a cidade que se reconstrói numa espécie de moto-contínuo, com a abundante mão-de-obra fornecida pela migração nordestina; e, ganhando peso desde as duas últimas décadas do século xx, a periferia imensa e anônima, sempre igual na sua precariedade e carência de atributos urbanos, mescla-se à imagem de São Paulo, numa interessante coincidência cronológica com as iniciativas voltadas a reverter o processo de marginalização do centro histórico.

Regina Meyer entende o processo de metropolização de São Paulo como expressão da "lógica de racionalização do modo de produção instalado no país". A autora considera São Paulo o corolário, no nível urbano, do planejamento desenvolvimentista de Juscelino Kubitschek, como o plano de Brasília foi a imagem que se buscou para a representação deste planejamento, a meta-síntese, o engajamento com formas que representavam a racionalidade, a concretização urbana de um mundo melhor, a rejeição do caos existente em nome do novo ordenado[2].

O mesmo enfoque econômico embasa uma análise mais recente da metrópole, elaborada por Regina Meyer, Marta Grostein e Ciro Biderman, que buscam entender a lógica de desenvolvimento subjacente ao aparente caos metropolitano, com vistas a dar subsídio a atitudes propositivas[3]. O trabalho parte de duas premissas teóricas formuladas por Manuel Castells. A primeira enuncia que a

2. Regina Maria Prosperi Meyer, *Metrópole e Urbanismo: São Paulo nos Anos 50,* São Paulo: FAU-USP, 1991 (Tese de doutorado).

3. R. M. P. Meyer, Marta Dora Grostein, Ciro Biderman, *São Paulo Metrópole,* São Paulo: Edusp, Imprensa Oficial, 2004.

metrópole é expressão e não resultado do modo de produção da sociedade, de maneira que, segundo os autores, "a metrópole de São Paulo pode ser vista como um poderoso agente das transformações que aqui se organizam no âmbito da nova etapa do sistema produtivo e não como uma conseqüência lógica e passiva desse desenvolvimento"[4]. A segunda defende a preeminência do espaço sobre o tempo nas sociedades organizadas em rede, a despeito do desenvolvimento das novas tecnologias informacionais e, com isso, reafirma o papel das cidades e metrópoles, organizadas numa hierarquia internacional, em aglutinar funções e comandos da economia mundializada[5]. A inserção da metrópole nessa rede depende de sua qualidade urbana, ou seja, de sua capacidade de responder a demandas em função de uma organização eficiente do território.

Para os autores, o ciclo eminentemente industrial, cujas principais características foram a expansão periférica e a urbanização deficiente, estaria sendo substituído pelo ciclo da "industrialização de serviços", caracterizado por um "impulso de modernização de setores urbanos", uma "modernização precária", uma vez que omissa e imbricada com a precariedade[6]. Nesse sentido, o espaço metropolitano é visto como objeto de demandas algo contraditórias, pela oposição entre novas necessidades ligadas ao avanço do capitalismo e aquelas originadas no legado territorial urbano da metrópole industrial. Ao ocupar o legado espacial da metrópole industrial, com seus atributos de concentração, centralização, massificação, suas políticas urbanas de zoneamento, a metrópole de serviços enfrenta o esgotamento dos espaços construídos para a etapa anterior, o que compromete seu desempenho. Essa estrutura ineficiente, frente às novas necessidades do sistema de produção, segue demandando a instalação de infra-estruturas de telecomunicações e informações avançadas. Se na metrópole industrial

4. Idem, p. 12
5. Idem, p. 12-13.
6. Idem, ibidem.

as expectativas do capital estavam ligadas à oferta de energia, de mão-de-obra, de grandes glebas junto a um sistema viário eficiente e proximidade de mercado consumidor, na metrópole contemporânea elas dizem respeito à qualidade urbana – espaços qualificados, imagem de eficiência –, a uma infra-estrutura de telecomunicações diferenciada e à competência na administração de conflitos sociais. Essa passagem do ciclo industrial para o da industrialização de serviços não consiste apenas na substituição de produtos por serviços, mas na emergência do modelo tecnológico denominado informacional que condiciona a produção, distribuição, consumo e administração.

A partir dessa conceituação, o trabalho procurou observar as principais dinâmicas atuantes na metrópole de São Paulo, para concluir que, de fato, está em curso a instalação de um novo modelo urbano metropolitano, em vista de um novo modelo produtivo, apontado como espaço dos fluxos: de capital, de informação, tecnologia, imagens[7]. Segundo seus autores, um dos traços fundamentais da cidade metropolitana é a propagação de redes de consumo, serviços e equipamentos, ou seja, *shopping centers*, hipermercados, franquias de *fast food*, que se instalam junto a importantes artérias de fluxo, muitas vezes em setores de infra-estrutura precária, caracterizando uma "urbanização sem cidade". Nesses grandes equipamentos, a identidade é dada pela imagem corporativa da empresa, portanto a mesma em distintos pontos da cidade, caracterizando em cada caso um território modernizado e distinto do entorno. Identificaram também novas dinâmicas, visando a incorporação da cidade informal como a urbanização de favelas, regularização de loteamentos clandestinos e irregulares, atuação em cortiços, dentro da idéia de qualificação dos

---

7. A atividade propositiva, que o trabalho visa subsidiar, estaria ligada à articulação do território por meio de infra-estruturas, pontos nodais de transporte, identificação de pontos estratégicos neste espaço de fluxos, buscando tirar partido das dinâmicas positivas e minorar os efeitos perversos das dinâmicas negativas.

espaços, situações em que a informalidade passou a ser dado de projeto e objeto de políticas públicas. Embora debruçado sobre São Paulo, o trabalho deixa claro que a atual etapa de desenvolvimento por que passa a metrópole é análoga a de outros grandes centros urbanos espalhados pelo mundo, com a agravante de tratar-se de metrópole de país periférico em que os problemas de pobreza, muitas vezes associados a danos ambientais importantes, são ingentes.

A partir desse diagnóstico, que percebe as dinâmicas atuantes na constituição do espaço metropolitano associadas à implantação do modelo tecnológico informacional, procuramos fazer uma reflexão sobre alguns "lugares" da cidade metropolitana analisando as intervenções a que foram submetidos no ciclo industrial e suas perspectivas, hoje.

O Caso do Minhocão

Anos do Milagre Econômico: a urgente adequação da malha viária ao crescente número de veículos particulares na cidade

A construção do elevado Costa e Silva, margeando o centro de São Paulo, foi o tiro de misericórdia do processo de decadência do centro histórico, iniciado nos anos de 1950-1960, em grande parte decorrente da implantação da indústria automobilística no Brasil. O afluxo de veículos tornou a infra-estrutura do centro obsoleta, seja pela ausência de estacionamentos, seja pelas vias estreitas; cenário agravado pelo imaginário ligado ao automóvel particular no Brasil dos anos de 1960, valor que se associava à idéia de modernidade, desenvolvimento, progresso, industrialização, como se depreende da análise do Plano Piloto de Brasília. Nesse período, muitos dos escritórios, serviços e comércio do centro migraram para a região da avenida Paulista, muito embora, antes disso, já viesse ocorrendo uma desvalorização dos bairros residenciais próximos,

Campos Elíseos e Santa Cecília, criando uma espécie de margem decadente.

O elevado Costa e Silva, o "Minhocão", é uma via expressa elevada, que faz parte de um complexo viário que une as zonas leste e oeste de São Paulo. Corre parcialmente sobre o eixo da avenida São João, paralelo aos trilhos do trem e à várzea do Tietê. Foi inaugurado em 1971, após 420 dias de construção. Apesar de a borda do centro, cortada pelos quatro quilômetros do elevado, já ser uma região decadente, o fato é que o Minhocão causou uma desvalorização vertiginosa dos edifícios por onde serpenteia e a deterioração de toda a região. A obra teve um único objetivo: permitir a locomoção eficiente de automóveis, tendo sido completamente ignorado seu impacto sobre as condições de vida da população da cidade como um todo.

Mesmo numa análise exclusivamente econômica, a pertinência da obra mostra-se duvidosa, seu custo torna-se exorbitante quando é computada a desvalorização dos imóveis lindeiros, sem mencionar o desastroso impacto ambiental sobre toda a região. Essa aparente insanidade, no entanto, se inseriu no espírito da época sem provocar grande reação. Pode-se aventar que, como o problema de desafogar o fluxo de veículos em meio a tecidos consolidados era relativamente novo, não havia uma perfeita consciência quanto ao impacto de uma via elevada.

Os anos de 1960-1970 foram anos em que as intervenções no espaço urbano – passarelas, escadas, gradis, floreiras – passaram a ostentar um desenho rude, rebarbativo, feito para solucionar fluxos da massa humana, ou dos veículos. Naturalmente, embora fruto de um pragmatismo diante das enormes demandas geradas pela urbanização acelerada, é possível estabelecer um paralelo entre esses equipamentos urbanos sem delicadeza e a sensibilidade plástica dominante no período ligada ao brutalismo arquitetônico. O fato é que naquele momento, quando a população da região metropolitana de São Paulo havia crescido a uma taxa média de 6,17% ao ano, na década de 50, e de 5,24% ao ano na década de 60[8], vivia-se uma situação em que a adequação da infra-estrutura urbana se impunha como objetivo prioritário, enquanto valores que passaram a estar mais presentes a partir dos anos 80, como a importância da permanência de determinadas configurações urbanas como testemunho histórico e imagem representativa da cidade, não eram considerados.

O Minhocão completa-se com a passagem subterrânea sob a praça Roosevelt e os viadutos do parque Dom Pedro II. O programa múltiplo que a praça Roosevelt buscou suprir mostra que a intervenção não considerou a região central como área perdida dada em sacrifício ao deus viário. Ou seja, cabe considerar a possibilidade de que não houvesse uma perfeita consciência do efeito deletério de uma via expressa elevada em meio ao tecido urbano consolidado. A praça Roosevelt teve a ambição de oferecer simultaneamente estacionamento para a região central, local de lazer ao ar livre, passagem de pedestres, espaços de comércio e serviços. O projeto dessa praça-edifício[9] não foi feliz, resultando num espaço de difícil apropriação pela população. Para fazer frente ao programa ambicioso, a praça foi concebida em três níveis, gerando um espaço recortado e pouco atraente. Já no parque Dom Pedro II, um conjunto de viadutos de traçado sinuoso completa a ligação expressa com a zona leste da cidade. Nesses viadutos, a circulação pesada de veículos volta a estar em um nível distinto ao da vida da cidade. Cabe destacar como essas três situações – Minhocão, praça Roosevelt e parque Dom Pedro, em que supostamente a vida da cidade transcorreria "abrigada" do tráfego pesado – tornaram-se não-lugares, quer por equívocos de projeto, quer por falhas na previsão do impacto ambiental desses grandes viadutos.

---

8. Habitantes da região metropolitana de São Paulo em 1950: 2.696.031; em 1960: 4.905.421; e em 1970: 8.172.542. Fonte: IBGE 1950, 1960, 1970.

9. Arquitetos: Roberto Coelho Cardozo, Antônio A. Antunes Netto, Marcos de Souza Dias. Arquiteto colaborador: Luciano Fiaschi.

Há quem questione a marginalidade ou a decadência do centro, argumentando que suas ruas estão apinhadas de passantes, mesmo nos finais de semana, quando uma feira de camelôs ocupa o espaço público com mercadorias de todo o tipo. Porém, trata-se de um falso argumento. Para o centro da cidade, que congrega edifícios de grande valor arquitetônico e histórico – coisa rara em São Paulo – e espaços públicos importantes historicamente, estar reduzido a um uso equivalente ao de centros regionais de terminais de transporte urbano, como o largo Treze ou o largo da Batata, sem dúvida coloca-o numa posição marginal.

A partir da década de 1980, naturalmente coincidindo com o período recessivo pelo qual passou o país, a preservação do meio ambiente, de energia e também da cidade, tornou-se um valor pelo qual todos parecem emular. Desde 1997, o centro da cidade de São Paulo, pelo seu valor histórico e de imagem, é objeto de uma "operação urbana"[10], que visa implementar obras de melhoria e uma série de intervenções para recuperar seu prestígio e importância na vida urbana. Contando com uma organização importante da sociedade civil, o movimento Viva o Centro, parcerias entre investidores privados e poder público têm logrado a recuperação de uma série de equipamentos voltados para o uso cultural: a reforma da Pinacoteca do Estado; a criação da Sala São Paulo, com a restauração e recuperação do pátio central da Estação Sorocabana como sala de concertos; a recuperação do edifício do Departamento de Ordem Política e Social (Dops), transformado em centro de exposições; a restauração do prédio dos Correios (inconcluso); a restauração da estação da Luz; e a recuperação de espaços públicos abertos, como o jardim da Luz e a praça do Patriarca. Tais esforços, entretanto, não lograram ainda reverter o desinteresse do

---

10. A lei que aprovou a Operação Urbana Centro é de 6/6/1997.

setor imobiliário pela área central. Com a eleição de José Serra para a prefeitura de São Paulo (2004), a subprefeitura da Sé, comandada por Andrea Matarazzo, iniciou uma operação mais agressiva de recuperação econômica do centro, delimitando uma área especialmente degradada como objeto de intervenção direta do poder público, com a previsão de desapropriação e revenda para o setor privado.

A prefeitura de São Paulo lançou em fevereiro de 2006, na reedição do prêmio Prestes Maia, um concurso de idéias de projetos de intervenção no elevado Costa e Silva, sem comprometer-se com a execução da idéia premiada, com o objetivo de ampliar o debate. Em razão da forma agressiva com que o Minhocão se estende na região, passando muito junto às fachadas dos edifícios lindeiros e gerando uma área escurecida nos pavimentos contíguos, sua permanência vem sendo questionada. A questão interessante que emerge desse fato, mais do que a polêmica instalada entre os que defendem a demolição e aqueles que buscam paliativos em nome da preservação do investimento público ali empenhado, é justamente quanto ao significado dessa fase de reparações urbanas em que se encontram as metrópoles, demolindo ou corrigindo as grandes obras do período industrial: "Hoje, em inúmeras metrópoles, parece clara uma tendência a querer curar as cicatrizes causadas pela 'tragédia do desenvolvimento', na forma de obras não menos monumentais que as anteriores, mas de teor curativo, que procuram recompor o tecido urbano fragmentado por anos de ênfase viária e industrialista no crescimento das cidades"[11]. Surpreendentemente, o projeto vencedor no concurso de idéias (dos arquitetos José Alves e Juliana Corradini) propôs a manutenção do elevado, encapsulando as vias de tráfego num invólucro metálico, sem interrupção noturna e nos finais de semana. Sobre esse túnel elevado foi proposta a criação de um par-

11. Guilherme Wisnik, O "Fausto" Urbano Contemporâneo, *Jornal Folha de S. Paulo*, São Paulo, 27/3/2006.

que suspenso com *playground*, pistas de *skate*, ciclovias, espaços para apresentações e exposições, bancas de revistas e postos policiais e de informações turísticas.

No caso do elevado Costa e Silva, quem defende sua permanência alega o hipotético valor que o viaduto teria adquirido nos finais de semana como ponto de lazer. Mas será que a "tragédia do desenvolvimento" representada pelo viaduto é reparada e revertida com seu uso voltado ao convívio humano, ou seja, pelo viaduto pedestrianizado em que acorrem no final de semana os moradores do bairro? Em que pesem ações contraditórias e grupos de interesse divergentes, a reparação que tem sido feita no centro de São Paulo parece, em seu conjunto, apontar para uma "qualidade turística", dotando São Paulo de um centro que possa aliar qualidade urbana do espaço a equipamentos de interesse: museus, galerias, restaurantes e, dessa forma, posicionando melhor a cidade num *ranking* internacional.

Ora, se for assim, o elevado parece estar condenado à demolição, a menos que a atividade desenvolvida ali nos finais de semana atinja uma qualidade tal de manifestação popular que exerça uma força contrária, de grande vitalidade.

Marginais/Av. dos Bandeirantes e o Rodoanel Metropolitano

São Paulo não tem um rio urbano, como o de algumas cidades européias que são plenamente incorporados à história, ao espaço e à vida dos habitantes. O rio Tamanduateí nunca atingiu esse *status* e o Tietê foi alcançado pelos fundos da cidade: a área fabril e a linha férrea. O desprezo pelos rios, relegados aos fundos, o pejorativo que se associa às áreas de várzea, tem razões históricas num país de clima tropical, associadas às inundações e à maleita, que contribuíram para torná-los secundários. Nesse sentido, foi natural, no correr do longo período de retificação do rio Tietê[12], a ocupação de suas margens com vias expressas, unindo as principais rotas de chegada e saída da metrópole. Construídas em pedaços que depois foram se encaixando, as marginais, completadas nos anos de 1970, são rústicas, com pontes meramente utilitárias, toscas. Mas já nos anos 80, sem maleita e com a possibilidade de obras de engenharia que controlassem as inundações e a poluição, os rios e seus entornos tornaram-se potencialmente privilegiados para o desenvolvimento de áreas urbanas qualificadas.

Por encomenda do governo municipal (Jânio Quadros, 1986-1989), o arquiteto Oscar Niemeyer e sua equipe[13] elaboraram um projeto para a margem sul do rio Tietê, que previa a implantação de um parque urbano junto ao rio, com o afastamento e a elevação das avenidas e a desapropriação das áreas mais próximas, recuando com isso a mancha urbana. Como no projeto do elevado Costa e Silva e dos viadutos do parque Dom Pedro II, a presença desta longa via elevada entre o novo parque e a cidade, com suas alças para subidas e descidas, parece ter sido desconcertantemente minorada, como vemos na apreciação crítica de Ubyrajara Gilioli: "Outro aspecto a ser destacado no projeto é o fato de que as autopistas, após serem distanciadas da margem sul do rio para a criação do parque, passariam a correr em elevado. Os limites do parque seriam então o próprio rio ao norte e a cidade ao sul, independentemente do trajeto que viesse a fazer o elevado. Isso quer dizer que parque e cidade estariam integrados, às vezes seria a cidade que penetraria no parque e, outras vezes, seria o parque que se estenderia pela cidade"[14]. O projeto de Niemeyer previa ainda a

---

12. A retificação foi sendo feita por trechos e levou mais de cinqüenta anos. Ver Jorge Wilheim, *São Paulo Metrópole 65*, São Paulo: Difusão Européia do Livro, 1965.

13. Arquitetos: Ruy Ohtake, Hélio Pasta, Hélio Penteado, Haron Cohen, Júlio Katinsky, Walter Makhol, Maria Cecília Scharlach.

14. Ubyrajara Gilioli, Quem Tem Medo de Oscar Niemeyer?, *Projeto*, São Paulo: Arco, n. 89, p. 87-89, jul. 1986.

construção de um centro cívico para a cidade que abrigaria setores empresariais e habitacionais. Na ocasião, Niemeyer teve opção de conceber uma intervenção no bairro de Santa Ifigênia e preferiu intervir ao longo do rio Tietê, numa área em que as construções existentes não se enquadravam numa preocupação preservacionista. Ou seja, o projeto não refletia, ainda, a preocupação em devolver ao centro histórico a sua centralidade. O centro cívico de edifícios soltos em meio ao verde, num parque margeado por extensa via elevada, parece, independentemente da qualidade plástica dos edifícios propostos, algo anacrônico na segunda metade dos anos de 1980: "Não nos preocupa que a proposta seja inviável, golpe publicitário de governo [...]. O fato grave é que venha rançosa. Não há nela surpresa ou emoção. Sinal inequívoco que o sonho acabou [...]"[15].

O rio Pinheiros, por sua vez, afluente do Tietê e com presença posterior na cidade, tem sido palco da constituição de um novo centro de negócios, numa "dinâmica" que já dura uns trinta anos, junto à avenida das Nações Unidas, entre as pontes da Cidade Jardim e do Morumbi, constituindo uma expansão em direção à zona sul do eixo de negócios da avenida Faria Lima. Esse centro começou na avenida Berrini, seguindo uma lógica semelhante à dos *shopping centers*: aproveitou-se de uma localização estratégica na cidade, em meio a bairros de alto padrão – Morumbi, Campo Belo, Itaim –, próxima de uma via expressa e com disponibilidade de glebas, em decorrência da construção de um canal sob a avenida que drenou a área alagadiça. De lá para cá, ele se expandiu, ocupou a Vila Olímpia e chegou às margens do rio Pinheiros, sempre com edifícios de desenho internacionalizado, muitos deles sedes locais de empresas globalizadas. Assim, as margens do rio Pinheiros, a despeito da poluição e do mau cheiro, passaram a abrigar uma área nobre da cidade. Nesse centro de negócios, em que pesa a densidade de

---

15. Carlos Eduardo Dias Comas, Nemours-sur-Tietê ou A Modernidade de Ontem, *Projeto*, São Paulo: Arco, n. 89, p. 90-93, jul. 1986.

empreendimentos, predomina ainda o acesso motorizado. O trânsito de pedestres, conturbado pelas ruas de calçadas estreitas dos antigos bairros residenciais, já vê despontar algum movimento da iniciativa privada, no sentido de unir as torres-ilhas por meio de calçadas e equipamentos bem desenhados, tornando acessíveis cafés e restaurantes.

O projeto Pomar, ao longo do rio Pinheiros, é uma outra tentativa – eventualmente paliativa – de recuperação e requalificação ambiental da região. No discurso institucional é possível perceber a alusão à potencial qualidade urbana gerada por um rio:

> São Paulo está ganhando um novo cartão postal. A exemplo do Tâmisa, em Londres, ou do Sena, em Paris, nós teremos o Rio Pinheiros para exibir em cartões postais. Isso pode parecer uma utopia, mas é a ânsia por mudanças que faz a humanidade assumir novos desafios, contemplando horizontes sempre longínquos.
>
> A Secretaria Estadual do Meio Ambiente, com o apoio da iniciativa privada, está trabalhando para que esse sonho se torne realidade. Para isso está desenvolvendo o Projeto Pomar, plantando o maior jardim da cidade, com 28 km de extensão, ao longo das duas margens do Rio Pinheiros, para emprestar novas cores à paisagem que se descortina aos olhos dos paulistanos[16].

Um projeto para ser desenvolvido em duas etapas: primeiro, a implantação do jardim, depois, a despoluição das águas por meio da instalação de sete estações de tratamento de água, que permitiriam que as águas do rio voltassem a ser bombeadas para a represa Billings. Se o tratamento das águas não foi ainda equacionado, o jardim, cuja manutenção é cotizada por empresas privadas, conseguiu recuperar suas margens e melhorar a qualidade ambiental do seu entorno.

As avenidas marginais dos rios Tietê e Pinheiros integram um anel em torno do centro expandido de São Paulo,

---

16. Ricardo Tripoli, As Novas Águas do Pinheiros, Projeto Pomar: São Paulo ganha o rio Pinheiros de volta, São Paulo: Secretaria do Meio Ambiente, disponível em: www.ambiente.sp.gov.br/pomar/pomar_todos. htm, acesso em: 6/11/2007.

completado pelas avenidas dos Bandeirantes, Tancredo Neves, Juntas Provisórias, Prof. Luís Inácio de Anhaia Mello e Salim Farah Maluf, e delimitam a área em que vigora o rodízio municipal de veículos. Ora, a avenida dos Bandeirantes, com pesado trânsito de caminhões vindos de várias partes do Brasil em demanda do porto de Santos e vice-versa, cruza o novo centro financeiro da cidade, separando a Vila Olímpia da região da avenida Berrini. Assim, ocorre uma situação, de fato, em que a área eleita pelo capital financeiro, por sua posição estratégica e oportunidades criadas pelo setor imobiliário, está implantada junto a um rio gravemente poluído e cortada por um tráfego pesado de caminhões de todos os portes. Admitindo-se a premissa de que as dinâmicas hoje atuantes na constituição do espaço metropolitano são a expressão de um novo ciclo econômico, em que predomina o modelo tecnológico informacional, e que, nessa nova ordem, a metrópole está inserida numa rede internacional de economias mundializadas, na qual sua posição depende de sua "qualidade urbana" (imagem, eficiência, cultura), é possível supor que tanto o tráfego como a poluição do rio tendem a ser oportunamente removidos. O rio Tietê, que não possui um entorno tão distinto, foi palco de uma grande operação de aprofundamento da vala e de contenção das margens (obra do governo estadual de Geraldo Alckmin) para evitar o assoreamento e as terríveis inundações de verão que transtornam a vida dos paulistanos. Um marco simbólico da apropriação do rio pela cultura urbana paulistana foi dado pela peça teatral BR-3, encenada pelo grupo Teatro da Vertigem, que estreou em março de 2006. A peça tomou as margens do Tietê como palco e era ali, nos barrancos e entradas de esgoto, que a ação se desenvolvia; a platéia alojada num barco em movimento, assistindo à peça e presenciando um cenário inaudito: a vista das pontes e das marginais a partir do leito do rio. Notável iniciativa se pensarmos que, por exemplo, o projeto Pomar nunca ousou imaginar as bordas do rio como um lugar para se estar, senão para se avistar.

Em razão da mancha urbana de São Paulo ter-se expandido para muito além das marginais e, dado o problema crônico de trânsito severo no anel que delimita o centro expandido, o governo do estado de São Paulo iniciou obras de um rodoanel destinado a interligar as rodovias que chegam à cidade, evitando que o trânsito apenas de passagem trafegue pelo interior da cidade. Obra polêmica, que cruza regiões de mananciais e de preservação de florestas, o rodoanel tem lutado com restrição de verbas federais e embargos ligados a questões ambientais, polarizando uma disputa política de âmbito nacional. Curiosamente, a instalação do impasse expressa a apropriação, por ambos os lados, de dinâmicas próprias do atual "ciclo econômico". De um lado, a restauração da cidade que procura curar as feridas causadas pelo desenvolvimento industrial atropelado e o esforço de integrar os rios ao espaço urbano da cidade, não mais numa posição periférica, permitindo que a ferida das feias marginais seja cicatrizada e a cidade possa chegar até suas águas. De outro, a questão ambiental, a preocupação com a preservação de espécies ameaçadas ou com o testemunho cultural de uma aldeia indígena que ainda sobrevive na região metropolitana são preocupações que parecem se antepor ao capitalismo globalizado ou, ao menos, dificultar sua ação predadora, garantindo uma pauta ambiental mínima. Esses argumentos, que se enfrentam na polêmica em torno da pertinência do rodoanel, parecem, na verdade, curiosamente imbricados, como o direito e o avesso de uma mesma peça. Por vezes, o capital internacional se apropria do discurso ambientalista para fins próprios; em outras, talvez em menor quantidade, o discurso ambiental torna-se um entrave.

As Mudanças de Sede da Prefeitura de São Paulo

Após o IV Centenário da cidade de São Paulo, em 1954, a sede da prefeitura foi transferida do centro da cidade para o parque Ibirapuera. Em janeiro de 1985, o então prefeito Mário Covas sancionou projeto que estipulava um prazo de três anos para a prefeitura sair de lá. Mas foi somente sete anos depois, em 1992, já em pleno processo de reversão da marginalidade do centro histórico, que a prefeita Luíza Erundina decidiu transferir a administração municipal para o parque Dom Pedro II, ocupando o Palácio das Indústrias. Estes movimentos, evidentemente, refletem momentos bem distintos da vida urbana. Nos anos 50, no início da decadência do centro histórico, não havia uma preocupação, por parte do poder público, de manter uma centralidade institucional coincidente com a histórica. A transferência da prefeitura parece ter sido fortuita, unindo a disponibilidade de área livre no parque às inconveniências da saturação da área central. Além disso, ao entusiasmo pelo progresso e pela modernidade do estado de São Paulo, próprio da época, provavelmente assentava bem o desenho moderno dos edifícios do parque Ibirapuera, para a imagem do poder executivo.

Com o passar dos anos, as inúmeras necessidades da burocracia municipal foram desvirtuando o espaço moderno dos edifícios do parque (Palácio das Nações e Palácio dos Estados, 1951), ampliando as áreas ocupadas, ao mesmo tempo em que a utilização do espaço do parque pela população ia se transformando gradativamente, por exemplo, com o advento do hábito do *jogging*. O caráter de parque público associado a atividades culturais tornava incompatível a permanência das repartições do poder municipal ali instaladas. A decisão da prefeita de transferir a sede da prefeitura de volta para a região central, porém, acabou sendo parcialmente malograda, uma vez que ela fazia parte de um plano bem mais amplo de recuperação da região do parque Dom Pedro II, o que acabou não ocorrendo.

O Palácio das Indústrias[17], no parque Dom Pedro II, é um edifício eclético do início do século XX, projetado para abrigar exposições de produtos agrícolas e industriais, em

17. Projetado por Domiziano Rossi, do escritório Ramos de Azevedo.

meio ao que era então um belíssimo parque público. O folheto de propaganda do lançamento de um edifício na Rangel Pestana[18], na borda do parque, explora positivamente a localização:

> Não falemos da vista que de qualquer um dos andares se desfruta de São Paulo-dínamo, São Paulo-oficina, São Paulo-trabalho! [...] Aos nossos pés, o parque majestoso, reconfortador e restaurador com o tapete verde ondulante das copas de árvores amigas que sombreiam gramados infindáveis. Isto é São Paulo! Isto é o edifício Guarani! Uma residência para se viver a vida [...] paulistanamente, no centro da cidade-dínamo, e ao mesmo tempo tão longe dele![19].

Em 1938, porém, com o plano das grandes avenidas do prefeito Prestes Maia, o parque tornou-se a principal ligação entre o centro histórico e a zona leste da cidade. No final dos anos 60, foi-lhe dado o golpe de misericórdia, com a implantação do sistema de pesados viadutos para tráfego expresso e do terminal de ônibus (administração Faria Lima); além disso, o parque foi ocupado pelo acampamento de obras da Camargo Corrêa, responsável pela obra do metrô. O Palácio das Indústrias ficou, assim, enlaçado entre a avenida do Estado e os viadutos que fazem a ligação com a zona leste, perdido em meio a uma terra de ninguém. Ao longo desses anos, o edifício abrigou diversas instituições do poder público: Assembléia Legislativa, diferentes departamentos de polícia e segurança.

Lina Bo Bardi[20] desenvolveu o projeto de restauração e adaptação do Palácio das Indústrias para a sede do poder executivo municipal, tendo como referência o plano urbanístico para a área, que buscava reverter o isolamento do edifício em meio ao complexo viário que ocupa o parque desde os anos 60. Pela concepção da arquiteta, o edifício do Palácio

---

18. Edifício Guarani (1936-1942), arquiteto Rino Levi.

19. Cf. Renato Anelli, Abílio Guerra, Nelson Kon, *Rino Levi*: arquitetura e cidade, São Paulo: Romano Guerra, 2001.

20. Junto com Marcelo Ferraz, André Vainer e Francisco Suzuki.

das Indústrias, além de abrigar o núcleo político do poder municipal, seria também um espaço cultural aberto ao público, com teatro de bonecos, música, restaurante e choperia, áreas de exposições e auditório. Para o pleno funcionamento da prefeitura, foi projetado um anexo de escritórios, cuja construção dependia da demolição, prevista no plano urbanístico, do viaduto Diário Popular, o que acabou não se concretizando. O Palácio das Indústrias foi então ocupado pela burocracia municipal à revelia do projeto arquitetônico: "Um auditório capaz de acomodar 400 pessoas foi transformado em área de trabalho com divisórias: o chefe de uma seção tinha como sala a cabine de som de tradutores"[21].

O plano de renovação urbana do parque Dom Pedro II[22], cujo elemento-chave era a transferência do poder municipal para a região, compreendia um conjunto de medidas que visavam reverter a presença nefasta do sistema viário naquele espaço urbano. Outros planos já haviam sido elaborados para a área em outras administrações[23] e, em parte, foram levados em consideração. A apresentação desse plano na revista *Projeto*[24] aponta alguns sincronismos facilitadores: o controle das enchentes pelo Departamento de Águas e Energia Elétrica (DAEE) em 1990, a conclusão do anel viário metropolitano, permitindo o desvio do trânsito pesado de passagem na avenida do Estado, e o movimento de apoio à despoluição do rio Tietê, prevendo-se conseqüências também para o rio Tamanduateí. O

21. Ver reportagem de Adilson Melendez, Nem Museu nem Centro Cultural, na *Projeto Design*, São Paulo: Arco, n. 265, mar. 2002.
22. Projeto: José Paulo de Bem. Colaboradores: Vera Lúcia de A. S. Kitazato, Maximiliano Gosslar, Rosane Segantin.
23. Mário Covas: Plano de Reurbanização do Parque Dom Pedro II – Brás (arquitetos: Sami Bussab e José de Magalhães Jr.). Jânio Quadros: Memorial do Parque Dom Pedro II (arquiteto Raymundo de Paschoal); Projeto de Recuperação do Mercado Municipal Central (Pedro Paulo de Mello Saraiva Arquitetos Associados, Mabisa Serviços Imobiliários e Figueiredo Ferraz Consultoria e Engenharia de Projeto); Projeto Parque do Tietê (arquiteto Oscar Niemeyer e equipe).
24. José Paulo de Bem, Renovação Urbana do Parque Dom Pedro II, *Projeto*, São Paulo: Arco, n. 138, p. 70-73, fev. 1991.

plano previa a remoção das pistas da avenida do Estado que correm ao longo do rio, na área do parque; a demolição dos muros que as contêm, integrando o rio ao parque; a demolição dos viadutos Diário Popular, 25 de Março, 31 de Março e Rangel Pestana (mantendo apenas o sistema da radial leste-oeste); sistemas para reduzir o trânsito na rotatória do parque; e a extinção do terminal de ônibus. Havia ainda algumas disposições quanto a praças e o paisagismo da área, além de previsão de desdobramentos futuros do projeto, na área de entorno.

Paulo Maluf, sucessor de Luiza Erundina na prefeitura, contrário ao plano, conseguiu impedir a demolição do viaduto Diário Popular. O prefeito seguinte, Celso Pitta, também não teve interesse em implantá-lo até que, finalmente, Marta Suplicy decidiu transferir a sede da prefeitura para o edifício Matarazzo[25], junto ao viaduto do Chá, mantendo a sede do poder executivo na área central, mas abdicando da recuperação do parque. Por fim, em 1996, contrariando as diretrizes do plano de renovação urbana do parque Dom Pedro II, elaboradas no governo Luiza Erundina, construiu-se um grande terminal de ônibus no local, para translado diário de 175 mil pessoas, reafirmando o uso de área considerável do parque como ponto de transferência de passageiros oriundos da zona leste para outras regiões da cidade. O projeto do terminal, a cargo dos arquitetos Paulo Mendes da Rocha e do escritório MMBB, definiu a construção de três plataformas de embarque e desembarque, com 240 m de comprimento cada uma.

Já a requalificação do Mercado Municipal Paulistano[26], elaborada nos anos de 2003-2004 pelo arquiteto Pedro Paulo de Melo Saraiva, foi completada dentro do programa Ação Centro, direcionado à requalificação dos bairros centrais, da Empresa Municipal de Urbanização (Emurb) com financiamento do Banco Interamericano de Desenvolvimento (BID).

25. Antigo edifício-sede das Indústrias Reunidas Francisco Matarazzo, projetado em 1938 por Marcello Piacentini, arquiteto-chefe de Benito Mussolini.
26. Projeto do Escritório Ramos de Azevedo, construído entre 1928-1932.

Apesar dos problemas de manutenção, o Mercadão mantinha-se em atividade intensa, com circulação diária de dez mil pessoas e saída de 350 t de alimento. Além de manter a função de centro de distribuição de alimentos, o projeto de requalificação acrescentou uma área de mezaninos para instalação de restaurantes e lanchonetes, ampliando o poder de atração do Mercado Municipal. Melo Saraiva já havia elaborado um projeto de recuperação para o mercado em 1987 (gestão Jânio Quadros), depois inserido na proposta de reurbanização do parque Dom Pedro II, em que propunha dois subsolos para estacionamento ao redor do edifício, solução que acabou descartada na proposta implantada.

Na verdade, as áreas do parque Dom Pedro II e do bairro do Brás, que lhe é vizinho, mantêm-se ainda com vocação indefinida. Embora instalado junto ao parque, o mercado está voltado para a colina histórica e é por ali que ele se integra à cidade. A transferência da sede da prefeitura para junto da praça do Patriarca reforça o lado do centro histórico em que o capital privado já se faz mais presente, apoiando e financiando as iniciativas do poder público. Em que pesem as idas e voltas, mandos e desmandos de sucessivas administrações municipais, a idéia de requalificação, recuperação e/ou restauração de trechos urbanos, edifícios ou praças da região central tem se tornado consistente. Ainda parece haver uma oscilação por parte do poder público sobre quais características o centro deve ter preservadas e desenvolvidas. Sobre a recuperação e requalificação do Mercadão, o arquiteto Pedro de Melo Saraiva comentou: "Participamos da revitalização do edifício histórico mais democrático da cidade, um espaço onde convivem pessoas de diferentes culturas e classes sociais"[27]. Numa cidade como São Paulo, em que os bairros são estratificados, como criar um centro que seja realmente de todos?

27. Citação publicada na *AU*, São Paulo: Pini, n. 128, p. 47, nov. 2004. Inserida na publicação do projeto de requalificação do Mercado Municipal Paulistano.

Dos Conjuntos Habitacionais nos Confins da Mancha Urbana à Proposta de "Ilhas de Excelência" e Ocupação de Vazios Urbanos

A idéia de que a implantação de equipamentos que congreguem uma boa qualidade arquitetônica a um programa de uso adequado para a população possam ter um poder catalisador que induza a alterações positivas em seu entorno físico parece reger, em parte, as intervenções recentes no centro histórico: Sala São Paulo, Pinacoteca do Estado, Mercado Municipal Paulistano etc. Com certeza, essa foi a política que regeu também algumas decisões da gestão de Marta Suplicy na prefeitura da cidade, no tocante a equipamentos para o ensino municipal e habitação de interesse social.

Os Centros Educacionais Unificados (CEUS), por exemplo, são um projeto ambicioso destinado a congregar, nas áreas mais carentes do município, um ensino de base acompanhado de disciplinas artísticas e esportivas (inclusive a natação), além de funcionar como um local de lazer e ponto de encontro para ser usado pela comunidade nos finais de semana, servindo como uma espécie de escola-clube.

O projeto básico dos CEUS foi concebido pelos arquitetos Alexandre Delijaicov, André Takiya e Wanderley Ariza, do então Departamento de Edificações (Edif) da Secretaria Municipal de Infra-estrutura e Obras da prefeitura de São Paulo, para ser desenvolvido por diferentes escritórios de arquitetura. A proposta dos CEUS, como elementos catalisadores de cultura, lazer e encontro em bairros de urbanização precária, permite uma associação com a forma como a cidade avança, em meio às carências das regiões periféricas, por meio das franquias de *fast food* e dos hipermercados. Com sua aparência física muito uniforme, os centros são como postos avançados da cidade, associando uma dada arquitetura a uma imagem institucional, como uma marca.

As políticas públicas de habitação de interesse social no Brasil, nos anos de 1960 e 1970, concentraram-se nas glebas de terra periféricas, para além das fronteiras urbanizadas e das linhas de transporte coletivo. Depois, gradualmente, a cidade ia alcançando esses conjuntos habitacionais, com o calçamento das vias, iluminação pública, linhas de ônibus. Desde os anos 60, critica-se no modelo habitacional do Banco Nacional da Habitação (BNH), além dos problemas arquitetônicos dos conjuntos[28], o custo do transporte para os moradores e o custo de levar a cidade até eles.

Na cidade de São Paulo, a política habitacional muda ao sabor dos prefeitos. Luiza Erundina buscou inovar com uma política habitacional que favorecia as comunidades que se organizassem em mutirões para construir suas casas. Comunidade e prefeitura contratavam o projeto e a assessoria para a construção. Paulo Maluf, nos anos 90, criou o Cingapura – um plano de substituição de favelas por edifícios residenciais, mantendo a população no mesmo local. Com uma solução arquitetônica chinfrim, adotava um programa mínimo nos apartamentos dos pequenos edifícios de cinco andares, em que a pintura colorida e algum enfeite no coroamento buscavam, sem sucesso, amenizar a pobreza da edificação. Esses conjuntos passaram a fazer parte da paisagem paulistana, muito visíveis nas marginais e em outras vias expressas, substituindo o provisório da favela pelo definitivo precário.

Marta Suplicy, embora eleita pelo mesmo partido de Luiza Erundina, adotou uma política habitacional distinta. A mesma idéia de ilha de excelência, que norteou os Centros Educacionais Unificados, esteve presente na substituição da Favela do Gato, numa localização bastante insalubre na confluência dos rios Tamanduateí e Tietê, pelo Conjunto Habitacional Parque do Gato. O conjunto engloba uma área total de 175 mil m², onde nove blocos de prédios abrigam 486 unidades habitacionais. Financiado pelo BID, o conjunto foi previsto para funcionar num sis-

---

28. Cf. C. E. Dias Comas, O Espaço da Arbitrariedade: considerações sobre o conjunto habitacional BNH e o projeto da cidade brasileira, *Projeto*, São Paulo: Arco, n. 91, set, 1986.

tema de locação social, destinado a famílias com renda de até três salários mínimos, com aluguéis que oscilam entre 10% a 15% da renda mensal. O conjunto continua de posse do poder público, o que, em tese, preveniria a favelização e deterioração que se observam em outros conjuntos habitacionais de interesse social.

O projeto do parque do Gato, parcialmente implantado, procurou suprir não só habitação, mas toda uma estrutura para lazer e convívio no conjunto: parque, campo de futebol de areia, seis quadras poliesportivas, ciclovias, pistas de *cooper* e de *skate*, centro de educação infantil para 220 crianças, telecentro com acesso à internet e centro cultural. As linhas modernas do conjunto, o espaçamento regular dos blocos, o desenho limpo que delimitou áreas específicas para pequenos estabelecimentos comerciais de natureza comunitária (farmácia, padaria, banca de jornal) e a qualidade plástica, sem dúvida muito superior a dos conjuntos Cingapura, contrastam com a maneira como a população ocupou o conjunto: as roupas para secar nas sacadas, obstrução das portas-janelas e os pequenos negócios que começam a ser improvisados em barracos no térreo.

Tanto os CEUs como os edifícios do parque do Gato têm um desenho "moderno", que remete aos cubos brancos criados pelas vanguardas arquitetônicas nos anos 20 do século passado. Independente de sua expressão moderna e de sua característica de "ilha", estas são soluções que, inseridas na metrópole contemporânea, sujeitam-se à sua dinâmica. Em oposição à instalação de conjuntos habitacionais fora da mancha urbana, como era usual nos anos de 1960-1970, a escola-clube, o CEU, parece conseguir levar alguma centralidade às regiões periféricas, que a proposta para o parque do Gato, em posição difícil no bairro do Bom Retiro, ilhada entre os rios Tietê e Tamanduateí e as vias de trânsito pesado da região, parece negar ao se isolar em sua autonomia planejada, embora ocupe uma posição central na cidade.

Ainda na gestão Marta Suplicy promoveu-se um concurso público destinado à criação de um novo bairro, numa região relativamente central da cidade, na Água Branca, entre a avenida marginal do rio Tietê, ao norte, a rua José Neto Lorenzon, a oeste, a ponte Júlio de Mesquita Neto, a leste, e a avenida Francisco Matarazzo, ao sul, perfazendo uma área de cem hectares. Trata-se de área de ocupação rarefeita, com grandes terrenos pertencentes a órgãos públicos e a alguns particulares, como uma garagem do Departamento Estadual de Trânsito (Detran), os centros de treinamento de times de futebol – São Paulo e Palmeiras – e um terreno herdado da privatização da antiga estatal de telecomunicações pela atual operadora, a Telefônica, que não o utiliza. O projeto vencedor previa edifícios de até seis andares, calçadas largas, intensa arborização e praças e uma ocupação mista de comércio e residências[29]. Na ocasião, o então secretário de Planejamento do município, Jorge Wilheim, idealizou o concurso como parte de uma estratégia para a ocupação de um vazio urbano gerado pela linha de trem que atravessa os bairros do Ipiranga, Mooca, Brás, Barra Funda, Lapa, Pirituba e Peruche.

Pode-se estabelecer um paralelo entre o projeto do parque do Gato e o projeto do bairro novo, não realizado na Água Branca. Aparentemente, há o desejo de compor a "ilha" ideal, contrapondo a civilidade da proposta à metrópole desumana e caótica. É possível supor que o problema da ocupação de áreas rarefeitas e relativamente centrais receberá mais atenção na atual etapa de desenvolvimento urbano de São Paulo. Este será o caso, certamente, da área da Companhia de Entrepostos e Armazéns Gerais de São Paulo (Ceagesp), quando o órgão – e toda a sua estrutura de distribuição – for transferido para o rodoanel metropolitano. Trata-se de um problema novo na história do desenvolvimento urbano de São Paulo e rico em potencialidades. Pelo tamanho destes vazios, seria interessante que fossem objeto de um planejamento específico que

---

29. A equipe vencedora era chefiada pelo arquiteto Euclides de Oliveira, e contava com Carolina de Carvalho e Dante Furlan.

resultasse em qualidade urbana, plenamente integrados ao entorno, ao invés da ilha exemplar, os interstícios que faltavam na cerzidura da malha. A criação de novos bairros nesses grandes vazios urbanos depende de um grau de intervenção razoável do poder público, com desapropriações e eventuais adaptações nas leis de zoneamento e de investimentos privados, uma vez que estes novos espaços se destinam ao uso privado. Ou seja, trata-se de uma questão delicada, de difícil equacionamento, que envolve uma ação bem coordenada entre as várias partes envolvidas.

Algumas Considerações

São Paulo é uma cidade nova, seu centro histórico tem apenas 450 anos e o grosso do território só veio a ser urbanizado nos séculos XIX e, principalmente, no XX. Sua constituição urbana se deu nesses dois séculos de grande desenvolvimento tecnológico e que se caracterizaram por grandes transformações de território: estrada de ferro, eletricidade, telégrafo, telefone, veículos automotores. Nesse processo, passou por uma época de crescimento desenfreado, com aumento muito rápido de demandas por transporte público, iluminação, centrais de abastecimento e distribuição de alimentos, vias calçadas, água e esgoto. Nesse vórtice, tem sofrido intervenções mais ou menos imediatistas, mais ou menos bem-intencionadas, mais ou menos equivocadas.

O transporte por veículo automotor norteou o crescimento urbano da cidade no século XX, como vemos em inúmeros exemplos, desde o plano de avenidas de Prestes Maia (1938), passando pelos bairros-jardim da Companhia City, até o surgimento, na segunda metade do século XX, de subúrbios residenciais a vinte quilômetros do marco zero, em municípios da Grande São Paulo, situação que transformou trechos iniciais de auto-estradas interurbanas em grandes avenidas congestionadas. E segue ainda na pavimentação de grandes avenidas de fundo de vale, que integra o território metropolitano, e até mesmo na definição das primeiras linhas do metrô: as linhas norte-sul e leste-oeste se cruzam exatamente na Sé, marco zero da cidade, acompanhando assim, dentro de certa inércia, uma estrutura radial de transporte, já instalada, com terminais de transbordo importantes na área central. Entretanto, a manutenção desta centralidade no transporte público não minorou em nada a crescente marginalidade do centro histórico.

Algumas áreas da cidade têm logrado captar investimentos e/ou têm sido alvo de planos: a recuperação "turística" do centro histórico, a gradual cooptação da periferia amorfa em bairros com suas centralidades próprias, a recuperação ambiental dos rios urbanos, a ocupação de vazios urbanos e de antigas estruturas industriais e os fluxos, tendo papel destacado no espaço urbano a implantação das redes de metrô e obras viárias. *Pari passu* seguem as transformações do tecido habitacional pelo setor imobiliário, apostando nos esquemas que segregam a cidade por meio de condomínios fechados com serviços intra-muros, *shopping centers* etc. A despeito de suas inúmeras mazelas, a preocupação com a qualidade tem estado, para mal e para bem, mais presente nas intervenções do poder público, abrindo brechas para a construção de uma cidade mais adequada à vida.

Um olhar histórico permite perceber – a despeito de idas e vindas, mesquinharias e interesses políticos imediatistas, incompetências e visões equivocadas – que alguns valores urbanos vão se tornando mais consistentes, que unem um espírito de época a uma adequação ao todo-poderoso sistema produtivo, adquirem força e permitem intervenções. O ciclo industrial de São Paulo, com a avassaladora expansão periférica, a ênfase viária, o abandono da região central, a verticalização de bairros residenciais, em boa parte dominado pela fé cega no progresso e desenvolvimento como fatores de melhoria na qualidade de vida, eventualmente, gerou menos brechas a intervenções positivas do que a atual fase dominada pelo modelo tecnológico informacional, temperada com certo pessimismo, desconfiança e pragmatismo.

"Estou convencido de que a História não se repete. Mas ela pode nos encaminhar à reflexão de que a espécie humana se curva às circunstâncias. Cabe pensarmos a quais circunstâncias desejamos nos curvar no futuro"[30].

30. Georges Duby apud Margareth da Silva Pereira, *Os Correios e Telégrafos no Brasil:* um patrimônio histórico e arquitetônico, São Paulo: MSP, Empresa Brasileira de Correios e Telégrafos, 1999, p. 5.

SIGNOS DE UMA PAISAGEM DES(CONS)TRUÍDA

Polise Moreira De Marchi

> *E a esse sentimento confuso, fragmentado em milhares e milhões de indivíduos, dar uma forma em que cada qual possa reconhecer a si mesmo e à sua experiência da vida associada[1].*

A cidade de São Paulo vista do espaço, de uma distância longínqua, como vemos nas imagens de satélite, é percebida enquanto uma mancha densa atravessada pelo rio Tietê e seu afluente, o rio Pinheiros. Partindo dessa escala, e aproximando-se da superfície, constatamos que quanto mais próximos do contexto urbano mais difícil é a nossa compreensão e percepção da paisagem.

---

1. Giulio C. Argan, *História da Arte como História da Cidade*, São Paulo: Martins Fontes, 1993, p. 241.

Como *paisagem*, entendemos tanto as questões referentes ao espaço físico como aos diferentes modos de vê-lo, apreendê-lo e compreendê-lo. Se considerarmos a própria etimologia da palavra, estando atentos às variáveis semânticas das diversas origens lingüísticas, verificaremos que ela esteve sempre relacionada à idéia de *terra* e *território*, assim como também à idéia de *arte* aplicada à adequação da terra para uso e fruição humana[2].

Refere-se tanto às impressões como às emoções dos indivíduos, isto é, à seleção que cada habitante faz de sua cidade, ou de parte dela, de acordo com a sua própria leitura, atribuindo significados aos diversos elementos urbanos, funcionais ou meramente simbólicos, que a constituem. A percepção da paisagem urbana é, pois, resultante do imaginário de cada indivíduo, que pontua os componentes concretos – obtidos a partir da experiência direta e diária com a cidade e com o repertório construído pelas lembranças e memórias vividas – e abstratos, por meio de imagens e seus significados, recebidos e mediados pelos veículos de comunicação de massa, como os meios impressos, televisivos ou a internet.

A coletivização desta paisagem é resultado não somente de sua percepção pelo uso diário e concreto do indivíduo, mas também pelo que é veiculado pelos meios de comunicação, os quais, em razão de sua própria dinâmica, acabam por eleger alguns locais como mais representativos da imagem da cidade do que outros, reproduzindo e alimentando a percepção da paisagem urbana de um modo virtual, abstrato, mas concreto, quando incorporado pelo cotidiano dos cidadãos, e determinando, dessa forma, o repertório imagético coletivo.

Assim, a criação da imagem da cidade, ou de partes dela é, ao mesmo tempo, individualizada pela vida cotidiana do cidadão e pela recepção de imagens mediadas

2. Catharina Pinheiro Cordeiro dos Santos Lima, *A Natureza na Cidade. A Natureza da Cidade*, São Paulo: FAU-USP, 1996, p. 137. (Tese de doutorado).

para o entendimento coletivo. Estabelecem-se, então, os parâmetros de leitura da paisagem.

Como espaço construído, a paisagem é estabelecida tanto pelas marcas deixadas pelos hábitos diários dos cidadãos, visíveis nos espaços públicos, onde a coletividade se expressa e se apropria da cidade, como é conformada pela arquitetura, pelos grandes e pequenos projetos urbanos.

A partir do momento em que uma ação traz conseqüências para a paisagem – isto é, algo é inserido, modificado ou retirado do ambiente construído da cidade –, estabelece-se um processo de reação no imaginário de cada habitante.

Por isso é vital considerar a imagem da cidade naquilo que diz respeito às intervenções arquitetônicas e urbanísticas, pois o projetar se expressa e se realiza na paisagem. O entendimento e a incorporação das intervenções no ambiente urbano são fundamentais para a valorização da qualidade de vida, em se tratando dos condicionantes ambientais, sociais, econômicos e culturais. A arquitetura, ao invés de uma imposição do ambiente construído, deve ser um instrumento pelo qual a realidade urbana, visível e invisível, faz-se perceptível.

Os hábitos diários, as lembranças e os diferentes usos e significados atribuídos aos elementos da paisagem, os componentes invisíveis, não-materiais da realidade urbana, permitem-nos interpretar a imagem do visível – os elementos arquitetônicos que, agregados, são responsáveis pela construção sintática da paisagem urbana, isto é, aqueles elementos que, reunidos no espaço, definem o padrão visual do território –, possibilitando, desta forma, o entendimento de sua dinâmica específica.

Reconhecer a paisagem urbana requer uma posição de observação e percepção da cidade como fenômeno. Antes de aplicar uma teoria para o seu entendimento, é necessário percorrê-la, vivenciá-la e, a partir das inferências resultantes deste processo, promover a sua leitura.

Embora a leitura seja decorrência de um processo individual de percepção, observação e interpretação, podemos considerar três categorias que lhe permeiam, sendo elas: a *visibilidade*, a *imagem* e a *identificação*[3].

Entendemos por visibilidade aquilo que se faz ver e comunicar na paisagem e, por meio de sua força visual, se deixa representar como elemento que compõe o ambiente urbano, a ponto de incorporar não somente a imagem concreta do objeto, mas a interpretação do usuário da cidade. Como definiu Italo Calvino[4], ao reforçar a importância da visibilidade em sua lista de valores a serem preservados para o milênio, a visibilidade é "a capacidade de pôr em foco visões de olhos fechados, de fazer brotar cores e formas de um alinhamento de caracteres alfabéticos negros sobre uma página branca, de 'pensar' por *imagens*..."

A imagem depende diretamente da ligação entre o estímulo visual e a leitura estabelecida a partir dele. A imagem mental que conservamos da cidade está diretamente vinculada à visibilidade de certos elementos que compõem a nossa leitura sobre a paisagem urbana, estabelecendo uma relação de similaridade ou associação entre cidade e imagem. Atrelada a essa relação de similaridade está a visão daqueles que intervêm no espaço urbano, direcionando o que deverá ser objeto de representação a partir da modificação do ambiente cultural.

A representação do propósito de intervenção se manifesta das mais diversas formas e escalas, por exemplo, desde os aparatos de segurança – muros, grades, câmeras de vídeo, correntes de interdição de ruas – até a alteração de fachadas, janelas, revestimentos e gabaritos de imóveis, realizada diretamente pelos cidadãos na micro-escala da cidade. Ideológicas também são as constantes reinaugurações de praças e áreas verdes públicas, muitas vezes não respeitando usos ou apropriações anteriores realizadas

---

3. Polise Moreira De Marchi, À Leste da Cidade: o estudo do redesenho de espaços residuais, São Paulo: FAU-USP, 2002. (Dissertação de mestrado).

4. Ítalo Calvino, *Seis Propostas para o Próximo Milênio*, São Paulo: Companhia das Letras, 1994, p. 107-108.

pelos moradores. É comum em São Paulo faixas indicando benfeitorias em espaços públicos, principalmente na periferia da cidade onde, em vez de quadra de esportes ou *playground* anteriores, são construídas floreiras de concreto. Além da anulação de suas antigas atividades, e conseqüente afastamento da população, ideologicamente, na macro-escala da cidade, o apelo da "reurbanização paisagística" acaba sendo uma forma de atuação política em busca da notoriedade pública.

A caracterização da paisagem urbana deve se manifestar pela criação de imagens que estabeleçam uma relação de reconhecimento e pertencimento entre aqueles que usam a cidade, de forma individual ou coletiva, por intermédio da identificação com os lugares apropriados cotidianamente. A imagem é um instrumento e não um fim em si mesmo, para o reconhecimento da cidade. Enquanto a paisagem reside no tempo presente, a imagem transita pelos diversos estágios temporais.

O sentido de pertencer ou de se reconhecer na cidade faz com que os seus habitantes assumam a paisagem como algo seu, algo com que se identifiquem de forma coletiva. A falta dessa associação positiva entre a cidade e o cidadão faz com que o distanciamento entre ambos aumente ainda mais, pois, para não se reconhecer em uma paisagem que se desagrega dia a dia, é necessário não mais enxergá-la, eximindo assim as responsabilidades sobre ela, impedindo a identificação com algo que lhe pertence.

O fenômeno da dissociação tem sido discutido como um processo inerente à metrópole. O ritmo acelerado de mudança no ambiente urbano de São Paulo tem dificultado os vínculos afetivos entre a cidade e seus habitantes, impedindo o comprometimento e o sentido de pertencer a um lugar, não como ser individual, mas como parte integrante do coletivo social. Em conseqüência, surgem os sentimentos de desolação, solidão e desprendimento que impedem que o cidadão estabeleça vínculos de identidade com o espaço onde vive. Os habitantes da cidade se perdem de si mesmos, a partir da falta de identificação em relação ao ambiente em que vivem.

A identificação se estabelece pela atribuição de valores culturais pelos indivíduos ao interagirem com a cidade, qualificando o ambiente urbano a partir de seu uso, estabelecendo um vínculo de comprometimento e *pertencimento* entre aqueles que nele vivem. Identificar-se com a cidade é, acima de tudo, identificar-se *na* cidade, reconhecer em si mesmo o lugar onde vivemos. É, por isso, a última das três etapas para o reconhecimento da paisagem urbana, uma vez que se articula diretamente com o sentido de apropriação da cidade.

Paisagem sem Medida

No século XIX, a representação da realidade e da dinâmica urbanas tornava-se tecnicamente possível de reproduzir-se de maneira mais próxima do real, a partir do advento da fotografia e do cinema. A imagem da cidade, nesse momento, era utilizada como rebatimento estético das novas linguagens visuais, permanecendo restrita às artes visuais e às críticas intelectuais, ou à documentação científica do desenvolvimento urbano.

A partir da década de 1960, porém, o mundo das imagens foi introduzido de forma decisiva no repertório da cidade, através da massificação da informação. A publicidade e, principalmente, a televisão contribuíram definitivamente para este fato. Os valores visuais foram mais e mais assimilados e absorvidos nas diversas relações entre os signos urbanos. A cidade contemporânea incorporou a dinâmica e a velocidade dos fluxos de informação, muitas vezes servindo de cenário para que novas imagens fossem estabelecidas e, então, novos significados fossem gerados.

Assim como a difusão e propagação dos cabos telefônicos, da rede elétrica e dos sistemas de transmissão de rádio e televisão na sociedade tecnológica, os satélites artificiais e as fibras óticas melhoraram a capacidade dos sistemas de comunicação de longa distância, possibilitando que serviços, imagens e informações fossem disseminados na vida pública e privada em escala global, na atual sociedade informacional. As imagens captadas por satélites, além de registrarem, de modo mais abrangente, a ocupação e formação das cidades em diferentes partes do globo terrestre, introduziram uma visão de totalidade em relação ao espaço urbano.

Observando uma imagem recente da mancha urbana de São Paulo é possível constatar a consolidação de uma cidade que se esparramou nas direções leste e sul, em meio ao descompasso entre o ritmo acelerado do crescimento urbano e os planos e soluções para o desenvolvimento da cidade. São Paulo nasceu às margens de rios, como um local de passagem de viajantes e entreposto de embarque e distribuição de produtos agropecuários, iniciando a sua ocupação através do contínuo processo de negação de sua paisagem natural, conformada pelas várzeas dos mesmos rios que lhe deram origem. As várzeas sofreram seguidas e intensas modificações no decorrer dos anos, em conseqüência de projetos urbanos voltados, exclusivamente, para melhorar o deslocamento e circulação dos automóveis. A intervenção na paisagem natural das várzeas atingiu seu ápice com a implantação das vias marginais ao longo dos rios Tietê e Pinheiros, configurando o que hoje entendemos como uma das mais caóticas imagens da cidade em dias de chuva intensa: as enchentes emergem ainda como um resquício do ciclo natural dos rios, inundando as vias marginais, e também vários outros pontos da cidade, devido a pouca vazão e possibilidade de drenagem do solo urbano impermeabilizado pelo adensamento das edificações.

Até a década de 1970, São Paulo era direcionada de acordo com as regras impostas pela industrialização, sendo reconhecida como a cidade industrial das chaminés, fábricas e galpões. Com as mudanças ocorridas no panorama econômico global, nos anos que se seguiram, a cidade começou a incorporar atividades do setor terciário, desenvolvidas em outras formas de configuração espacial, diferentes das que antigamente abrigavam as funções do setor industrial. Escritórios informatizados, cadeias de hotéis internacionais, centros de convenções e vários outros equipamentos, que viabilizavam os novos caminhos da economia, passaram a fazer parte do ambiente urbano, construindo e representando uma paisagem urbana que se consolida dia após dia. Nesse novo estágio da economia mundial, as cidades assumem um papel de extrema importância competitiva, pois passam a fazer parte de redes compostas por outras cidades que se relacionam por meio de fluxos de informação e poder.

Como signo ou como objeto passível de interpretação, a partir do modo como é percebida, a cidade se reconhece, cada vez mais, como imagem produzida e concebida dentro de um contexto internacional, articulando-se e reproduzindo-se por intermédio de empreendedores, investidores ou políticos que buscam os lucros por meio da integração às redes de eventos globais, capazes de conectar tempo e espaço díspares, de forma simultânea. Ao invés do cidadão, consolida-se a figura do *usuário*, aquele que utiliza a cidade independentemente de seus vínculos emocionais ou psicológicos, seja ele um visitante de longa duração, de final de semana, ou o próprio habitante em constante deslocamento pelo espaço urbano. Pela lógica da cidade global, portanto, é o usuário – o consumidor – quem determina as prioridades de investimento público ou privado, ficando as camadas mais pobres da população alijadas dos projetos de desenvolvimento urbano.

O rio Pinheiros e suas margens tornaram-se, por isso, uma das paisagens mais emblemáticas da cidade. É nelas que se implantam os blocos simbólicos de referência internacional capazes de representar, muito além das características locais do território paulistano, o repertório mundial do capital estrangeiro de suas empresas. A paisagem dessa

São Paulo forma-se antes mesmo de integrar-se ao ambiente construído da cidade. Ela aparece através de outras cidades, de outras referências urbanas pertencentes a um modelo internacional, a um estilo global que se reproduz em várias outras metrópoles mundiais. Complexos como o World Trade Center ou como o Centro Nações Unidas (Cenu) mimetizam uma realidade urbana baseada em arquiteturas implantadas em sistemas de rede internacionais. Quando do ataque às torres gêmeas do World Trade Center de Nova York, em setembro de 2001, o seu par paulista recebeu ordem de evacuação por motivos de segurança. A ameaça não surgiu do território ao qual pertencia, mas de um perigo virtual da rede da qual fazia parte. Além disto, o perigo não estava no edifício em si, mas no que ele representava, isto é, a sua condição sígnica como símbolo de uma nação – os Estados Unidos da América – e das relações globais de negócio e de poder do mundo ocidental.

Assim, o espaço construído, neste ponto da cidade, atinge dimensões simbólicas, cristalizadas por chegarem prontas ao entendimento da população que só consegue apreendê-las de forma mediada. A percepção ambiental neste ponto da cidade acontece não por meio do espaço público de uso coletivo, no qual o habitante circula a pé pelas ruas e espaços urbanos percebendo através de seu próprio cor-po o contexto urbano no qual está situado, mas por meio do automóvel, responsável pela experiência individual e veloz do deslocar. Mais do que o espaço, o tempo é o parâmetro de relação entre o indivíduo e a cidade. Seu uso define-se pela produtividade do trabalho. Os referenciais da vida humana se reduzem às atividades organizadas e articuladas pela lógica da velocidade, capazes de transfor-mar a vida cotidiana em algo quantificável, baseado nas tarefas realizáveis e programadas diariamente.

Assim, a memória coletiva construída pela vivência do espaço público é substituída pelo uso rotineiro e progra-mado dos espaços multifuncionais que agregam não so-mente escritórios de trabalho, mas academias, restaurantes, cafés, lojas e serviços, além de hotéis e centros de convenções destinados a um público externo à cidade (turistas) que pode visitá-la sem sair deste espaço privado e, muitas vezes, reproduzível em sua cidade de origem. A redução dos usos e fruição da cidade por meio destes grandes espaços, a maioria apresentando uma escala que foge à dimensão humana, define uma paisagem urbana que se comunica de forma rápida e eficaz, informando a sua mensagem sem dar espaço a especulações e sentimentos. A paisagem acontece como velocidade, pois as imagens encontram-se prontas, veiculadas pelas diversas mídias, muitas vezes expostas nas superfícies destes próprios edifícios, antes mesmo de estarem prontos para o uso.

Para o observador que circula em seu automóvel pela marginal Pinheiros ou pela avenida Luiz Carlos Berrini, ou, ainda, para aquele indivíduo que, diante de sua mesa em um dos tantos escritórios nos edifícios da região, observa de sua janela a paisagem circundante, nota que no topo dos edifícios do Cenu encontram-se as logomarcas de empresas internacionais reconhecidas por sua participação no contexto informacional global, como Compaq e Microsoft.

Os olhares mais atentos e atualizados nesse complexo informacional global ainda reconhecerão os vários hotéis pertencentes às cadeias hoteleiras internacionais, correspondentes aos estratos sociais que interagem dentro da dinâmica e lógica dessa nova centralidade na cidade. Entre esses hotéis, estão o Hilton e o Hyatt, que, além de hospedagem, abrigam eventos, convenções, restaurantes e bares que estimulam a vida social privada desses territórios. A referência à cidade industrial – outrora ícone de São Paulo – reduz-se a um restaurante-cenário dentro do Hilton, que simula uma galeria de arte em um galpão industrial. Tudo criado e estetizado, associado a uma memória simulada não da realidade paulistana, mas de uma imagem presente em outros contextos, transformados em modismo e convencionados como símbolo, no caso específico, da arte, moda e cultura urbanas das metrópoles

82

contemporâneas. Neste espaço, as referências são construídas no âmbito das imagens que se reproduzem dentro das redes globais, constituindo a sua própria rede.

A busca por espaços na cidade, capazes de abrigar a arquitetura dessa nova etapa da economia mundial, encontrou no eixo sudoeste da metrópole os grandes terrenos necessários não somente para a implantação dos edifícios, mas também para a criação de extensas e amplas áreas de circulação, fundamentais para acomodar o fluxo de veículos.

A mudança do perfil da ocupação funcional e produtiva constituiu um novo gabarito para o horizonte da cidade e, para a arquitetura, uma imagem construída em materiais, como o aço e o vidro, empregados nas fachadas dos edifícios inteligentes, assim chamados por serem detentores de infra-estrutura de alta tecnologia que funciona quase autonomamente por intermédio de computadores, e não mais da ação humana.

Os edifícios inteligentes, entre eles o Robocop 1[5] e Robocop 2[6], situados na avenida marginal do rio Pinheiros, além da arquitetura que os apresenta impregnados de significados emprestados da robótica, também são modelos de segurança, no que diz respeito ao controle do acesso de pessoas a seu interior e da circulação em seu entorno. A segurança e o controle excessivos dentro destes territórios globalizados aumentam a sensação de dissociação deles em relação à cidade e seus habitantes, como referência cultural local. Para os não-usuários, a apropriação dessa paisagem acontece de forma distante e intermediada, mais como cenário do que espaço vivido. A cidade nesses locais é apenas uma referência entre tantas outras. Na dimensão simbólica ou midiática das imagens, a memória, a história e a cultura local são convencionadas como abstrações materializadas por meio da virtualidade das imagens.

5. Edifício Plaza Centenário.
6. Edifício Bolsa de Imóveis.

Mais uma vez, a falta de um planejamento mais abrangente acaba por construir uma paisagem que se desconstrói como parte integrante da cidade. A dimensão da apropriação se perde em referências genéricas nas quais a ausência de identidade local denuncia o novo estágio da cidade.

Lugares de Reconhecimento

Desde a formação do primeiro núcleo urbano da cidade – o que reconhecemos hoje como o centro histórico –, o caminho de expansão dos centros econômicos – e, conseqüentemente, centralidades simbólicas de São Paulo – tomou a direção sudoeste. O que vemos hoje na marginal do rio Pinheiros e nas avenidas Faria Lima e Luís Carlos Berrini (que correm paralelas à marginal) é conseqüência da lógica expansionista da cidade e o reflexo da mudança de escala de sua economia, que nos anos de 1970 encontrava na avenida Paulista a sua maior expressão.

Durante a década de 1960, o antigo centro não comportava mais as novas necessidades, então não mais balizadas pela escala da cidade, mas pela metrópole industrial. Desta forma, empresas e bancos começaram a deixar o núcleo central, mudando-se para a região da avenida Paulista, que já a partir da década de 1950 havia iniciado o seu processo de verticalização.

Edifícios modernos como o Nações Unidas, o Quinta Avenida e o Paulicéia passaram a compor a paisagem da cidade. O Conjunto Nacional não somente tornou-se um marco referencial da avenida como também se transformou no centro da vida cultural urbana, reforçada pela construção do Museu de Arte de São Paulo, o Masp. A transferência do museu, da rua 7 de abril, no centro histórico da cidade, para a avenida Paulista, foi um dos sinais definitivos de que a avenida exerceria um significado único no imaginário de seus cidadãos. Aos poucos ela se tornou o novo centro econômico da metrópole, mas, desta vez, através de uma forma de centralidade linear: a disposição dos edifícios ao longo das vias de circulação permitiu a criação de um corredor que, por muitas décadas, tem representado a grandeza de São Paulo. Não por acaso, a avenida Paulista foi a primeira via pública asfaltada e arborizada da cidade.

A presença marcante do automóvel – decorrente de uma poderosa indústria automobilística e da priorização do transporte rodoviário em detrimento do ferroviário – e a conseqüente caotização do trânsito marcaram o período desenvolvimentista da década de 1960, quando praticamente chegou-se ao limite da capacidade da malha viária do centro da cidade.

A valorização da Paulista pelas elites e pela classe média veio ao encontro das mudanças ocorridas na paisagem da cidade. O desenvolvimento do transporte público na região do centro velho e novo, com a chegada do metrô e a implantação de terminais de ônibus, permitiu o fácil acesso de todos os estratos da população à região e a popularização da área central, ao mesmo tempo em que equipamentos públicos e edifícios históricos sofriam o esvaziamento de seus usos e funções, com a evasão econômica desta área da cidade para a avenida Paulista. O centro histórico perdia a sua importância como centro polarizador das decisões e símbolo do poder de São Paulo para um novo centro, onde a linearidade era a própria imagem dinâmica de uma cidade que não parava de crescer e de se deslocar.

O segundo período industrial de São Paulo representava não somente uma nova escala de crescimento, mas também de velocidade dentro do espaço urbano. Do ponto de vista da paisagem emergente, a experiência da mobilidade estendida, isto é, do uso do automóvel como meio de transporte e acesso aos diversos pontos da cidade, trouxe consigo um outro modo de perceber os signos urbanos.

A cidade começava a ser reconhecida por meio de anteparos, "através de" a janela do carro. A experiência do indivíduo na cidade passava a ser intermediada por um equipamento individualizado, cada vez mais presente no ambiente urbano. Da mesma forma que em uma tela de TV, as imagens apreendidas seqüencialmente pela nova velocidade de percepção tornaram-se conseqüência dos diversos deslocamentos diários, responsáveis por novos atributos na construção do imaginário de cada habitante.

Uma vez incorporada à vida cotidiana da cidade, a velocidade tornou-se parte da percepção urbana. Assim, no momento em que a avenida Paulista assumia o posto de centralidade icônica paulistana, ou seja, de correspondente relacional material da imagem da cidade, a paisagem anunciava novas formas e elementos capazes de serem apreendidos dentro da lógica de percepção, presente até os nossos dias: uma única paisagem formada pela experiência de tantas outras, captadas enquanto o observador se desloca ou viaja pelos caminhos da cidade.

Desde então, o número de objetos adequados a esta percepção cinemática, veloz, aumentou gradativamente. Vitrinas, painéis eletrônicos, *outdoors*, sinais luminosos, todos estruturados pela lógica publicitária capaz de apreender o olhar distraído dos pedestres apressados e, principalmente, dos motoristas e passageiros, foram incorporados na paisagem comunicacional da cidade.

Esses novos elementos da paisagem, cada vez mais, foram sendo incorporados ao ambiente cultural urbano, isto é, ao espaço comunicativo construído, responsável pela comunicação e mediação da sua identidade urbana[7], assumindo, inúmeras vezes, a imagem da própria cidade, intermediando a sua apreensão, embora não o seu reconhecimento, prenunciando os rumos que a cidade tomaria nas décadas seguintes. Atualmente, São Paulo tem cerca de 1,2 milhões de peças publicitárias, das quais 90% servem a propósitos comerciais[8].

---

7. Lucrécia D'Alessio Ferrara, *Design em Espaços*, São Paulo: Edições Rosari, 2002, p. 138.

8. Roberto de Oliveira, 25 Motivos para Lamentar, *Folha de S. Paulo*, São Paulo, 25 jan. 2004, *Revista da Folha*, n. 605, p. 36, ano 12.

Mesmo que novas centralidades tenham surgido, a avenida Paulista ainda exerce o papel de ícone da cidade para a maioria da população. O valor sentimental ou psicológico que a avenida Paulista exerce sobre a população, ou os "turistas", continua sendo o de grande cartão postal da cidade. Nesta paisagem urbana, a cidade se reconhece e é reconhecida. Quase uma unanimidade, na década de 1990, a sua condição de ícone se cristalizou em relação à opinião pública e a avenida Paulista foi eleita o símbolo de São Paulo.

Seu reconhecimento como espaço representativo simbólico da cidade era explícito no aglomerado de pessoas que costumava se encontrar no vão livre do Masp, para assistir aos shows que ali aconteciam, da mesma forma que várias manifestações populares e políticas tomavam aquele espaço, o coração da avenida, como local de encontro para exercer a cidadania. As alterações no vão livre do Masp, concebido como uma grande praça de encontro, de eventos e de respiro, de onde o horizonte pode ser admirado, como antes da construção do museu, de quando era o belvedere de São Paulo, alterou o sentido da apropriação daquele espaço.

Embora a paisagem tenha sido modificada e, em conseqüência, seu uso tenha se enfraquecido, a contínua apropriação da avenida para comemoração de finais de campeonato de futebol, de manifestações políticas, da passeata de gays, lésbicas, bissexuais e transgêneros (GLBT) ou da grande festa de Ano Novo da cidade, mantém o seu caráter icônico de imagem representativa do ser "cidadão", transformado-a, pelo uso, no grande espaço público simbólico da cidade, onde todos, sem distinção, sentem-se pertencentes a algo que os torna parte do todo.

Também o centro histórico da cidade mantém esse fascínio e sentido do coletivo, embora mais como imagem da memória coletiva do que do uso de fato. O centro sempre foi o espaço democrático por excelência, o grande espaço público da cidade. Antes mesmo das manifestações políticas e sociais na avenida Paulista, era na praça da Sé ou no vale do Anhangabaú que elas aconteciam.

Gênese da cidade de São Paulo, o centro em plena era de industrialização se caracterizava como uma cidadela, de onde os poderes político e econômico irradiavam e direcionavam o crescimento e desenvolvimento da cidade, determinando as regras de sua ocupação urbana.

O centro histórico ou "Centro Velho", consolidado como pólo irradiador da vida urbana de São Paulo durante o primeiro surto industrial, expandiu-se após 1940, conformando um novo perímetro conhecido por "Centro Novo". Até 1960, os centros "velho" e "novo" foram responsáveis pela centralidade da cidade industrial. Com a evasão das classes altas e médias, assim como de bancos e escritórios, deflagrou-se um processo de deterioração da região, refletindo o descaso para com a cidade existente e o processo acelerado de construção, destruição e reconstrução de uma paisagem urbana fadada sempre a mudar.

A valorização da área central, como patrimônio histórico e da memória da cidade, fez-se mais presente a partir da década de 1990, quando das discussões sobre os mecanismos e instrumentos de intervenções nos tecidos urbanos, tendo em vista a sua recuperação e renovação. Ao mesmo tempo em que se discutia questões como a globalização expressa na desterritorialização urbana da metrópole, através das novas configurações produtivas, como a marginal Pinheiros e avenidas Faria Lima e Luís Carlos Berrini, debatia-se também a identidade local, justamente, por meio da requalificação da área central.

Nestes últimos anos, edifícios históricos têm recebido projetos de requalificação, partindo tanto do restauro e manutenção do uso original, como a Casa da Bóia, na rua Florêncio de Abreu, como da reestruturação e adequação para novos usos, como o Centro Cultural Banco do Brasil e a Academia Competition, edifício original de autoria do escritório de Ramos de Azevedo, ambos situados na rua Boa Vista.

O centro histórico ainda mantém o ritmo do pedestre, é onde a paisagem é lida e percebida de modo mais sensorial. A experiência do caminhar e deslocar mais lentamente permite paradas, observações, momentos de confraternização e de diálogo. Como a paisagem parece não pertencer a alguém, ela acaba por pertencer a todos, embora muito do abandono e sinal de decadência comece a desaparecer por meio de projetos de requalificação urbana que, além de uma melhora na qualidade visual da paisagem, trazem em seu cerne a criação de novos usos e o resgate de antigos que possam promover a vida diária em suas 24 horas. Estão sendo previstos investimentos da ordem de U\$ 100 milhões, obtidos através de empréstimos do Banco Interamericano de Desenvolvimento (BID) para projetos de requalificação da área central[9].

Embora esta área venha sendo aos poucos reconfigurada, por meio de alguns novos elementos arquitetônicos ou da readequação de antigos, é por meio da possibilidade da "multiplicidade" de usos que a sua reestruturação tem sido motivada. Trazer antigos grupos sociais, não mais freqüentadores, além de diversas atividades realizadas em diferentes períodos do dia, tem sido as motivações para a reorganização da área.

A imagem de local perigoso, território de sem-tetos, crianças de rua e todo o tipo de marginalidade que a metrópole comporta, confere a esta paisagem a condição de território de ninguém e de qualquer um. Qualquer um pode se apropriar dele, estabelecendo seus próprios códigos de uso. A sensação de insegurança é relativa, pois se para alguns é o fator que o afasta deste espaço, para outros não há lugar mais seguro para se refugiar, principalmente em se tratando dos grupos sociais mais marginalizados da sociedade urbana.

O desafio que se apresenta, em se tratando dos projetos de requalificação da área central, está na coexistência de diferentes grupos sociais: os existentes e os emergentes. A dificuldade de conviver com o diferente, ou com aqueles

---

9. Cf. sítio da Prefeitura da Cidade de São Paulo, disponível em http://www.prefeitura.sp.gov.br.

menos favorecidos que têm nas ruas a sua moradia e o seu modo de sobrevivência, como os catadores de papel, faz com que os projetos que almejem atrair novos investidores, empresas e grupos sociais mais abastados acabem em um dilema entre o capital e o social.

A dificuldade em se relacionar com o outro encontra na segurança a sua principal causa, pois diariamente somos bombardeados com notícias sobre a crescente onda de violência urbana, que além de alimentar o medo da convivência coletiva, estereotipa os possíveis suspeitos.

Entre os vários projetos de requalificação pelos quais a cidade vem passando nos últimos anos, o projeto de redesenho da Pinacoteca e do jardim da Luz talvez seja um exemplo de projeto que, por meio de uma boa arquitetura, integração com o contexto e uso cultural, tenha respeitado a coexistência dos diversos usuários urbanos. Atualmente, os antigos ocupantes do jardim da Luz se misturam a outros grupos sociais, atraídos pelo próprio jardim, ou em um primeiro momento pela Pinacoteca e suas exposições. Mais do que a solução para o conflito entre os grupos sociais da cidade, este projeto apresenta-se como um exercício de alteridade social a ser expandido em outras áreas da cidade.

A imagem negativa da área central, proporcionada pelas calçadas e ruas malcuidadas, pelo lixo espalhado ou pelas placas de sinalização das lojas que escondem belezas arquitetônicas sem respeitar as regras referentes à poluição visual, reflete através da paisagem o descuido com a cidade e as conseqüências de um planejamento voltado para a circulação viária.

O processo de desconstrução da paisagem da área central inicia-se juntamente com a construção da lógica viária e metroviária de São Paulo. Além de reforçar a centralidade do centro histórico, pois era previsto o cruzamento das linhas na estação Sé, o metrô trouxe os terminais de ônibus, consolidando a região como pólo de distribuição de fluxos por meio do transporte coletivo. A dificuldade de acessar o centro velho para o automóvel culminou com a criação dos calçadões somente para pedestres, favorecendo o deslocamento dos escritórios de empresas, assim como sede de bancos, para a região da avenida Paulista, alterando o perfil de ocupação da área central, nas décadas que se seguiram.

Mais uma vez o espaço da cidade se encontrava em processo de segmentação, as elites e seus automóveis circulando em um novo centro de consumo, a avenida Paulista, e os menos favorecidos, habitantes da periferia ou novos habitantes da área central, caminhando pelos centros novo e velho da cidade.

O metrô não somente trouxe alterações no desenho e lógica urbana, mas também inseriu valores estéticos arquitetônicos, através de suas estações de concreto, que passaram a exercer um novo padrão visual para a região central. As estações do metrô tornaram-se elementos agressores da paisagem, pois pouco se relacionavam com o entorno no qual eram implantadas. Exemplo disto é a estação Anhangabaú e a sua relação espacial e visual com o histórico largo da Memória, ou as obras da estação da Sé, que acarretaram a implosão do edifício Mendes Caldeira para a construção da praça ao lado da estação, unindo as praças da Sé e Clóvis Beviláqua, através de um desenho híbrido e de difícil assimilação visual e de uso, transformando-se de espaço público em moradia dos grupos menos favorecidos da sociedade.

Muitos projetos de intervenção urbana são bem resolvidos como desenho, projeto bidimensional, mas quando são implantados no plano real da cidade não conseguem se libertar do formalismo programático, dificultando o diálogo com a cidade existente.Talvez porque para projetar na cidade seja necessário a sua observação e leitura como fenômeno que se manifesta no uso do espaço e nas representações culturais que dão origem aos lugares da cidade[10].

10. L. D. Ferrara, op. cit.

O projeto da praça da Sé, proveniente das obras do metrô, é um exemplo de projeto de renovação, que "desconhece o uso como espaço urbano percebido, para privilegiar um uso planejado adequado a um sistema de ordem, a uma política urbana da qual o projeto é arauto"[11].

Entre as significativas alterações na lógica da paisagem da área central, principalmente após a inserção do metrô, vemos a aceleração constante do ritmo de seu cotidiano urbano que, entre outras reações, acarretou na multiplicação das placas e luminosos de propaganda do comércio existente. Para capturar a atenção do passante, cada loja precisava ser mais atrativa e chamativa que a sua vizinha. Dessa forma, a poluição visual do centro tornou-se uma das mais extremas da cidade. Exemplos arquitetônicos de diferentes épocas receberam coberturas, toldos, placas e luminosos, dando origem a um verdadeiro caos visual, alterando não somente as suas fachadas, como também a leitura e percepção do conjunto.

A área central de São Paulo é um exemplo claro de como a paisagem urbana paulistana tem se transformado em função dos diversos tempos de organização do capital, que trazem conseqüências diretas para a percepção e identificação do espaço vivido, dificultam ou bloqueiam as relações emocionais com os lugares – esse emaranhado de ruas, construções, imagens e informações reais e virtuais sobre o qual acreditamos ter pleno domínio – que perdem esta definição abstraindo-se em espaços que, embora dotados de memória, desconstroem-se na medida em que perdem a força de sua significação para um contexto urbano mais amplo.

Considerar a consolidação histórica da paisagem assim como de seu uso é fundamental para as reflexões sobre as potencialidades de projeto da área central. Não se trata somente de conquistar a credibilidade dos grupos mais favorecidos ou de alguns setores produtivos da so-

---

11. Idem, *Ver a Cidade*, São Paulo: Nobel, 1988, p. 63.

ciedade, mas de viabilizar a convivência entre os diversos estratos e personagens da cidade, respeitando os grupos sociais que hoje se utilizam desse espaço.

A adoção de certas práticas de renovação urbana, como a demolição de áreas consolidadas ou o restauro que museifica a cidade em um saudosismo vazio, ou ainda a expulsão e substituição de antigos moradores, só servirá para compor uma paisagem artificial, mascarando as verdadeiras potencialidades locais dentro do contexto da cidade existente. É necessário perceber onde estão as fronteiras espaciais, sociais e culturais e buscar transpô-las, concebendo o projeto de intervenção como algo que se concretizará no ambiente urbano e que por isto deverá dialogar com ele. Esta é uma das maiores dificuldades de sucesso dos projetos para o parque Dom Pedro II, pois a sua condição de fronteira precisa ser enfrentada, não somente concebendo como um espaço público da área central, mas também da periferia industrial, que o margeia na sua porção leste, potencialmente rica em história e patrimônio arquitetônico cultural a ser considerado quando de projetos de requalificação para a área.

Paisagem Dividida

No final do século XIX, a paisagem da cidade já se apresentava bastante consolidada em duas grandes áreas separadas pela várzea do rio Tamanduateí, afluente do rio Tietê: os bairros burgueses a oeste, dotados de melhoramentos e planos urbanísticos, e, do outro lado do rio, os bairros industriais, onde trabalho e habitação compartilhavam o mesmo espaço.

A dicotomia do espaço urbano foi estabelecida nos primórdios da urbanização de São Paulo, por meio da diferenciação entre essas duas paisagens, claramente identificadas e reconhecidas e, ainda hoje, presentes no repertório do imaginário de boa parcela da população: a cidade da produção e a cidade do usufruto.

A cidade da produção industrial, responsável pela posição econômica de destaque no cenário nacional, foi também a responsável pelo reconhecimento da paisagem paulistana como território da indústria. A várzea, ocupada inicialmente por sítios e chácaras, tornou-se o local ideal para a instalação da ferrovia e, conseqüentemente, de fábricas e equipamentos industriais, como a usina do Gasômetro, responsável pelo engarrafamento do gás, pelo suprimento de energia para a indústria e pela iluminação da cidade. O Gasômetro do parque Dom Pedro II foi um dos primeiros marcos referenciais da paisagem paulistana. Suas estruturas metálicas revelam, ainda hoje, uma linguagem industrial presente na vocação dos bairros nascidos como periféricos, na várzea da cidade.

A paisagem arquitetônica da cidade industrial se formou enquanto uma extensa massa linear de edifícios de alvenaria de tijolos aparentes, entremeada por estruturas metálicas e chaminés, elementos que pontuaram o horizonte industrial daquele tempo.

Não só os espaços eram distintos entre as duas cidades – a popular, da produção, e a burguesa, da fruição –, como também o tempo. O tempo na cidade fabril era aprisionado pelo relógio da produção. O ritmo cotidiano da casa, do lazer e do trabalho era simultâneo e compassado com o das máquinas. A cidade baixa vivia, então, em um mundo paralelo, com seus próprios códigos e significados.

Mas se, para a burguesia, a cidade baixa abrigava seus meios de produção e a arquitetura expressava sintática e semanticamente o seu poder, para o proletariado, a cidade alta era o elemento pragmático que reforçava a sua invisibilidade social e a excluía do usufruto das vantagens de uma metrópole.

O lado de "fora da cidade" era o lugar onde o lixo era depositado, onde as chaminés produziam fumaça tóxica e a usina de gás exalava seu odor característico, índices da produção, mas não da fruição da cidade. Sob este aspecto, a implantação industrial foi responsável pelo processo de criação da primeira periferia na cidade, que foi sucedida por muitas outras, consolidadas no decorrer dos anos de expansão da cidade.

Em meados da década de 1960, a mancha urbana avançava continuamente para o leste e para o sul, ultrapassando até mesmo as barreiras naturais representadas pelas represas Billings e Guarapiranga. A área urbana atingia então 550 km², resultado de uma alta migração de pessoas oriundas de outros estados – atraídas pela industrialização da capital paulista –, da ocupação sem planejamento e de loteamentos assentados a dezenas de quilômetros da área central, espalhando, desta forma, a população pelo território.

Em vinte anos, o automóvel consolidou-se como elemento marcante da paisagem urbana. Na cidade de São Paulo, em 1950, circulavam 96 mil veículos; em 1970, eram 492 mil. Com os freqüentes projetos viários, estruturadores do desenvolvimento da cidade, a periferia cresceu e, com ela, os distúrbios decorrentes da necessidade de acesso e deslocamento. A população foi assentada em regiões cada vez mais distantes do centro, longe não somente de seu local de trabalho, mas também das áreas de usufruto da cidade, receptoras da infra-estrutura e das melhorias urbanas. Carente de espaços públicos adequados, os problemas de transporte e lazer são agravados.

A origem de uma das imagens mais recorrentes de São Paulo surge exatamente nesse estágio do crescimento: os conjuntos habitacionais. Solução encontrada para o problema habitacional urbano e responsável pela monótona e monolítica paisagem da periferia paulistana.

Além deles, os loteamentos irregulares e as casas de tijolo "baiano" aparente, construídas na sua maioria pelos próprios moradores, tornaram-se marcantes na paisagem periférica que se formou, resultado de um espaço físico autônomo em relação à lógica da cidade, escrevendo o capítulo da informalidade e flexibilidade inerentes à autoconstrução da paisagem urbana. A informalidade e a ausência de regras de ocupação resultaram em lugares nos quais a necessidade e o sentido de comunidade conduziram à apropriação espontânea do espaço urbano, transformando-o em lugar da vida cotidiana, mesmo que precário e permanentemente provisório.

Ao contrário do cotidiano normatizado dos projetos de planificação, produto da sociedade organizada ou do consumo dirigido, como designava Henry Lefebvre[12], os lugares informais da periferia estabelecem-se por meio das relações sociais articuladas no espaço e no seu tempo de uso. Assim, os vazios urbanos, resultantes desta mesma ocupação desregrada, acabaram tornando-se lugares de lazer ou referências mais próximas de espaço público, e as ruas de movimentado fluxo, pontos de comércio.

A apropriação cumulativa desses espaços, ilegais, informais e provisórios, deflagrou, nessas periferias, um processo de implantação de equipamentos e edificações desqualificado e precário. O descuido com a ocupação da cidade, expresso na falta de planejamento em relação ao assentamento da população menos favorecida desde a sua origem, na maioria composta por migrantes vindos de outras partes do país, materializou uma paisagem urbana de degradação do ambiente natural e social, reconhecida através dos contrastes da desigualdade quando comparada com as regiões mais abastadas, para onde fluem os investimentos em melhoramentos e equipamentos públicos.

Do mesmo modo que ocorria nos bairros industriais, a ocupação da periferia foi assimilada como algo que acontecia "fora" da cidade, não pertencendo ao cerne das preocupações quanto à construção do espaço urbano e decorrente paisagem. Muito comum ainda nos dia de hoje, um morador da zona leste, vindo dos bairros históricos da primeira indústria ou das áreas mais extremas, perguntar

12. Henry Lefebvre, *O Direito à Cidade*, tradução de Rubens Eduardo Frias, 2. ed., São Paulo: Centauro, 2001.

a alguém que se destina ao centro ou à região da avenida Paulista: "Você vai à cidade?" A noção de que o território urbano começa, de fato, a partir da travessia dos rios, perdura como o reconhecimento e a leitura de uma história e de uma prática urbana segregadora, visível tanto na paisagem como nas relações de sociabilidade, muitas vezes justificadas sob o chavão do "caos urbano".

Somente quando as pressões sociais da periferia passaram a se impor de modo mais agressivo e "invasor", a paisagem dessas áreas passou a ser percebida em sua abrangência real. A paisagem urbana desses extremos da ocupação da cidade não é somente um descuido "estético", mas é, sobretudo, um descaso social que se revelou das mais diversas formas: na degradação ambiental decorrente do desmatamento e ocupação horizontal predatória, na poluição de córregos e ocupação de áreas de mananciais, na impermeabilização descontrolada do solo, na propagação de doenças, na fome e na violência.

Fronteiras Urbanas em Transição

Com a reestruturação das forças produtivas no ambiente urbano das últimas duas décadas, as indústrias de grande porte e mais complexas evadiram-se do espaço urbano, instalando-se em seu entorno. Vale salientar que, embora essas indústrias tenham deixado a cidade, São Paulo continua exercendo o papel de centro gestor da economia industrial do estado e gerador de novos tipos de indústria, menores e menos poluentes, que se localizam de modo esparso no tecido urbano da cidade.

A saturação das primeiras áreas industriais, assim como o elevado custo dos terrenos – valorizados pela rede de infra-estrutura urbana presente e pela proximidade em relação à área central –, fez com que novas áreas, distantes ou fora do município, fossem ocupadas. Tal expansão, descontrolada, gerou um processo de grande conurbação – encontro das manchas urbanas de dois ou mais centros –, resultante da junção da periferia da cidade com os municípios vizinhos, formando uma gigantesca área indistintamente urbanizada, hoje reconhecida como a região da Grande São Paulo. A saturação do núcleo industrial central e o caos do sistema viário interno, o elevado custo de vida e a valorização dos terrenos (gerando mudanças no uso do solo) acabaram tornando-se obstáculos para uma nova ocupação industrial das antigas áreas industriais correspondentes ao eixo ferroviário do Ipiranga até a Barra Funda.

O reflexo desse processo é visível no profundo esvaziamento produtivo e físico desses territórios industriais, que praticamente formam um cordão de isolamento territorial, entre as periferias – das quais grande parte pertence à zona leste –, o centro e o eixo noroeste da cidade. Tal esvaziamento tem incidido no espaço urbano por meio de uma extensa faixa linear que corre paralela aos trilhos da linha ferroviária. Partindo da Barra Funda, na zona oeste da cidade, e percorrendo os bairros industriais da Mooca, Brás, Belém e Ipiranga em direção ao ABC, fronteira industrial de São Paulo.

Assim como num efeito dominó, pátios ferroviários, galpões, armazéns, gasômetros, moinhos e fábricas, implantados ao longo dos trilhos, foram sendo abandonados. Estes locais passaram, então, a ser identificados como espaços da degeneração social, castigado não somente pelo tempo, mas pela depredação e pelo vandalismo. Os espaços industriais abandonados, próximos às ferrovias, tornaram-se territórios de ninguém, áreas isoladas e esquecidas do contexto urbano. Os trilhos, outrora responsáveis pelo deslocamento e pela comunicação entre agentes econômicos e populações, hoje desintegram a paisagem pela imobilidade, conformando, junto com os elementos industriais esvaziados de função, extensas barreiras físicas que segmentam ainda mais a apreensão da paisagem urbana.

As ferrovias, ícones do desenvolvimento industrial e da transformação da vila colonial em metrópole moderna, hoje são estruturas à espera de uma utilização renovada, assim como os territórios que lhe margeiam.

Essa paisagem caracteriza-se, atualmente, como uma das mais significativas no que se refere a projetos de reestruturação urbana, pois o que resta da antiga configuração industrial são inúmeros galpões e armazéns vazios, além de ramais desativados à espera de um novo destino de ocupação. São lugares mudos, não mais comunicantes, ressentidos pela ausência de pessoas, aguardando um novo propósito e forma de ocupação. Aqui, o que resta é uma identidade enfraquecida pela ausência de vivência, exceto por alguns poucos olhares perdidos de um passante distraído.

Esvaziadas pela ação do tempo no espaço, essas antigas estruturas, abandonadas e enfraquecidas de sua força semântica, foram transformadas de ícones da São Paulo industrial em índices daquele passado, dando-nos pistas de sua origem, indicando-nos, não por similaridade (semelhança) como os ícones, mas por contigüidade (referência), a relação entre o objeto e seu signo.

Para as estruturas indiciais não existem códigos que prevaleçam. As possibilidades de significado são inúmeras, pois, dependendo do repertório de cada habitante, terão materializações diversas e independentes. Por exemplo, a desocupação dos bairros industriais revela, mais do que infra-estruturas obsoletas, a perda de usos, significados, moradores, histórias e memórias da cidade. Ao gerarem resíduos, vazios e sobras do tecido urbano, proporcionam a ocupação irregular e a "favelização" do que resta, reforçando a imagem de abandono, ao mesmo tempo em que, pela sua localização central, suscitam especulações imobiliárias do capital privado. Reconstruir partes do tecido urbano, consideradas vazias, embora consolidadas por estruturas construtivas presentes, tem sido a força que direciona o planejamento urbano da cidade. Em se tratando mais especificamente dos territórios industriais paulistanos, os projetos partem da total demolição para a total ocupação.

Dificilmente o patrimônio industrial é entendido como possibilidade cultural de reconstrução da cidade, embora isto ocorra em vários outros lugares do mundo. O campo das possibilidades de redesenho da paisagem urbana, a partir das estruturas existentes, ainda escapa do interesse coletivo e do poder público em gerenciá-lo.

Nesses antigos territórios industriais, perdem-se não somente referências arquitetônicas e de traçados e implantações urbanas, mas também valores culturais intrínsecos aos estágios históricos da cidade, sem contar a perda dos espaços amplos e compostos de cheios e vazios, uma possibilidade de paisagem única na cidade, que só foi possível pela implantação dessas áreas industriais na várzea. Um ambiente valioso por seus respiros em meio à corrida pela ocupação de todos os espaços do ambiente urbano.

A construção da paisagem não deve somente ser uma composição de estruturas agregadas, mas a possibilidade de abertura de horizontes, espaços amplos onde o olhar possa se perder e a história e memória preencher os vazios. Não se trata de defender a ausência de projeto, mas o equilíbrio da paisagem urbana depende de seus cheios e vazios.

A paisagem industrial das pontes de ferro inglesas, que cruzam a ferrovia e conectam edifícios implantados na lógica da produção industrial, e das remanescentes vilas operárias faz parte de um tecido urbano a ser explorado em sua beleza histórica. Cabe à arquitetura, às suas soluções de espacialização no ambiente urbano, a transformação destes lugares em referências comunicantes de uma nova paisagem, não mais de fronteira ou barreira, mas de integração e reconstrução do tecido urbano, articulando por meio da organização espacial a memória e a história da cidade.

Em várias outras localidades urbanas, as áreas industriais são reconhecidas como patrimônio histórico e cultural, recebendo atenção de órgãos competentes no que diz respeito a projetos que as incorpore, partindo da arquitetura como cultura de projeto e não como algo descartável e facilmente substituível. O novo não necessariamente precisa

100

ser a negação do antigo, tanto mais quanto este "novo" não apresente as mesmas virtudes de seu antecessor.

O desafio de intervir nessas áreas não reside na sua demolição completa, e sim no processo de redesenho da cidade existente, capaz de significar através de novos usos um próximo estágio dessa paisagem urbana fossilizada.

A Vida Cotidiana e a Remontagem da Paisagem

> [...] mas, como você sabe, a razão mais importante para se ir de um lugar a outro é ver o que existe entre eles, e as pessoas tinham grande prazer em fazer exatamente isso. Certo dia, contudo, alguém descobriu que, se andasse tão depressa quanto possível e só olhasse para os sapatos, chegaria muito mais rápido a seu destino. Logo, logo todo o mundo estava fazendo o mesmo. Todos corriam pelas avenidas sem reparar nas belezas e maravilhas da cidade ao passar por elas. // Milo lembrou-se de que muitas vezes tinha feito exatamente o mesmo, e, por mais que tentasse, havia coisas em sua própria rua de que não conseguia se recordar. // Ninguém dava a menor pelota para o aspecto das coisas e, à medida que andavam mais e mais depressa, tudo foi ficando mais feio e mais sujo. Quanto mais feio e mais sujo, mais depressa andavam, até que por fim começou a acontecer algo muito estranho. Como ninguém ligava para nada, a cidade começou pouco a pouco a desaparecer. Dia após dia os edifícios foram ficando menos nítidos e as ruas desbotaram, até que tudo se tornou invisível. Não havia nada para ser visto[13].

A formação da paisagem da cidade de São Paulo tem representado a pressa em se destruir para continuar se

13. Norton Juster, *Tudo Depende de Como Você Vê as Coisas*, tradução de Jorio Dauster, São Paulo: Companhia das Letras,1999, p. 120-121.

101

construindo. Uma paisagem que não agrega, mas que se sobrepõe em um contínuo processo de anulação ou justaposição dos momentos anteriores, das imagens anteriores, da cidade do instante passado. Compreender esta paisagem é buscar a sua desconstrução em todas as suas escalas de percepção, leitura, entendimento e vivência.

Para o habitante da cidade de São Paulo, a paisagem se forma antes mesmo de seu contato com a materialidade urbana – com as ruas, praças ou qualquer tipo de espaço físico externo à sua casa. Ela existe como imagem virtual, propagada pelas diversas mídias que são rapidamente absorvidas pelo cidadão, influenciam seus hábitos, cultura e costumes, induzindo a uma relação muitas vezes alienante em relação à vida cotidiana.

Ao mesmo tempo em que a virtualidade atinge um grande contingente populacional, ela o reduz, através dos símbolos criados ou reforçados por ela, pois fala de uma cidade que exclui parte de seus habitantes, pois não lhes pertence como materialidade ou usufruto.

Se no âmbito global a cidade parece envolver a todos, nos espaços periféricos ela se exclui, retraída em territórios próprios onde a paisagem se constrói dia a dia em meio às rupturas e fragmentos deixados, como rastros, por esta cidade virtualmente envolvente, mas excludente fisicamente.

No contato com a cidade material, a leitura assume outra dimensão, pois se forma construindo uma narrativa baseada nos deslocamentos diários, nos quais milhões de pessoas têm suas vidas cruzadas e compartilhadas, ao mesmo tempo em que definem seus territórios intervindo e interagindo com a paisagem da cidade, deixando as suas marcas através de índices de sua presença.

A paisagem de São Paulo, além de ser percebida por esta lógica de caminhos, vias ou eixos de deslocamentos no espaço ou pela grande escala dos espaços memoráveis e de reconhecimento coletivo, também pode ser apreendida por meio dos fragmentos espalhados no seu tecido, e que somente são assimilados na escala da vida cotidiana, pois são *marcas indiciais* de um tempo pertencente à pequena escala urbana.

Na microescala, os fragmentos de memória são apropriados por aqueles que interagem direta ou indiretamente, seja por meio de intervenções em suas casas ou espaços comerciais, seja por meio daqueles que circulam nessas ruas e fazem as suas leituras a partir da transformação do cotidiano.

A esse aglomerado de usos que deixam marcas de visibilidade no espaço dá-se o nome de paisagem, referência de um modo específico de habitar, de usar, de relacionar-se, de aproximar-se ou de individualizar-se: paisagens, ao mesmo tempo, de reunião e de solidão, mas sempre espaços informados pelo uso[14].

Não importa à qual parte da cidade pertença, a paisagem espelha a ação do indivíduo no ambiente construído, que pela falta de regra ou fiscalização sente-se livre para intervir no espaço interno e externo de sua propriedade na cidade, em parte devido à própria cultura da propriedade privada presente em nossa sociedade. Embora sendo o proprietário, e por isso detentor do direito de interferir em seu patrimônio, a falta do sentimento de pertencer a um conjunto, seja pelo descaso com certos territórios da cidade, ou pela individualização de outros, valorizados e cercados em "cidadelas" monitoradas por câmeras e seguranças particulares, faz com que assuma para si o direito de alterar este patrimônio sem se preocupar com o coletivo e com o efeito que tais mudanças possam causar em relação à paisagem da cidade.

Enquanto as classes média e alta procuram se proteger da crescente violência urbana, construindo muros altos, grades e cercas elétricas – alterando a paisagem das ruas, que muitas vezes são transformadas em espaços privados, com portões e acesso somente para moradores ou pessoas

---

14. L. D. Ferrara, *Significados Urbanos*, São Paulo: Edusp, Fapesp, 2000, p. 126.

autorizadas por eles –, em outras regiões da cidade, nos antigos bairros residenciais, as casas reformadas e revestidas pelos azulejos cerâmicos apagam os indícios do tempo histórico da cidade, não por culpa de seus proprietários, mas pela falta de uma política pública que os oriente e estimule a conservação e readequação arquitetônica, respeitando critérios estabelecidos.

O privilégio das intervenções urbanísticas em algumas áreas da cidade, em oposição ao descaso e esquecimento de outras regiões, reforça, pela ação do próprio poder público, a segmentação e segregação urbana, visível nas precárias calçadas, nos espaços públicos ausentes e na ocupação desestruturada das periferias, que somente são contidas por obstáculos naturais intransponíveis. Mas a percepção dessa cidade é somente possível para aqueles que nela habitam. Mesmo que o rastro dessa ocupação possa ser captado pela foto de satélite, a sua assimilação a partir deste suporte de representação é uma abstração. A sua compreensão real acontece no cotidiano de quem ali vive ou sobrevive.

De acordo com os caminhos do desenvolvimento econômico, pelos quais a cidade passa, há uma movimentação na ocupação do solo e, com ela, uma mudança quase imediata na paisagem. Uma vez que não há regras que definam em que estágio a paisagem deixa de ser uma reação a uma ação do habitante, para compor o repertório coletivo, edifícios são demolidos ou reformados não obedecendo a padrão algum, praças são extintas e bairros são presenteados com projetos de políticos que, para ter uma faixa estendida com seu nome, impõem traçados e desenhos rígidos, dificultando a apropriação daqueles que anteriormente faziam uso destes espaços.

A falta de cobertura vegetal nas áreas mais periféricas da cidade, por exemplo, é o reflexo e o refluxo dessa falta de atenção do planejamento urbano em relação a uma política de ocupação da cidade. De forma desregrada e sem os instrumentos urbanísticos necessários, as áreas periféricas foram se formando e conformando quase que autonomamente, em reação à distribuição desequilibrada dos investimentos públicos.

Nas últimas décadas, as cidades têm assumido o ponto central no debate econômico global, tornando-se imprescindível a captação de investimentos para o custeio de sua gestão e desenvolvimento, uma vez que os recursos públicos tornaram-se insuficientes. Além da atração por investimentos, o desafio maior consiste na distribuição destes em áreas menos favorecidas e de menor atratividade na cidade.

Alguns instrumentos de gestão aparecem como possíveis soluções de diálogo para com o mercado, como, por exemplo, as operações urbanas[15] que visam a reorganização de áreas delimitadas e propostas a partir de um plano urbanístico específico. Os recursos adquiridos por meios de concessões em potencial adicional construtivo devem ser investidos em melhorias dentro do próprio perímetro da operação, o que coloca em risco novamente a distribuição das intervenções urbanísticas pela cidade, pois caberá ao poder público convencer o mercado a investir em áreas atualmente não atraentes.

Vários bairros históricos da cidade, situados tanto na colina como na várzea, sofreram a ação do tempo e a falta de atenção do poder público e órgãos competentes para que os estágios históricos não fossem apagados e nem museificados, e sim incorporados dentro de uma lógica de desenvolvimento urbano, em que a dimensão pública da paisagem pudesse ser levada em conta como instrumento de ação, intervenção e continuidade construtiva.

A cidade é dinâmica, natureza indicial que integra de forma sistêmica os aspectos econômicos, culturais e sociais. Através de um constante movimento de adaptação, as cidades deixam rastros do seu ontem e pistas do que

---

15. Operação urbana é um mecanismo que permite aos proprietários construírem ou usarem imóveis de forma diferente ao estabelecido na legislação de zoneamento. Em troca, eles pagam uma taxa para a prefeitura. A verba é revertida para melhorias na região.

poderá ser o amanhã. Neste processo ininterrupto, sobras e resíduos do tecido urbano surgem como elementos que comunicam uma imagem de degeneração, degradação, impactando a paisagem, desequilibrando os tempos. Independente da escala ou de sua localização, os espaços residuais fazem parte da paisagem urbana, assim como os grandes blocos simbólicos da região do rio Pinheiros ou os lugares memoráveis e de reconhecimento coletivo como a avenida Paulista e o centro da cidade. O espaço em seu estado residual é uma conseqüência da perda da sua identidade como uso e função, e da fossilização como signo. Quando o tempo emudece o objeto, pára de se comunicar com a cidade.

Assim se comportam os vazios produzidos pelas demolições ou arquiteturas ocas das casas cegas, surdas e mudas, vedadas em todos os seus orifícios, objetos que não mais se comunicam com a cidade, pois se fecham em seu próprio isolamento, cristalizando-se como carcaças arquitetônicas. No seu interior não existe nada mais do que o silêncio da ausência de uso e apropriação.

A arquitetura dos esqueletos históricos fornece o conhecimento dos estágios anteriores da cidade, esquecidos em meio à trama urbana, permanecendo em silêncio, recobrando a voz interior somente na memória e lembrança daqueles que ainda os reconhecem. Eles estão espalhados pelos bairros da cidade, misturados às novas construções, aos caminhos abertos por vias novas, encobertos pelas placas de comunicação, pelos cartazes de propaganda e por tantos outros objetos que, dentro do caos urbano, contextualizam a realidade presente.

A imagem de construções com janelas e portas vedadas com tijolos é comum em várias partes da cidade, não é privilégio exclusivo da periferia, do cinturão industrial abandonado ou de bairros menos nobres. Avenidas como a Rebouças ou a Nove de Julho também são acometidas por estas figuras na paisagem, reflexo do abandono de quem a habitava e da cidade com a qual se comunicava, além do medo de invasões e apropriações por moradores sem teto. Mais do que um objeto mudo, é a imagem de uma arquitetura aniquilada pelo tempo no espaço da cidade.

Produto da observação, da interação e da apropriação do ambiente urbano, a paisagem da cidade conforma-se a partir do primeiro contato do indivíduo. Se é um habitante, forma-se da janela da sua moradia, da vizinhança e assim por diante, até atingir a escala dos lugares memoráveis ou criados pelas virtualidades da mídia. É nessa primeira escala que o sentimento de pertencer a um conjunto maior é estimulado, pois a apropriação e o uso da cidade começam pela experiência do habitar. O uso é o emprego do tempo na cidade[16], manifesto na vivência, na experiência e, principalmente, nas relações de pertencimento em relação aos lugares com os quais me identifico.

Quanto mais distante do sentimento de pertencimento a um todo, mais próximo das apropriações individuais que, muitas vezes, chegam ao vandalismo. Pichações, depredações e degradação de bens públicos e privados são constantes.

Discutir a paisagem da cidade ultrapassa os limites recorrentes das questões visuais. Para entendê-la, é necessária a sua desconstrução constante, um movimento dialético entre os impulsos diários de construção e destruição. A paisagem urbana é fruto das intervenções temporais parametrizadas pelo espaço. A sua apreensão é a resposta que cada indivíduo estabelece ao se relacionar nas diversas escalas urbanas, baseado no repertório adquirido através da história vivenciada pela memória e pelo tempo presente da apropriação diária.

As transformações no espaço urbano de São Paulo trazem à tona os diversos tempos vividos pela e na cidade. Nas últimas décadas, o território urbano tem deixado de pertencer à geografia local, passando a fazer parte de uma rede global de fluxos e espaços constituídos, tendo como base as

---

16. H. Lefebvre, op. cit.

mediações entre a cidade e o mundo. A cidade informa e é reflexo da informação, alterando a escala do lugar.

Dessa forma, São Paulo foi se reconfigurando de acordo com as suas novas atribuições, delineando-se por meio de imagens a serem decodificadas pelos seus usuários, representando-se através das diversas ideologias que compõem a dinâmica dos seus desenvolvimentos.

Ao mesmo tempo em que a cidade se transforma, a memória se reorganiza espacialmente, em função das escolhas do que deve ser mantido, alterado ou banido. Embora, em termos espaciais, a memória possa sofrer alterações, em termos temporais, uma vez consagrado o memorável, ele será perpetuado enquanto houver suportes que descrevam a sua história datada, sejam eles textos, fotografias, filmes e qualquer outro tipo de materialidade que o represente, ou ainda, qualquer relato verbal que narre a sua existência. "Pensando bem, é disso que as cidades são feitas; edifícios e vozes. E edifícios desaparecidos e vozes desaparecidas. Cada cidade digna desse nome é uma cidade com voz"[17]. Essas vozes precisam ser ouvidas como vontade do coletivo e desejo e reconhecimento do indivíduo.

Assim sendo, o ambiente urbano construído, por meio das diversas camadas temporais, é o que conforma a cidade atual. Os vários momentos da história configuram, não de forma linear, mas como um agregado de significados urbanos, os elementos que transcendem a funcionalidade dos objetos arquitetônicos, construindo continuamente, a partir do uso e da apropriação, o repertório de imagens da cidade.

As cidades estão sempre se transformando. O que une a cidade atual com a cidade do instante passado são os signos urbanos, visíveis ou invisíveis, verbais ou não-verbais, que assumem no decorrer da sua história evolutiva diversos significados, permitindo a identificação do lugar. Lugar no sentido mais concreto de seu entendimento,

---

17. Cees Nooteboom, *Dia de Finados*, tradução de José Marcos Mariani de Macedo, São Paulo: Companhia das Letras, 2001, p. 131.

opondo-se à abstração do espaço, que engloba a todos, mas não pertence a ninguém.

A cidade partida, construída pela lógica da São Paulo industrial do final do século XIX e início do século XX, claramente definida pelas fronteiras físicas dos rios e ferrovias, pela dicotomia várzea e colina, entrou no século XXI muito mais fraturada e fragmentada em concepções de espaços e uso da cidade que deixaram de ser exclusividade do campo físico-material para tornarem-se referências como virtualidade global.

Muitas das atividades realizadas no âmbito do espaço coletivo e público foram sendo substituídas pelos amplos locais de consumo, privados, que por apresentarem normas e códigos próprios, na maioria determinados pela expectativa de lucro, conformam uma coletividade seletiva e com pouca possibilidade de criatividade ao intervir e se relacionar. A apropriação já é definida previamente.

No mundo datado de hoje, há um crescimento quantitativo de espaços e uma diminuição qualitativa de lugares. A globalização tende a priorizar o primeiro, pois este pode ser facilmente reconhecido em qualquer espaço geográfico, geralmente fazendo parte de redes mundiais, como os *shopping centers*, as lojas de conveniência, os centros empresariais e os hotéis internacionais, enfim, qualquer elemento construído que se identifique com o espaço simbólico e não com o espaço de vida no qual se insere.

As identidades culturais locais constroem-se a partir das experiências urbanas vividas nos lugares da vida cotidiana. São eles que permitem a leitura dos diversos estágios evolutivos da cidade e são eles os responsáveis pela criação do sentimento de pertencer à cidade. Pensar a paisagem urbana como algo construído por nós, habitantes da cidade, é assumir não somente a leitura, mas a materialização dos signos urbanos dos quais também fazemos parte.

OS CAMINHOS DA CIDADE[1]

Fábio Duarte

Sair de casa, caminhar alguns metros até a padaria ou caminhar algumas quadras para tomar o ônibus esconde e revela parte da complexidade da vida urbana.

Passar da casa à cidade é aceitar participar do espaço do outro, o espaço do estranhamento, daqueles que eu não conheço e não visitam minha casa; deixo a segurança da casa, espaço conhecido, para a experiência da alteridade, o desconhecido por vezes amedrontador, em que "as pessoas podem ser confundidas com indigentes e tomadas pelo que não são"[2]. Enfrento o espaço do estranhamento, da

---

1. Uma primeira versão deste capítulo foi publicada na revista *Redes*. Cf. Fábio Duarte, Os Caminhos da Cidade: um ensaio sobre São Paulo, *Redes*, Santa Cruz do Sul: Edunisc, v. 11, n. 1, p. 9-23, jan.-abr. 2006.
2. Roberto DaMatta, *A Casa e a Rua*: espaço, cidadania, mulher e morte no Brasil, São Paulo: Brasiliense, 1985, p. 50.

cidade que conheço e que vai se transformando dia a dia pela vivência e pela intervenção de cada um. Que cidade é esta, a mesma todos os dias e tão diferente de ontem? A familiaridade aparente dos hábitos cotidianos inscritos em um espaço mutante.

Nas pequenas cidades ainda vemos as ruas, senão como uma extensão da casa, como um ambiente de convívio: o lugar do "bom dia, senhor fulano", das cadeiras na calçada, da paquera na janela, do passear de carro como programa de final de semana. Na metrópole, entretanto, os caminhos da cidade vão crescendo fisicamente, transformando-se em sistemas cada vez mais complexos – e passam a ser vistos, mais e mais, apenas pelo seu aspecto funcional: ligar pontos. E se essa passagem parece ser "apenas" de escala, como se fosse o processo evolutivo natural da cidade, lembremo-nos de que as cidades são, em essência, um ambiente artificial. Nada nelas é natural, tudo é uma sedimentação, re-elaboração e pulsão de fenômenos sociais – também não-"naturais" – que indicam o desligamento das atividades de proximidade geográfica para ganharem sentido nas dimensões urbana e metropolitana.

Os caminhos da cidade (calçadas, ruas, avenidas, trilhos de trem ou metrô) articulam o espaço do estranhamento, ligam pontos de interesse, permitem que cada um vá de seu ponto de origem aos destinos desejados, configurando-se como o "entre" os lugares da cidade. Isto, contudo, não nos poupa do desafio de viver e pensar o espaço urbano da convivência e da alteridade. É na rua que está "o fluxo da vida, com suas contradições, durezas e surpresas"[3].

Sem ser o vazio da passagem inócua, ou tampouco o ideal do lugar de vida comunitária, as calçadas e as ruas, as avenidas e os trilhos aparecem como espaço de convivência – não do convívio longo, dos nomes próprios, mas daquele rápido, transitório, e que espelha o modo como se

3. Idem, *O Que Faz o Brasil, Brasil?*, Rio de Janeiro: Rocco, 1984, p. 29.

criam as relações entre os milhões de outros que somos em São Paulo.

Os caminhos da cidade devem ser vistos por seus desafios e riquezas. Não como o entre-lugares da cidade, mas como o espaço estruturador da vida urbana – da nossa percepção direta de cidade, como o lugar que nos posiciona no tecido urbano com trechos marcados por elementos e ações conhecidos (como nossa rua ou a passagem diária pelas mesmas avenidas) que permitem que eu me identifique com a cidade, e, finalmente, como o território no qual somos individualmente diferentes uns dos outros, mas compartilhamos códigos comuns para a convivência coletiva. Os caminhos de tantos e tão diferentes grupos.

Espaço, Território, Lugar: o Corpo, o Uso, a Regra

Partindo da definição de Milton Santos, o *espaço* é composto pela relação entre os sistemas dos objetos e os sistemas de ações[4]. No espaço dos caminhos da cidade são os objetos (pessoas, carros, pavimentação, gases, sinais etc.) e as ações (movimento dos carros, deslocamento do ar, comunicação entre pessoas etc.) que estabelecem entre si relações permanentes ou mutáveis. Mas que tipo de relações? Isso depende de quais desses objetos e ações eu percebo, e essa percepção depende, por sua vez, de algumas de minhas características físicas ou psicológicas, e de como eu me coloco no espaço.

Assim, podemos ligar a idéia de espaço à percepção direta dos elementos que compõem a cidade: os materiais – com cores, durezas e texturas –, os sons e os cheiros, as formas e as velocidades. Podemos dizer que esse é o nível mais individual da vivência urbana: percepção pessoal e intransferível de um conjunto de objetos e ações que estruturam o espaço

---

4. Milton Santos, *A Natureza do Espaço*: técnica e tempo, razão e emoção, São Paulo: Hucitec, 1997, p. 67.

117

de todos. E nesse paradoxo, o da percepção individual dos objetos socializados e das ações que compõem a metrópole, o equilíbrio deve ser o objetivo: resguardar a individualidade perceptiva da cidade e oferecer as mesmas possibilidades de vivência urbana para todas as pessoas, independentemente de suas características físicas, psicológicas ou sociais.

O *lugar* de uma cidade é uma porção do espaço impregnada culturalmente, "para que sirva à identificação da pessoa ou do grupo no espaço, para que encontrem a si mesmos refletidos em determinados objetos e ações e possam, assim, guiar-se, encontrar-se e constituir sua medida cultural no espaço"[5]. Nesse sentido, o uso que fazemos da cidade, como nos apropriamos dela e como damos significados a seus elementos e ações dentro de um sistema pessoal de valores, é de extrema importância para nossa sensação de bem-estar e para a nossa convivência no ambiente urbano.

Ora, se os caminhos são o ambiente da alteridade, da convivência com o outro, o uso que deles fazemos influencia diretamente o uso que fazem os outros. Por isso, a apropriação individual dos elementos urbanos (como os bancos e mesas de bares e restaurantes nas calçadas da cidade) é afrontosa e corresponde a uma privatização do espaço público, ao impedir ou dificultar o outro de usar as calçadas para sua função primeira – caminhar com segurança e conforto – em favor de um uso particular. O furto do espaço público, ao retirar do outro seu direito de uso, em proveito próprio, revela, simultaneamente, a sua negação.

O uso dos elementos percebidos na cidade já implica, por si só, um posicionamento consciente do indivíduo, com conseqüências para o outro. As regras de convivência e utilização do espaço público são necessárias para disciplinar as ações dos indivíduos sobre os objetos, de modo a evitar os conflitos e permitir a coexistência dos milhões de diferentes, com percepções e usos individuais.

5. Fábio Duarte, *Crise das Matrizes Espaciais:* arquitetura, cidades, geopolítica, tecnocultura, São Paulo: Perspectiva, 2002, p. 65.

Como a idéia de lugar, o *território* é uma porção do espaço na qual se atribuem significados a objetos e ações. Nele, porém, esses significados são coletivizados e servem como medidas culturais e de comportamento às quais todos os que fazem parte desse grupo social devem se submeter.

Em uma esquina qualquer, carros e pessoas querem atravessar de um lado para o outro do cruzamento. O semáforo é a materialização da regra da prevalência dos movimentos de um meio em uma direção por determinado período. Tanto quanto os estímulos físicos, as regras são determinantes de como vivemos na cidade. Dessa maneira, a esquina é exemplo cotidiano da complexidade da percepção e apreensão do território da cidade.

O entendimento da cidade que é vivida pelo corpo, pelos usos e pelas regras é importante para entendermos as várias dimensões dos caminhos que percorremos cotidianamente. Se a origem e o destino desses percursos são lugares da própria cidade, é no movimento urbano que se pode tomar consciência do que é viver na metrópole.

Os Caminhos e os Meios

Os Caminhos Pedestres

Para entender a complexidade dos caminhos da cidade é preciso dar o primeiro passo: sair de casa e percorrer a pé algumas quadras.

Estamos motoristas, *estamos* passageiros, mas *somos* pedestres. Essa é uma prerrogativa essencial do ser urbano. Uns poucos passos pelas calçadas já revelam as qualidades e os defeitos do planejamento das cidades, como são vividas e tratadas por seus responsáveis políticos, planejadores e habitantes. A calçada *deve ser* a faixa de segurança da mudança de velocidades urbanas. Entretanto, como veremos adiante, quando o *estar motorista* passa a ser o único guia do planejamento urbano, essa regra é anulada e a relação do cidadão com o ambiente urbano, em conseqüência, fica comprometida.

119

Somos mais de dez milhões de pedestres em São Paulo. Mais de cem mil de nós já sofreram algum acidente devido à má conservação dos mais de 88 mil quilômetros de calçadas da cidade, segundo levantamento do Instituto de Pesquisa Econômica Aplicada (Ipea)[6]. Cem metros caminhados de olhos vendados pela quadra de sua casa mudarão a percepção que você tem das calçadas. Percebemos a calçada pelos pés e pelo olhar do nosso corpo em movimento.

Desde 1988, pelo decreto 27.505, da prefeitura de São Paulo, a conservação da calçada é obrigação do proprietário do imóvel, que deve pavimentá-la com piso antiderrapante e não pode construir degraus. Mas nossas calçadas são irregulares, malconservadas, com degraus e desníveis que favorecem exclusivamente a entrada e saída de veículos das garagens. O mau estado de conservação das calçadas é o aspecto que mais incomoda a população, citado por 27,5% dos entrevistados por Eduardo Yázigi[7]. A responsabilidade do proprietário do imóvel em conservar a calçada não pode isentar a prefeitura – que afirma aplicar em torno de dezoito mil multas por ano, que variam de R$ 130 a mil reais – de seu planejamento e de sua estrita normatização e fiscalização, exigindo dos cidadãos o cumprimento rigoroso das regras.

Não bastasse a sua péssima conservação e a inoperante fiscalização, as calçadas de São Paulo são estreitas. E ainda acomodam mobiliário urbano necessário, como telefones públicos, postes de distribuição da rede elétrica, de iluminação, de sinalização de trânsito, de localização, lixeiras e árvores. No que resta do descuido privado de cada morador e o deficiente planejamento público, o pedestre tem de encontrar seu espaço. O descaso das autoridades e dos proprietários de imóveis, responsáveis pela segurança, conforto e manutenção dos passeios públicos, tem gerado toda sorte

---

6. Ipea, *Impactos Sociais e Econômicos dos Acidentes de Trânsito nas Aglomerações Urbanas Brasileiras*, Brasília: Ipea, ANPT, 2003.

7. Eduardo Yázigi, *O Mundo das Calçadas*: por uma política de espaços públicos, São Paulo: Humanistas, Imprensa Oficial de São Paulo, 2000, p. 75.

de distorções, expulsando das ruas deficientes, idosos e todos aqueles que têm nelas sua referência de lazer e convivência. A cidade deve ser planejada e cuidada para todos – e um princípio para que isso se concretize é planejá-la e prepará-la para que o outro, aquele que é diferente de mim, possa ter o mesmo conforto, o mesmo prazer e a mesma segurança que eu, ao usufruí-la. Vale insistir: a rua não deve ser pensada só como o lugar de convívio, de identificação, mas o lugar onde o diferente é bem-vindo, presente e necessário. Buscar o conforto como princípio genérico do planejamento parece-me, digamos, genérico… É ao olhar para o outro e para si como o outro do outro que as proposições generalizáveis (e não o princípio genérico *a priori*) tornam-se objetivas.

Ao se constatar a importância de se oferecer conforto, prazer e segurança ao pedestre – qualquer pedestre –, fica evidente a relevância de como o mobiliário urbano é disposto nos passeios e de como, pela sua posição e altura, pelo volume que ocupa, condiciona o caminhar. Telefones públicos malposicionados, postes e fios de iluminação, lixeiras de residências e condomínios de alturas variadas (que, aliás, deveriam estar dentro dos limites dos lotes, não no passeio público), pontos de ônibus com anúncios publicitários, árvores inadequadas para vias públicas e malpodadas são comuns em todos os bairros da cidade e dificultam ou mesmo impossibilitam o uso das calçadas, cuja função primordial é o deslocamento. Entretanto, além de estreitas e de toda sorte de equipamentos, públicos ou privados, espalhados em toda sua extensão, a atribuição da construção e conservação da calçada ao proprietário do imóvel fronteiriço, e o desrespeito a regras mínimas de alinhamento da calçada ao meio-fio e à inclinação do leito carroçável, com rebaixamento controlado para acesso à garagem, deixa abandonada a transição entre um trecho de calçamento e outro. Dessa maneira, vê-se, por exemplo, que, num mesmo quarteirão de uma rua, diferentes moradores optaram por um tipo de piso (cimentado, pedra portuguesa, ladrilho hidráulico, cerâmica, tijolos etc.) e o fizeram, cada qual, com um padrão e um desenho a seu gosto, no mesmo nível da garagem de suas casas, desrespeitando o alinhamento contínuo do meio-fio, gerando degraus entre um lote e outro da rua. Em ruas com desníveis acentuados – comuns na cidade – o que se vê são os passeios transformados em escadarias com degraus variados, às vezes com mais de cinqüenta centímetros de altura. Degrau urbano, no espaço de transição entre um lote e outro da mesma calçada. Aquele espaço sem proprietário e sem responsável: o espaço de transição, o espaço dos tombos (e o tombo é sempre do outro), o espaço/obstáculo urbano. São nesses pequenos intervalos entre o meu espaço (frente de casa) e o espaço do outro (calçada do vizinho), o intervalo que nem sequer é materializado, que devemos exercer nossa responsabilidade no convívio urbano.

A lida de elementos urbanos com intenções privadas aponta para uma das mais perniciosas lutas que devemos travar diariamente, e que vem se multiplicando das formas mais variadas. Há, por exemplo, as lixeiras verticais, que, se têm o mérito de retirar os sacos de lixo do chão (mas os colocam no alto, oras), são equipamentos que invadem as áreas de circulação e de desembarque das calçadas, e que deveriam estar dentro dos limites da propriedade a que serve; há as floreiras e bancos colocados defronte de casas e lojas; há os toldos, as placas, a saliência do portão para acomodar o carro, os degraus de acesso ao estabelecimento etc.

Mais ultrajantes são as ocupações das calçadas para geração de lucros privados. Em todos os cantos da cidade, bares e restaurantes dispõem mesas e cadeiras nas calçadas, como uma extensão de seu negócio. Apropriam-se de um espaço público, expulsando os pedestres para o meio das ruas. Em largos e praças onde tal postura poderia ser tolerável, mas a maioria das calçadas da cidade é estreita e a sua ocupação com mesas é extensiva (por todos os bairros) e intensiva (invadindo, por vezes, até a rua).

Finalmente, há um outro tipo de privatização que toma os caminhos da cidade: o comércio ambulante. São justamente os camelôs o terceiro fator que mais incômodo traz às calçadas[8]. O assunto é polêmico: afinal, eles não escolhem determinadas ruas exatamente pela atração de público que grandes estabelecimentos privados já conseguiram, sinalizando uma desigualdade de oportunidades? Ou pela existência de pontos de transbordo? E os compradores não são justamente aqueles que não têm condições de comprar em lojas estabelecidas? O que nos importa perceber, contudo, é que mesmo que entendamos a essencialidade vital que a economia informal infelizmente adquiriu no país, sua expressão no comércio ambulante é um problema urbano sensível. Longos trechos de ruas e calçadas, espaços de movimento, tornam-se mercados abertos que dificultam a circulação ou expulsam os pedestres para o asfalto.

Em todos esses exemplos, a apropriação dos caminhos desvirtua os usos para os quais foram planejados e construídos; e o uso privado dos caminhos públicos é um dos sinais do desrespeito que parte das pessoas têm com o outro. A negação do direito do outro para meu proveito máximo substitui o desafio urbano de conviver com o outro.

Cidade Atomizada, Cidade Cinética

São Paulo é uma das capitais mais motorizadas do mundo. Segundo a prefeitura municipal, há mais de quatro milhões de automóveis particulares na cidade – o que dá quase dois carros para cada habitante[9].

Para nossas categorias de análise – percepção, apropriação e convivência (corpo, uso e regra) –, antes de qualquer consideração quantitativa sobre os carros e o trânsito, é

---

8. Idem, op. cit.

9. Segundo dados da Prefeitura da Cidade de São Paulo, em 2006 estavam registrados 5.614.084 veículos; e, pela distribuição de 2000, teríamos 78% de automóveis particulares, 1% de ônibus, 3% de caminhões, 9% de utilitários, 7% de motos e 1% de outros modais. Cf. Evolução da Divisão Modal e da Taxa de Motorização nas Pesquisas Origem/Destino, São Paulo: Metrô, Deinfo/Sempla, [s. d.].

importante percebermos que a locomoção motorizada altera nossa percepção urbana.

Da passagem de ser pedestre para estar motorista ou passageiro, nossa velocidade aumenta em quase dez vezes. Isso altera como percebemos a cidade. Em uma metáfora conveniente para nossas categorias, o carro torna-se uma extensão de nosso corpo[10].

A velocidade torna-se um elemento constituinte da percepção urbana. Os elementos urbanos que modelam os caminhos dos pedestres não modelam a cidade motorizada: as ruas se alargam, as extensões sem interrupções tornam-se maiores, a pavimentação é mais regular. E novos elementos próprios dos caminhos velozes incorporam-se à paisagem urbana: árvores e edifícios competem na ambientação urbana com imensos painéis de propaganda, que, direcionados para serem lidos por motoristas e passageiros dos carros, indicam o predomínio da cidade motorizada. É verdade que o excesso de publicidade em mídia exterior[11], sem controle de posicionamento, polui a paisagem urbana; porém, é preciso entender que esse tipo de informação é parte importante de uma outra cidade, a cidade do movimento veloz, daquela que não pode ser apenas percebida, entendida e planejada em função da história da cidade, e das plantas estáticas da metrópole: a cidade do movimento veloz só pode ser percebida em movimento, e só assim entendida.

Mas se de um lado o corpo motorizado traz novas formas de percepção urbana, de outro ele faz com que se

10. Sobre a discussão dos meios alterando nossa relação com o mundo, dos meios como extensões de nossas funções biológicas e mentais, a obra inaugural é o livro de Marshall McLuhan, *Os Meios de Comunicação como Extensões do Homem*, tradução de Décio Pignatari, 3. ed., São Paulo: Cultrix, 1969.

11. São Paulo aprovou em 6 de dezembro de 2006 a Lei Municipal 14.223, denominada Lei da Cidade Limpa, que "tem como objetivo eliminar a poluição visual em São Paulo, proíbe todo tipo de publicidade externa, como outdoors, painéis em fachadas de prédios, backlights e frontlights. [...] Também ficam vetados anúncios publicitários em táxis, ônibus e bicicletas". Os argumentos apresentados não tratam de defender a mídia exterior, mas de argumentar a existência de distintas escalas de percepção urbana.

abra mão da riqueza sensorial da cidade: dentro do carro, com os vidros fechados e, preferencialmente, com o ar-condicionado ligado, os caminhos da cidade perdem seus cheiros, suas temperaturas, seus sons. A cidade sinestésica, aquela onde as diferentes percepções sensoriais se influen-ciam umas às outras e enriquecem de estímulos os modos de entender e viver, é substituída pela cidade cinética, onde o movimento dos corpos é o que rege a percepção urbana.

A ruptura dos carros com a exuberância de estímulos sensoriais representa a individualização restritiva da per-cepção urbana. O outro é literalmente deixado para fora. Poderíamos dizer que esse outro deixa de participar da minha experiência urbana, como se a cidade fosse atomi-zada, isto é, reduzida à sua menor instância: ao indivíduo tão-somente. Por outro lado, contudo, o outro se integra a uma paisagem em que tudo adquire e muda de significado pela velocidade com que percorro os meus caminhos.

Essas diferenças de percepção urbana – de como nosso corpo biológico, motorizado e cultural percebe a cidade – poderiam ser tratadas justamente pelas riquezas diferenciais que trazem, sem juízos de valor. No entanto, quando analisamos o uso que se faz da cidade, a apro-priação urbana, o que vemos é o transbordamento desta atomização do deslocamento motorizado para um viés, diríamos, psicológico de "já que o carro é *meu* e *eu* tomo as decisões de para onde e por onde *eu* vou, assumo os caminhos da cidade como *meus* e, portanto, porto-me neles como bem entender". É uma forma abusiva de apro-priação dos direitos dos outros de se movimentarem. Filas duplas, ultrapassagens perigosas, atalhos pela contramão, conversões proibidas, desrespeito às faixas e ao privilégio dos pedestres, estacionamento proibido são formas de uso egoísta dos caminhos da cidade.

Para que haja uma possibilidade de convívio entre as pessoas, estejam elas motoristas ou pedestres (o que, lem-bramos, todos somos), existem as regras. Geralmente vistas como limitantes de nossos desejos, cerceadoras de nossas pulsões, são elas, na verdade, que nos protegem dos desejos dos outros, ou dos efeitos de suas pulsões. Por isso, deveriam ser vistas como a "menina-dos-olhos" do convívio social. Depuração de diferentes percepções urbanas, as regras condensam ao máximo denominador a percepção de diferentes corpos na cidade: a do corpo idoso, do corpo apoiado por muletas, do corpo motorizado, do corpo que não vê, do meu e do seu corpo. Depuram também as várias formas de apropriação do ambiente urbano, de como esses corpos diferentes e as diversas culturas utilizam a cidade. Elementos urbanos, como as faixas de pedestre, as placas de trânsito, as áreas de estacionamento controlado ou os semáforos, sintetizam as regras do convívio social nas vias urbanas.

Cada vez que pego o carro, deveria lembrar-me, em primeiro lugar, de que *estou* motorista, mas *sou* pedestre; em segundo lugar, de que os caminhos da cidade são o lugar do outro e onde eu sou o outro do outro, portanto com diferentes percepções e usos do ambiente urbano; e, em terceiro lugar, de que esse convívio, esse exercício cotidiano de espelhamentos e alteridades, vem sendo depurado para um equilíbrio civilizado por meio de regras debatidas e negociadas politicamente.

Avançar sobre a faixa de pedestres ou desrespeitar a prioridade do pedestre sobre o automóvel são exemplos típicos da nossa dificuldade em lidar com a alternância de papéis que desempenhamos todos os dias como distintos atores urbanos. E os caminhos da cidade apresentam oportunidades diárias de exercícios de espelhamento e alteridade, de ao mesmo tempo conviver e ser o outro. Mas além de um sintoma de comportamento que pode ser identificado em cada motorista, as áreas de transição nos caminhos da cidade revelam também distúrbios urbanos generalizados. Em quase todos os grandes cruzamentos da cidade, os carros param de vidros fechados, sintoma tanto da individualização da vida contemporânea como indicativo da sensação generalizada de insegurança. Qualquer um fora do meu carro, qualquer outro do lado de lá da janela, é

126

potencialmente violento. Pedintes, idosos ou crianças, malabaristas, vendedores de flores, limpadores de pára-brisa aglutinam-se nos cruzamentos, expondo as mazelas socioeconômicas do país àqueles (os de dentro dos carros) que consideram como privilegiados e, possivelmente, responsáveis pela sua situação miserável. Já para esses motoristas, aqueles que estão fora dos carros são tanto um indício dessa desigualdade social (sobre a qual não têm responsabilidade direta) como um sinal de iminente perigo.

Corpos Coletivos Motorizados

> *O transporte – eu coro em pronunciar um truísmo agora ignorado tão freqüentemente – é um meio e não um fim.*
>
> L. MUMFORD

A vivência urbana levou-nos massivamente aos carros ou ônibus. O ônibus carrega a velocidade própria dos veículos motorizados na percepção dos caminhos da cidade. Esses corpos coletivos motorizados são utilizados por mais de um milhão de pessoas diariamente em São Paulo, segundo dados da prefeitura[12].

As possibilidades de movimentação dos ônibus se dão na relação entre a malha do sistema viário e o conjunto de linhas definidas. Optando pelos pontos mais próximos da origem, de onde saímos, para irmos ao destino desejado, nossos movimentos na cidade limitam-se a escolhas previamente traçadas: por isso, esses movimentos, condicionados às decisões de trajeto e intervalos, devem sempre receber atenção dos responsáveis pelo seu planejamento, para adequá-los à demanda do corpo coletivo.

Uma das conseqüências mais nocivas da falta de cuidado com este serviço é o esforço que os usuários do transporte coletivo fazem para abandoná-lo em favor do transporte individual. E uma vez feita a troca, fica muito difícil rever-

---

12. Em 2000, eram 485.608 em metrôs, 122.889 em trens e 1.130.419 em ônibus.

tê-la. Isso pode ser realmente observado no histórico das pesquisas de origem-destino realizadas pela Companhia do Metropolitano de São Paulo (Metrô) e pela Secretaria Municipal de Planejamento (Sempla)[13], que aponta que, em 1977, do total das viagens motorizadas dentro da cidade, 61% eram feitas por transporte coletivo, caindo vinte anos depois para 51%. Em primeiro lugar, isso significa um maior número de carros nas ruas, que escolhem caminhos individualmente, dificultando, conseqüentemente, o controle do tráfego e congestionando as vias principais. Em segundo lugar, e talvez mais grave, a substituição do ônibus pelo carro não é apenas a passagem de um meio de transporte para outro: carrega consigo a transformação de um estado de consciência social para outro. O passageiro, que ainda conservava uma percepção urbana compartilhada, mas inativa, dá lugar ao motorista, que toma suas próprias decisões, individualizando não só sua opção de transporte como também sua postura em relação aos caminhos da cidade, como vimos acima.

Eduardo Vasconcellos reforça que as políticas de transporte não são neutras, com aspectos exclusivamente técnicos, mas decisões políticas, nas quais prevalecem o interesse e a influência dos grupos mais fortes junto aos decisores políticos[14]. Ele nota que os gastos com sistema viário foram superiores aos gastos com educação, saúde, habitação e transporte público – lembrando que, enquanto o transporte público tem um caráter coletivo, o sistema viário beneficia qualquer veículo, seja ele público ou particular. Assim, ao mapear as grandes obras viárias que continuam a pulular nas regiões centrais da cidade, vemos que sua lo-

---

13. Assim como os outros dados de transporte e trânsito, a síntese de informações da pesquisa Evolução da Divisão Modal e da Taxa de Motorização nas Pesquisas Origem/Destino, realizada pelo Metrô e pela Sempla, pode ser acessada no sítio da prefeitura de São Paulo, disponível em: http://www.prefeitura.sp.gov.br.

14. Eduardo A. Vasconcellos, *Transporte Urbano, Espaço e Eqüidade*: análise das políticas públicas, São Paulo: Annablume, 2001.

128

calização (avenidas Rebouças, Faria Lima, Cidade Jardim, Águas Espraiadas etc.) coincide com as áreas dos centros de comércio e serviços mais abastados e com as das grandes empresas. Todas essas obras estão focadas no sistema viário, em regiões de grande movimentação de veículos privados individuais – um sinal claro do seu direcionamento político e econômico.

Acompanhando o movimento do sistema viário, diferentemente de cidades com um processo de planejamento consolidado, dinâmico e participativo, em São Paulo, as linhas de ônibus vão a reboque dos movimentos do mercado imobiliário. Os núcleos de comércio e serviços (e de emprego, conseqüentemente) "mudaram-se" do centro para a avenida Paulista, depois para a avenida Faria Lima e região da marginal do rio Pinheiros; os empregados, sem condições de pagar aluguéis nessas ou em outras regiões das zonas centro-sul e oeste, mantêm-se distantes dos núcleos de emprego. A demanda para as linhas de ônibus com trajetos cada vez mais longos e/ou com diversos pontos de embarque e desembarque, em grande número concentrados no centro da cidade, fazem com que milhões de pessoas deixem, por exemplo, os distritos da zona leste com destino à avenida marginal do rio Pinheiros, na zona sul. As distâncias crescentes entre as áreas de residência e as de empregos é uma manifestação evidente da deficiência de planejamento, e os longos trajetos, repletos de transições (com consumo de espaço e tempo para a cidade – seus cidadãos e sua economia) são um desestímulo à utilização do transporte coletivo.

A desconsideração do transporte coletivo concretiza-se na escassez de vias preferenciais. Ônibus disputam faixas de rolamento com carros e, claro, cada vez que o desserviço coletivo coloca mais habitantes em carros, maior e mais agressiva torna-se a disputa. A cidade malplanejada e malgerida está afogada e emparedada pela sua própria negligência em se antecipar aos problemas.

Os ônibus transportam dezenas de pessoas enquanto menos de duas ocupam cada carro. Num cenário de convívio social, a preferência deveria ser dos ônibus. Por outro lado, os ônibus são maiores e, mesmo sem condições mínimas de dirigibilidade e segurança para passageiros, avançam em faixas de carros, atravessam sinais, excedem em velocidade. A disputa entre carros e ônibus, carros e carros, táxis e ônibus etc. parece reduzir-se no cotidiano das ruas e avenidas a uma disputa de corpos motorizados quando, na verdade, esconde uma agressividade entre cidadãos.

A transição de outros meios de transporte para o metrô faz parte do cotidiano de 1,2 milhão de pessoas[15]. A percepção da cidade metroviária desprende-se em parte da conformação dos caminhos urbanos como ruas e avenidas, para uma interferência mínima na competição dos caminhos pelos diferentes meios. O metrô traz outra categoria da percepção urbana: a cidade construída por pontos de embarque e desembarque. Mais que a descida à cidade subterrânea, ele evoca a cidade como uma rede, composta de pontos interconectados, mesmo que distantes dezenas de quilômetros, enquanto os trechos de trânsito dos caminhos entre uma estação e outra não se comunicam com a cidade circundante. Ou seja: a partir de uma estação de metrô na zona leste, tem-se acesso potencial a qualquer outra estação da rede metroviária – acesso muito mais simples do que cruzar a zona leste, pelas ruas e avenidas, em seu sentido norte-sul, pouco considerada nos planos municipais.

Enquanto as referências urbanas (edifícios, estátuas ou outros elementos que estruturam a paisagem urbana) compõem a vivência nas várias formas de deslocamentos a pé, por carro ou ônibus, seja por decisão dos condutores ou passageiros, as referências no metrô são exclusivamente nominais, com decisões de embarque e desembarque tomadas pela intercalação de estações. Em certo sentido,

15. O número médio de passageiros nos dias úteis em 2003 foi de 1,7 milhão, sendo que 71% utilizam outro meio de transporte, além do metrô, segundo dados da Companhia do Metropolitano de São Paulo.

130

para seus usuários, essa parte da cidade é resumida, mentalmente, ao esquema da rede metroviária, que se transforma na espinha estrutural da cidade, tendo exclusivamente as estações como referências do "mundo exterior". Nessa concepção urbana esquematizada, toda a vivência, o uso da cidade, é relacionada com essa rede estrutural e seus pontos de acesso à "cidade real".

Um estrangeiro na esquina da avenida Paulista com a rua da Consolação ia ao Theatro Municipal. Sua escolha foi seguir a pé pela avenida Paulista até a rua Haddock Lobo, tomar o metrô na estação Consolação, fazer baldeação na estação Paraíso, tomar outro metrô até a estação Sé, fazer uma segunda baldeação e tomar o metrô até a estação Anhangabaú – quando tinha uma opção direta e mais rápida de tomar um ônibus na rua da Consolação e, em menos de quinze minutos, descer em frente ao teatro. Na rede metroviária, as decisões de deslocamento pelo tecido urbano são feitas em função da contigüidade com as estações, muitas vezes percorrendo-se distâncias maiores e em trajetos mais longos – porém, realizados dentro da rede, em uma esquematização da cidade que se descola do tecido urbano, mas aproxima o usuário de um território codificado e facilmente apreendido e aprendido.

Contudo, a perda de contato com a cidade concreta, nestes trechos reduzida a referências nominais das estações, tem sua compensação na qualidade do serviço. Parece que descolado da cidade caótica, que perdeu o cuidado consigo mesma, o metrô é o reduto do conforto e da eficiência de um serviço público. Afinal, o que a cidade me oferece para que eu evite deslocar-me pelo subterrâneo? Em cidades como Paris, os trechos de superfície do metrô são uma possibilidade de adequação de um transporte eficiente com o desfrute da paisagem urbana; em São Paulo, o que importa é justamente a separação do metrô com a cidade: seja a separação funcional (o metrô não compete com outros meios) seja a de paisagem (qual o atrativo da paisagem de São Paulo no meu trajeto?).

131

Os Meios e a Cidade Mental

A passagem de um meio para outro altera a maneira como percebemos e nos apropriamos da cidade em nosso cotidiano, e quais regras regem nosso convívio pelos seus caminhos. Altera também a cidade que construímos mentalmente – tanto a cidade das decisões imediatas como aquela que compomos no mapa mental.

Essas mudanças de comportamento – no uso e na forma como os caminhos e meios alteram nossa visão geral da cidade – devem ser consideradas por todos os envolvidos no seu entendimento e no seu planejamento, pois alteram nossa relação com o meio urbano. O pedestre tem a percepção imediata da cidade e seu uso próximo da concretude: os caminhos são medidos em passos, os cheiros são sentidos, os sons ouvidos. Cada elemento da cidade é um indício para tomada de uma decisão imediata: um passo mais longo ou mais curto por conta de um buraco; um barulho indica um carro mais acelerado que outros; obstáculos diante de seu caminho exigem desvios constantes. O tempo do pedestre pode parecer o mais lento de todos os meios de locomoção, mas a freqüência de tomadas de decisão durante seu deslocamento é maior.

No carro, parte dos sentidos é silenciada no enclausuramento individual. As decisões pelos caminhos são tomadas a partir de mínimas regras gerais (mãos de direção das ruas), assim como as escolhas de trajeto são mutáveis a cada deslocamento – como o são para o pedestre. Mas aqui a passagem pela cidade torna-se veloz e altera não só o modo pelo qual os elementos urbanos são percebidos, mas quais deles o são: há supressão e adição de referências, que alteram as formas de uso da cidade.

As ruas esburacadas trazem para o motorista a mesma escala do pedestre: a da atenção passo a passo. As maiores distâncias percorridas fazem com que conjuntos de edifícios, avenidas e outros marcos urbanos sejam referências de distância e localização urbana que compõem os deslocamentos cotidianos do motorista, bem como a comunicação visual, seja das placas de trânsito, seja dos anúncios. A cidade mental dos motoristas tende a ser mais ampla que a do pedestre, e seus referenciais são mais destacados na paisagem – não a grande árvore que faz sombra na fachada amarela ou a textura do piso, mas o cruzamento das avenidas A e B ou determinado *outdoor* eletrônico.

A redução do poder decisório na escolha de trajetos faz com que os passageiros de ônibus tenham uma percepção menos particularizada de cada trecho, cada sinal, cada saliência, cada curvatura das ruas da cidade. Sua cidade mental traz menos referenciais decisórios de trajetos a tomar. Os marcos urbanos tornam-se as referências de posicionamento em seu deslocamento diário. Suas escolhas são entre os pontos mais próximos da origem e destino – casa e trabalho, por exemplo. Sua cidade mental é composta de trechos detalhados (enquanto é pedestre, de casa ao ponto de ônibus) e trechos alargados e menos compromissados (enquanto é passageiro sem decisão). Seu mapa mental tem diferentes escalas e formas de percepção e de uso, fazendo com que o passageiro vivencie regiões da cidade de modo diverso. Tem, assim, cuidados e aproximações afetivas diferenciadas.

O passageiro do metrô tem a cidade em pontos de embarque e desembarque. Não há quase referencial urbano algum. Como os seus caminhos são independentes dos outros meios de deslocamento urbano, em nada a dinâmica urbana interfere em seu mapa mental: sua cidade é sintetizada na rede metroviária, em linhas estruturais e pontos de embarque e desembarque reconhecidos exclusivamente pelos nomes. A relação da estação Praça da Árvore com uma praça é nominal.

Na cidade mental do usuário do metrô, todos os pontos estão relativamente próximos – pode-se ir de um ponto a qualquer outro em tempos diferenciados, e as distâncias são substituídas pelo número de estações que separam as estações de origem e destino.

133

Os Caminhos e Suas Implicações na Política Urbana

> *As pessoas "são" várias coisas enquanto circulam*
> *e precisam de condições variadas e conflitantes*
> *para completar um deslocamento*[16].
>
> EDUARDO VASCONCELLOS

Essas diferenças entre as cidades mentais de pedestres, motoristas e passageiros de ônibus e metrô não são excludentes entre si. Numa cidade com um carro para cerca de dois habitantes, pode-se dizer que todos passam, potencialmente, pelos estados de pedestre, de motorista e/ou passageiros de ônibus e metrô.

Em relação ao metrô, é seu próprio desenho tardio, a reboque do desenvolvimento dos bairros da cidade, seu maior limitador. Em vez de indicar e estabelecer os eixos estruturais da cidade, configurando e direcionando seu crescimento de modo adequado para o desenvolvimento urbano sadio e socialmente equilibrado, as linhas de metrô vêm sendo construídas onde há demanda de público e ausência de alternativas de transporte. Esse caminho explicita que a lógica do crescimento da cidade, muitas vezes, fez-se por pressões e articulações do mercado imobiliário, que levaram a cidade a crescer em tal ou qual direção, nem sempre correspondendo a direcionamentos dos responsáveis pelo desenvolvimento socialmente equilibrado da cidade. E vindo a reboque das regiões demandadoras de transporte pela concentração de serviços, por exemplo, o metrô acaba por valorizar ainda mais regiões que se desenvolveram exclusivamente visando os interesses do mercado imobiliário privado.

Dessa maneira, a rede metroviária reforça as desigualdades do tecido social urbano quando poderia (e ainda pode) ser um elemento estruturador do desenvolvimento sadio e socialmente equilibrado da cidade.

Enquanto o metrô percorre caminhos previamente estruturados e consolidados, os ônibus permeiam o tecido

16. E. A. Vasconcellos, op. cit.

urbano por inteiro. Sua proximidade com as origens e destinos requeridos pelos cidadãos é potencialmente maior. As deficiências de planejamento urbano e distribuição de regiões residenciais e regiões concentradoras de empregos fazem com que a distribuição e ocupação das linhas sejam muitas vezes inadequadas para os passageiros: insuficientes nos bairros distantes e excessivas no centro.

Longos trechos sem demanda de passageiros ou sem pólos geradores de tráfego trazem inconvenientes para empresários do sistema de transporte e para passageiros. Do lado do empresário, os longos trechos sem movimento de embarque e desembarque diminuem a entrada de passageiros e, conseqüentemente, a entrada de receita para que a empresa mantenha a linha em operação; do lado do passageiro, os trajetos se alongam no espaço e no tempo. Essa relação entre os caminhos e os usos é essencial para o planejamento adequado e equilibrado da cidade. Um estado urbano malgerido e malservido, como o dos ônibus, tem reflexos não apenas no indivíduo, mas em toda a coletividade. Essa pessoa tenderá ou a se voltar contra o próprio sistema (depredando-o ou evitando-o), mesmo que isso o prejudique, ou a transferir-se para um estado mais confortável (como o de motorista de carro particular ou passageiro de peruas clandestinas), o que tanto reduzirá o movimento e, portanto, a oferta de linhas, como aumentará os problemas de tráfego e conforto nos caminhos compartilhados da cidade.

Justamente o pedestre é costumeiramente deixado de lado em São Paulo. As regras que o protegem são desprezadas por um "pacto" (a faixa de pedestre deveria ser uma extensão da calçada, via preferencial para pedestre, e não funcionar apenas como sinalização incômoda para motoristas) ou minimamente "aceitas" (parar no semáforo, antes da faixa de pedestre). E a preservação das ruas, inexistente, mas propagandeada e conduzida precariamente pela prefeitura, é desconsiderada nas calçadas esburacadas e ocupadas por obstáculos.

135

A calçada, caminho dos pedestres, é o único espaço de convívio aberto, lugar no qual exercitamos o contato com os outros e onde compartilhamos nossa condição unívoca de pedestres, ironicamente os mais desprezados da cidade. São Paulo – a cidade do metrô, das grandes ruas e avenidas – desconsidera-nos, assim, a todos.

Pesquisadores e ativistas como o canadense Christopher Bradshaw[17] – com a idéia de "cidade caminhável" e o "índice de caminhabilidade", que vem conquistando adeptos no Brasil – estão criando formas científicas de avaliação do conforto das ruas das cidades e propondo mudanças nos hábitos individuais, para o uso dos caminhos, visando o bem-estar coletivo. Tais posições renovam o debate, mas a complexidade do sistema que envolve a ação de deslocar-se em uma cidade como São Paulo não será resolvida apenas com esforços individuais. É imprescindível que sejam acompanhadas de um grande comprometimento dos agentes políticos. Ao formularem políticas públicas para o espaço urbano, precisam entender que o movimentar-se, ir de um lugar a outro (o impacto do uso do solo nos movimentos urbanos) através desses "entre lugares" (os caminhos da cidade) – territórios de convivência democrática –, requer regras claras e igualitárias, para que voltem a ser lugares com os quais as pessoas se identifiquem e se sintam pertencentes à cidade.

---

17. Entre os pesquisadores brasileiros que vêm desenvolvendo trabalhos a respeito, ver, por exemplo, Cláudia Sieber, Eduardo Yázigi e Evandro Cardoso dos Santos. Há que se divulgar ainda a obra referencial de Jane Jabobs, *Morte e Vida de Grandes Cidades*, tradução de Carlos S. Mendes Rosa, 2. ed., São Paulo: Martins Fontes, 2001.

CIDADE MOVENTE
A matriz de transportes da metrópole

Carlos Mercante

Nossa História

Para entendermos a dinâmica atual da matriz de transporte em São Paulo devemos fazer um breve regresso histórico até o período da industrialização no Brasil, caracterizado pela concentração geográfica dos meios de produção e a conseqüente partição dos espaços metropolitanos em áreas específicas e especializadas: áreas de moradia, nas bordas de uma região central concentradora de serviços, comércio, centro financeiro e político e, mais perifericamente, o cinturão industrial, no limite das regiões agrícolas. Este modelo gerou adensamento populacional em áreas estanques da cidade e, em conseqüência, a necessidade de grandes deslocamentos na metrópole – em busca de serviços ou a trabalho. É neste período que surge uma expressiva classe média brasileira, que gera uma grande demanda por serviços e que se concentra nas regiões mais centrais da cidade. Dentro de seus limites, adota o modelo americano, em que o automóvel individual é entendido não só como bem de consumo, mas também como indicador de *status* social. Dessa maneira, o automóvel desponta como a solução para os seus deslocamentos, em geral curtos, em contraposição aos longos percursos que as classes menos favorecidas, moradoras das áreas mais periféricas e desprovidas de carro, têm de enfrentar.

A primeira resposta do administrador público para a população de baixa renda é implantar o transporte coletivo de superfície, que não exige grandes investimentos, a não ser o da aquisição dos veículos, pois se aproveita da infra-estrutura viária existente. Sua implantação, porém, segue critérios clientelistas, com o objetivo de trazer aos seus executores dividendos políticos, ao atender a necessidades particulares e específicas de determinadas parcelas da comunidade. Essa visão clientelista do administrador, combinada com a sua incapacidade de planejamento de longo prazo, traz reflexos no sistema de transporte público da cidade até os dias de hoje.

Em 1967, data da primeira pesquisa Origem-Destino realizada em São Paulo, 32% dos deslocamentos são realizados por automóveis particulares e 68% por transporte coletivo. A última atualização da pesquisa, realizada em 2002, mostra que a quantidade de viagens realizadas por automóveis, 53%, já é maior que as realizadas por transporte coletivo, 47%[1]. Este fato pode ser creditado a duas razões principais: 1. à indústria automobilística, que soube captar os anseios dos consumidores, planejar e implantar ações

1. Aferição da Pesquisa Origem e Destino na Região Metropolitana, São Paulo: Metrô, 2002, disponível em: http://www.sp.gov.br/empresa/pesquisas/afericao_da_pesquisa/afericao_da_pesquisa.shtml, acesso em: 14/11/2007.

de longo prazo, preenchendo o vazio deixado pelo poder público. O setor automobilístico tem mostrado flexibilidade para continuar a crescer e se expandir, mesmo nos cenários mais adversos pelos quais o país atravessou nesses últimos trinta anos. Como exemplo, basta que nos lembremos de como a indústria se adaptou ao programa do álcool, em meados dos anos de 1970, dotando 90% da frota automotiva nacional com motores a álcool e, mais recentemente, face à queda do poder aquisitivo da população, a criação do programa do carro popular, que hoje responde por 70% da nossa frota; 2. ao poder público, que não demonstra a mesma competência em seus investimentos no setor de transportes coletivos.

Entre 1945 e 1980, o Brasil crescia a uma taxa média de 7% ao ano, período em que o Estado é o motor da economia e gera receitas que financiam obras de infra-estrutura, em especial nas áreas de construção de estradas, siderurgia, energia elétrica, petróleo e comunicações. Nessa época, os recursos para o transporte têm duas origens: uma oriunda do orçamento direto e de fundos vinculados a alguns tributos específicos, como o imposto único sobre combustíveis e lubrificantes; e outra, por meio de financiamentos concedidos por instituições de fomento com aval do Tesouro Nacional. É um cenário favorável à mudança do modelo de concessão operacional à iniciativa privada, vigente até o início dos anos de 1950, para o modelo estatal.

Em meados dos anos de 1980, porém, o modelo esgota-se, devido à crise fiscal decorrente da inflação galopante, que até então era usada para o reforço orçamentário, associada à explosão da dívida externa, conseqüência dos financiamentos externos obtidos pelo país.

Com a promulgação da Constituição de 1988, o Estado fica proibido de vincular recursos, que passam a alimentar um caixa único da União; os financiamentos externos recuam, em decorrência da moratória de 1982; e o Banco Nacional de Desenvolvimento Econômico e Social (BNDES) fica impedido de financiar o setor público, que não pode mais aumentar gastos. Endividado e sem recursos, o Estado sofre um processo de degradação generalizada, inclusive com o desmonte das estatais que até então eram ilhas de excelência, com reflexos diretos sobre a oferta e o planejamento do sistema de transportes públicos nas grandes cidades brasileiras.

No início dos anos de 1990, esgota-se a política econômica protecionista e fechada e o país vê-se impelido a abrir sua economia, a globalizar-se. Nesse período, como a prioridade é o combate à inflação, acaba o planejamento a longo prazo. A seguir, ao longo do primeiro mandato do presidente Fernando Henrique Cardoso, o governo trabalha a estabilidade da moeda, também sem planejamentos de longo prazo. Único elemento de modernização do Estado no período, as privatizações e concessões falharam por terem sido realizadas dentro de uma perspectiva fazendária, com o objetivo apenas de fazer caixa, e programadas sem nenhum cuidado estratégico ou planejamento de longo prazo. É essa política econômica, configurada nos anos 90, que permanece vigente e que conta com o aparecimento de um novo ator, o especulador financeiro, com o Banco Central (BC) controlando a inflação pela manutenção das taxas de juros em níveis elevados, carga tributária pesada (38% do PIB) e crescimento anual muito baixo, da ordem de 3% ao ano.

A matriz de transporte da cidade de São Paulo é, como não poderia deixar de ser, conseqüência de todo esse processo. Nela aparecem a Companhia do Metropolitano de São Paulo (Metrô), empresa de economia mista com controle estatal, criada nos anos 70, e que ainda é uma referência de qualidade no setor; a Companhia Paulista de Trens Metropolitanos (CPTM), também de origem estatal, criada a partir da fusão da Ferrovia Paulista S.A. (Fepasa) com a Rede Ferroviária Federal S.A. (RFFSA) e a Companhia Brasileira de Trens Urbanos (CBTU), e que sofreu muito com todo o processo de contingenciamento de recursos e sucateamento do patrimônio público; as diversas companhias de ônibus, que operam por concessão, sucedendo à

Companhia Municipal de Transportes Coletivos (CMTC); as lotações; as motos; os táxis; e os usuários do sistema.

O inter-relacionamento desses modais de transporte, cada um com sua origem, história, peculiaridades e idiossincrasias, é o que gera na população a percepção do que vem a ser o transporte público urbano e, numa instância maior, do que é a cidade como um todo.

O Transporte por Ônibus

A primeira manifestação formal do transporte público em São Paulo ocorre em 1865, quando é regulamentado o serviço de tílburis – carros de duas rodas puxados por um cavalo. A seguir, em 1871, é fundada a Companhia Carris de São Paulo e, no ano seguinte, é inaugurada a primeira linha de bondes puxados por burros de São Paulo.

Em 1897, dois investidores paulistas obtêm da Câmara Municipal de São Paulo a concessão de operação dos serviços de transportes na cidade por quarenta anos. Em busca de recursos, eles vão ao Canadá, onde despertam o interesse de investidores e fundam a São Paulo Railway, Light & Power Company Limited, que, em 1900, inaugura a primeira linha de bondes elétricos na cidade, ligando o Largo de São Bento à Barra Funda. Nos quarenta anos da vigência da concessão, a Light – como era conhecida – organizou, construiu e operou linhas de bondes elétricos por toda a cidade e seus subúrbios.

Os primeiros ônibus aparecem na cidade nos anos de 1920 como veículos complementares aos bondes, que já sofriam limitações de rede e energia.

Em 1937, porém, a prefeitura é informada pela Light de seu desinteresse em renovar a concessão após 1941. Dois anos depois, em 1939, uma Comissão de Estudos de Transportes Coletivos discute a organização do transporte como serviço público e a pertinência de transformá-lo em monopólio estatal. Após a prorrogação compulsória da concessão, obrigando a Light a operar por mais cinco anos, é fundada, em 1946, a CMTC, que no ano seguinte incorpora o patrimônio da Light e inicia suas operações.

Em 1941, São Paulo conta mil ônibus, operados por 37 empresas, distribuídos em noventa linhas e quinhentos bondes operando na região mais central da cidade. Nesta época, já eram os ônibus que transportavam a maioria dos passageiros.

Dois anos após sua criação como concessionária exclusiva, a CMTC inicia um serviço de trólebus com trinta veículos importados, alimentados por cabos elétricos aéreos, e cria a linha São Bento-Aclimação, introduzindo também a cobertura nos pontos de parada.

Em 1954, a empresa operava 90% da frota paulistana, tornando-se uma das maiores empresas municipais de transporte coletivo do mundo ao verticalizar suas operações, desenvolvendo tecnologia e construindo um complexo industrial próprio para a construção de bondes, reforma e encarroçamento de ônibus.

Os anos de 1960 são marcados pela pressão dos empresários privados interessados em reconquistar o mercado de linhas de ônibus, reflexo do desenvolvimento da indústria automobilística e da maior organização do sistema de transportes. Ao final da década, inverte-se o modelo e 80% dos passageiros são transportados por empresas privadas. A CMTC enfrenta, nesse período, graves problemas gerenciais e perde o controle sobre a operação, desconhecendo quais empresas operam as linhas e sem ter idéia da qualidade dos serviços que são oferecidos à população.

O ano de 1968 marca a extinção do serviço de bondes, a criação da Secretaria Municipal de Transportes e do Metrô.

Em meados da década de 1970, a CMTC obtém uma nova concessão da prefeitura, que lhe permite contratar serviços de terceiros, restituindo-lhe o papel de gestor do sistema. Na década seguinte, a empresa introduz o programa de trólebus em linhas fixas exclusivas e o uso de gás natural e metano na frota.

150

No início dos anos de 1990, ocorre mudança no sistema de remuneração dos serviços das empresas particulares: a municipalidade passa a pagar as empresas conforme o custo estimado da operação e não mais por passageiros transportados; a determinação da tarifa passa a ser definida por critérios políticos/econômicos, constituindo-se na maior fonte de recursos para o pagamento das empresas participantes. O resto vem de subsídios do Tesouro Municipal.

Em 1993, a nova administração municipal, ao entender que os custos operacionais da empresa comprometiam outros programas nas áreas de habitação, saúde e educação, considerados como mais prioritários, opta pela privatização dos ônibus e garagens, reduzindo o quadro de pessoal de 27 mil para 1.200 empregados e restringindo ao Estado apenas o papel de gestor dos transportes, além de substituir, dois anos depois, a CMTC pela São Paulo Transporte S.A. (SPTrans).

A arrecadação de tarifas passa a ser gerenciada pela SPTrans, que repassa o pagamento às empresas operadoras por meio de uma planilha técnica de apuração de custos.

Criou-se um teto para a remuneração das empresas, compatibilizando o limite anual previsto na lei orçamentária, que são os subsídios autorizados, e a arrecadação diária no sistema, que se traduz num custo-limite por passageiro transportado. Por meio deste modelo, ainda em vigor, as empresas são contratadas para prestar um serviço de transporte de passageiros, alocando garagens, veículos e pessoal necessário.

A administração pública mantém a titularidade das linhas e, como gestora do sistema, cria, altera, extingue linhas e serviços; define trajetos, horários de operação e frota necessária; além de estabelecer o valor das tarifas.

Atualmente, 54 empresas operam uma frota aproximada de dez mil ônibus em oitocentas linhas e atendem quatro milhões de passageiros por dia, o equivalente a 70% das viagens por transporte coletivo na cidade.

151

O Transporte por Trilhos

O transporte de passageiros por trilhos é, de longe, o mais adequado quando se fala em transporte rápido de massa.

Por se deslocar em vias segregadas, utilizando túneis e vias elevadas, é possível criar um meio seguro, confiável e de oferta regular ao longo das horas do dia, pois não sofre interferência de cruzamentos, congestionamentos etc. Ademais, é considerado não poluente por utilizar-se de energia elétrica e oferecer, dentre os outros meios de deslocamento, o menor custo energético por passageiro transportado[2].

Há em São Paulo duas empresas que cuidam do transporte por trilhos: o Metrô e a CPTM.

A CPTM

A partir de 1830, surgem as primeiras estradas de ferro operadas pela iniciativa privada e que participam ativamente do desenvolvimento da capital paulista e seu entorno, os chamados subúrbios. Em 1867, o Barão de Mauá inaugura a Santos-Jundiaí (depois chamada São Paulo Railway, até ser finalmente incorporada à CBTU), que teve grande importância para a economia paulista, pois fazia conexão com outras ferrovias e levava toda a produção cafeeira do estado até o porto de Santos. Em 1875, é inaugurado o primeiro trecho da estrada de ferro Sorocabana, ligando Itu a Jundiaí. Com a expansão da lavoura cafeeira, seus trilhos foram estendidos para Tietê, Tatuí e Itapetininga. No início do século XX, a Sorocabana já avança para os estados do Paraná e Mato Grosso e, a partir de 1920, sob o controle do Estado, a ferrovia é modernizada com a construção de oficinas e novas estações, como a atual Julio Prestes. Por fim, junto com outras ferrovias, passa a formar a Fepasa, que soma mais de cinco mil quilômetros de linha.

---

2. Adriano Murgel Branco, Transporte Público? Para Quê?, *Jornal Aeamesp*, São Paulo, n. 2, p. 7, verão de 2004.

A RFFSA é criada em 1957 pelo governo federal, incorporando a Santos-Jundiaí, a Central do Brasil – construída em 1850 pelos cafeicultores com o objetivo de escoar a produção do Vale do Paraíba, tornando-se, por muito tempo, a única ligação ferroviária entre os estados do Rio de Janeiro, São Paulo e Minas Gerais – e outras.

Os assentamentos urbanos que surgem ao longo dessas ferrovias, nas regiões suburbanas de São Paulo, criam uma demanda por transporte de passageiros sobre trilhos, devido à ausência de outras modalidades de transportes nos deslocamentos casa-trabalho e vice-versa.

Na década de 1960, reconhecendo a importância do transporte sobre trilhos nas regiões suburbanas, o poder público incorpora a modalidade ao Plano Urbanístico Básico.

Em 1988, a nova Constituição Federal define esse tipo de transporte como sendo de interesse regional, determinando a descentralização e a responsabilidade estadual na questão, e obrigando os estados a criarem empresas para operar localmente sistemas, antes, federais.

Dessa forma, a CPTM foi constituída em 1992 com a missão de explorar o transporte de passageiros sobre trilhos nas regiões metropolitanas do estado de São Paulo. Em 1993, ela assume o controle da CBTU, antes sob a esfera federal e, em 1996, assume o controle da Fepasa, consolidando-se como empresa e atendendo o preceito legal.

Atualmente, a CPTM opera seis linhas de trens metropolitanos em 257,5 km de vias, transportando um milhão e meio de passageiros por dia[3].

O Metrô

Não há dúvidas de que o grande divisor de águas na vida urbana de São Paulo, do ponto de vista de sua matriz

---

3. Cf. Dados Gerais, seção A Companhia, São Paulo: CPTM, disponível em: http://www.cptm.sp.gov.br/e_companhia/gerais.asp, acesso em 14/11/2007.

153

de transportes, foi a implantação do metrô. Seu sucesso pode ser avaliado por sua ausência, na medida em que ele é desejado por toda a população e é recebido com satisfação pelos novos usuários de suas áreas de expansão.

O metrô veio resolver o problema resultante do aumento do número de pessoas e de veículos em circulação na cidade, oferecendo um modal de alta capacidade que opera nos eixos de maior demanda de passageiros.

O metrô cumpre, hoje, o papel de organizador do transporte público, incorporando todos os outros modais num sistema planejado e operando de forma integrada.

Durante muito tempo, intentou-se, de várias formas, prover a cidade de um sistema metroviário. Em 1927, a Light apresenta a operação conjunta de ônibus e bondes, coordenada com uma linha subterrânea de metrô, ligando a Várzea do Carmo a alguns pontos centrais da cidade.

Outra proposta, no ano seguinte, busca transformar o trem da Cantareira em linha metropolitana de superfície, integrando rede de bondes.

Em 1945, o engenheiro Mário Lopes Leão propõe a criação de uma rede composta por cinco linhas, integrada a redes de bondes e ônibus, que foi revisada por duas vezes até o início dos anos 50, quando surge o projeto capitaneado por Robert Moses, que sugere a construção de vias expressas de alta velocidade com canteiros centrais ocupados pelo Metropolitano, uma espécie de metrô de menor capacidade integrado à rede de ônibus.

Em 1956 é apresentado o plano coordenado pelo ex-prefeito Francisco Prestes Maia, que prevê a construção de cem quilômetros de trilhos em seis linhas, do centro à periferia, interligadas por um anel. Um outro plano, quatro anos depois, gerado em sua administração, procura aproveitar o canteiro central da avenida 23 de Maio. Nenhum deles vingou por falta de recursos e de visão estratégica.

Somente a partir de 1964, com a nomeação de Faria Lima para o cargo de prefeito pelo regime militar, é que o tema da implantação de um metrô em São Paulo – sua principal bandeira – começa a sair do papel. Em 1966 cria-se o Grupo Executivo do Metropolitano (GEM), que passa a ser o responsável pela concorrência internacional e pelo acompanhamento das atividades do vencedor – o consórcio formado pelas empresas Hochtief e Deconsult, então nomes de ponta em engenharia civil e em sistemas ferroviários na Alemanha, e a construtora brasileira Montreal.

Dois anos depois de criado, o GEM dá lugar à Companhia do Metropolitano de São Paulo (Metrô), instituída para acompanhar e dar suporte ao empreendimento.

Nesse mesmo ano, a nova empresa entrega à prefeitura o *Livro Azul do Metrô*, detalhando o plano básico e os estudos realizados para sua elaboração[4].

Passados mais de 35 anos de sua concepção, este livro ainda é um marco na história do transporte público brasileiro e seus conceitos e propostas ainda norteiam a implantação de sistemas de massa em todo o país.

A cidade de 1968 é a cidade do Plano Urbanístico Básico (PUB), predecessor da Lei de Uso e Ocupação do Solo de 1973, substituída, em 2005, pelo Plano Diretor.

Na sua elaboração, o PUB de 1968 faz uma clara opção pelo transporte individual que incorpora as marginais dos rios Tietê e Pinheiros em vez da malha viária de São Paulo. A criação do metrô promoveu a mudança desse modo de pensar.

Não havendo quadro técnico no Brasil com conhecimento na área, o metrô estrutura-se como empreendimento ao mesmo tempo em que forma pessoal qualificado para sua operação, aproveitando-se do período de grande crescimento do milagre econômico, nos anos de 1970, adquirindo *know-how* pelo mundo e adaptando-o às suas necessidades. Disso resulta a operação de serviços públicos

---

4. Hochtief, Montreal, Deconsult, *Relatório Final sobre o Estudo Econômico-financeiro e sobre o Pré-projeto de Engenharia de Sistema de Transporte Rápido e em Massa de Passageiros de São Paulo*, São Paulo: Metrô, 1968.

que se tornou uma das mais respeitadas no país e reconhecida internacionalmente.

Os conceitos de segurança, limpeza, conforto, rapidez e confiabilidade, implantados em 1968, são observados até hoje e, por exigência dos usuários, vêm sendo aplicados gradualmente em outros modais de transporte.

O metrô iniciou suas operações em 14 de setembro de 1974 no trecho Jabaquara-Vila Mariana, numa extensão de 6,5 km, operando das 9h às 13h de segunda a sexta-feira. Sua inauguração foi precedida por um longo período de treinamento da população, com visitas às obras, palestras em escolas, passeios monitorados num primeiro trecho de 3,5 km, mídia etc., visando preparar seus futuros usuários para o que, na época, representava o estado da arte do transporte público em termos tecnológicos. Os usuários respondem de forma extremamente positiva a esses conceitos, com um comportamento exemplar dentro do sistema como não se vê em nenhum outro meio de transporte de massa na cidade.

Passados trinta anos de operação comercial, o metrô de São Paulo transporta 2, 8 milhões de passageiros por dia[5], um terço de todas as pessoas que se deslocam por transporte de massa na cidade e, segundo o seu Balanço Social de 2002, economizou, no período de 1996 a 2002, 10,5 bilhões de reais em redução de emissão de poluentes, combustíveis fósseis, custo operacional de ônibus e automóveis e, finalmente, redução do tempo de viagens.

São números tão expressivos, numa cidade tão congestionada, que o Plano Diretor de 2005 opta claramente pela inibição do uso do automóvel, pela integração dos diversos modais de transporte, incorporando inclusive princípios de cunho metropolitano, propostas já abordadas na concepção básica do metrô de São Paulo em 1968.

---

5. Cf. Números, seção Empresa, São Paulo: Metrô, 2006, disponível em: http://www.metro.sp.gov.br/empresa/numeros/indicadores/indicadores. shtml#demanda, acesso em: 14/11/2007.

Lotações

O transporte por lotações, veículos leves com capacidade de transportar cerca de dez passageiros, vem ocupando uma imensa lacuna deixada pelas deficiências do transporte coletivo institucional – ônibus, trens e metrô – e pelo custo do transporte individual por meio de automóveis. É um mercado que tem se manifestado, ao longo do tempo, de várias maneiras diferentes: ou cobrem trajetos não oferecidos por outros modais; ou propõem percursos mais rápidos no mesmo trajeto dos ônibus, sem a limitação de parada em pontos específicos; ou cobram tarifas mais baixas nos trajetos intermunicipais; ou prestam um serviço quase personalizado durante as madrugadas, fazendo o trajeto direto aos bairros e parando sob demanda dos passageiros.

Por se tratar de uma atividade em sua maior parte clandestina, os lotações têm grande facilidade de se adaptar às condições de cada momento. O poder público reage com uma fiscalização severa, procurando sanar as deficiências do transporte público formal. De certa forma, os lotações acabam por se tornar um indutor para a melhoria constante do serviço de transportes públicos oferecido à população.

Em 1997, no início da gestão Celso Pitta, a cidade de São Paulo tinha cerca de cinco mil peruas, das quais cerca de três mil estavam legalizadas. Por volta de 2000, a administração municipal envia projeto de lei com o propósito de aumentar a oferta de lotações legalizadas de 2.700 para quatro mil, na tentativa de diminuir a clandestinidade que, em 2001, alcança a frota de treze mil perueiros.

No governo seguinte, gestão Marta Suplicy, em 2001, a licitação foi suspensa e submetida a averiguações. Por fim, os quatro mil alvarás foram aprovados, mas os perueiros tiveram de trocar seus veículos por microônibus para se adequarem às novas exigências da administração. Finalmente, em maio de 2004, com a entrada da operação

Bilhete Único, encerra-se o processo de adaptação deste contingente ao transporte público formal. Hoje, estima-se que a capital tenha cerca de 5.500 veículos como *vans* e microônibus operando no transporte local, subordinados e integrados a um projeto global de transporte público; e dois mil clandestinos operando em trajetos curtos na periferia, fazendo linhas bairro a bairro e linhas intermunicipais na região metropolitana.

Com a utilização do Bilhete Único pela população e sem acesso às máquinas validadoras, os clandestinos tendem a migrar para as cidades vizinhas, que ainda operam com passes de papel e/ou atender a uma demanda marginal de passageiros na periferia, que não têm o hábito ou a necessidade de andar de ônibus.

Como sempre há uma lacuna entre o custo do transporte individual e a inflexibilidade do transporte coletivo de massa, a demanda para a atividade dos lotações é perene. Somente quando o administrador público criar mecanismos que atendam a essa demanda de forma ágil e adequada, poderá coibir o transporte clandestino que não gera impostos e traz riscos aos usuários.

Motoqueiros

Embora não seja uma modalidade de transporte público, o impacto dos *motoboys* no transporte, em São Paulo, é tão forte que vale a pena tratarmos do assunto.

Estima-se que circulem pela cidade 150 mil *motoboys* para um contingente de 550 mil motos registradas, ou seja, 10% da frota circulante na cidade[6]. O despreparo dos condutores, o mau uso dos equipamentos de proteção individual, a manutenção precária das motos e o uso do corredor de segurança entre as pistas de rolamento como faixas de trânsito para motos explicam essas estatísticas. O

6. Fonte: Detran-SP, 2006.

impacto do mau uso desse meio de locomoção no transporte público é notório, pois, a cada acidente que envolve motos, o trânsito é interrompido, afetando o fluxo dos corredores de tráfego.

Em abril de 2004, a prefeitura de São Paulo publica um decreto que tenta regulamentar a atividade, como um primeiro passo para a mudança desse cenário. Ele exige que os motoqueiros se cadastrem na prefeitura e apresentem atestado de antecedentes criminais. As motos não podem ter mais de dez anos de uso e devem ser dotadas de baú, sendo proibidas as mochilas.

Este cadastro tem sido realizado de maneira incipiente apenas, sem muita atenção do poder público, que se encontra mais envolvido com as questões de segurança que envolve este contingente.

Desde 1997, quando se elaborava o Código Brasileiro de Trânsito, discute-se a proibição de trafegar entre faixas de rolamento. Entretanto, a constância da taxa de óbitos, 405 em 2003 e 407 em 2004, tem levado os técnicos da área a debater novamente o assunto.

A atividade de moto-táxi é proibida nas capitais do país desde 1998, devido ao entendimento do poder público de que esta modalidade de transporte oferece perigo ao passageiro. Contudo, estima-se que existam quatrocentos mil moto-taxistas operando em quinhentas cidades brasileiras.

A atividade ainda não é regulamentada, mas se pressupõe que nesse universo de quatrocentos mil, cerca de 40% sejam clandestinos.

Essa modalidade atrai os passageiros, pois alia rapidez dos deslocamentos a tarifas bem inferiores às dos ônibus e táxis convencionais. Esta combinação seduz os passageiros, apesar do risco de acidentes.

Embora o poder público, de forma geral, condene e trabalhe para proibir a atividade, já há quem defenda a regulamentação do serviço. Em São Paulo, a atividade, que é clandestina, é apenas ocasional na periferia, entretanto requer vigilância para que se evite sua expansão, porque é impossível garantir um mínimo de segurança ao passageiro.

O Cenário Atual

A incapacidade do poder público de atender de forma razoável os anseios da população traz conseqüências desastrosas para a vida da cidade.

No período de 1997 a 2006, houve um acréscimo discreto de viagens de metrô e de CPTM em São Paulo. Nesse mesmo período, no entanto, houve um aumento expressivo do número de viagens realizadas por lotações clandestinas e motocicletas.

O reflexo na cidade é direto. As motocicletas, que respondem por 10% da frota, envolvem-se em 30% dos acidentes com vítimas[7], contabilizando 25 feridos e mais de um óbito por dia. Além do custo direto decorrente das ações de resgate e tratamento das vítimas, há o custo indireto oriundo do aumento de congestionamentos, provocados por vias que operam em seu limite de capacidade e enfartam a cada obstrução devido aos acidentes.

O modelo de operação adotado para o sistema de transporte por ônibus, que consiste no deslocamento pelos serviços alimentadores dos usuários das periferias para os terminais de integração, onde é feito o transbordo para os serviços troncalizadores e vice-versa, não resolve uma questão crucial para os usuários, para quem cada baldeação é entendida como uma nova viagem, de sorte que o tempo de espera para essa "nova viagem", para o usuário, parece ser cerca de duas vezes mais longo que o tempo durante o deslocamento[8]. Do ponto de vista do usuário, essa espera se traduz

---

7. *Anuário Estatístico de Acidentes de Trânsito*, Brasília: Renaest/ Denatran, 2006, disponível em: http://www.infoseg.gov.br/renaest/detalhe Noticia.do?noticia.codigo=245, acesso em: 19/11/2007.

8. *Metrô, a Percepção do Tempo*, RT GOP/OPR n. 005, set. 2004.

em um período de grande desconforto, devido à ansiedade e à incerteza quanto a atrasos ou continuidade da viagem.

Ao longo do tempo, o administrador público não tem se dedicado a este fato, perdendo usuários para os lotações, que, além de fazerem a viagem sem baldeações, possibilitam algum grau de flexibilidade, decorrente da interação pessoal entre usuário e condutor, parando o veículo em locais mais adequados aos seus passageiros e até mesmo realizando pequenos desvios de rota e ajustes de horário.

Dentre os vários atributos percebidos pelo usuário durante o seu deslocamento, os principais são conforto, confiabilidade e segurança. Tempo de deslocamento não é citado como sendo relevante. Resguardada a questão do custo, parte considerável dos usuários prefere ficar no congestionamento, em seus automóveis, do que utilizar um outro modal mais rápido, mas menos confortável ou confiável.

É preciso observar que o planejador não toma as decisões sobre as políticas de transporte, ele apenas oferece as opções. É o político quem decide, afinal, dentro das opções dadas, qual deverá ser implementada. Mas como trabalha o planejador? Quais critérios utiliza para montar essa cesta de opções? O processo de planejamento, em São Paulo, tem uma visão tradicionalmente compartimentada por setores, como saneamento, habitação, transporte, saúde, educação etc. Em particular o planejamento de transporte é compartimentado por modais – trilhos, pneus, transporte individual, a pé etc.

Um bom planejamento de transporte, contudo, reconhece a necessidade de uma visão abrangente e integrada, que aborde ocupação territorial, uso do solo, meio ambiente, densidades populacionais, eixos de expansão e infra-estrutura instalada. Admite, também, ser indispensável coordenar e integrar física e operacionalmente os vários modais.

O planejamento, de fato, deve deixar de ser um organizador de territórios e de recursos e tornar-se, para além disso, um indutor de novos caminhos para a ocupação do solo e expansão das cidades. Mas o planejamento deve estar, também, subordinado às decisões da sociedade em suas várias fases de elaboração e implantação.

Neste sentido, é bem-vindo o Plano Diretor de São Paulo, que aborda a questão da integração das ações e da sociedade nas tomadas de decisões que afetem de modo mais dramático seus interesses. Infelizmente, porém, por ser uma peça municipal, não trata da questão metropolitana que, do ponto de vista do transporte público, é fundamental.

No âmbito político, é necessário que se elaborem regras institucionais e que se determinem bem os papéis das organizações públicas. Em se tratando de transporte intermunicipal, é preciso corrigir o viés municipalista e a falta de uma definição clara da gestão dos espaços metropolitanos.

No âmbito institucional, é essencial fundar as bases institucionais e jurídicas para o trabalho conjunto Estado/município.

Em relação aos investimentos, os limites de financiamento público e o aporte de capital privado por meio de concessões e parcerias são um assunto vital a ser equacionado. Finalmente, no que se refere à coordenação de ações e planos dos modais de transporte, é preciso dar atenção à questão da integração dos níveis decisórios – Estado, região metropolitana e municípios –, em prol de uma melhor distribuição e interação das várias formas de transporte individual e coletivo.

O transporte coletivo, um serviço de massa essencial ao funcionamento da cidade e ao bem-estar da população, requer atenção constante do poder público, sendo sua regulamentação e regulação funções indelegáveis do Estado.

Os Pilares do Gerenciamento de Transportes

A barreira institucional que precisa ser vencida para a integração total dos modais de transporte existentes reside na questão metropolitana. Como vimos, a Constituição de 1988 eliminou os dispositivos legais que permitiam essa integração, enquanto vemos que a expansão da mancha urbana evidencia cada vez mais os malefícios dessa falta de integração e planejamento. Exemplo disso, em São Paulo, ao largo do rio Tamanduateí, foi a implantação de um Veículo Leve sobre Pneus (VLP), que trafega em canaletas segregadas, claramente em local com demanda aquém de sua capacidade, ocupando espaço de circulação de automóveis, além de conflitar com uma linha de metrô, há muito projetada para atender esta mesma demanda.

A implantação de um corredor de ônibus na avenida Rebouças pelo governo municipal é outro exemplo, tendo sido implantado em paralelo com linha 4 do metrô, em construção, obra de responsabilidade do governo estadual.

Para a concepção de um modelo institucional de relacionamento entre diferentes níveis de governo, e entre diferentes modais de transporte, vários fatores devem estar presentes e precisam ser sempre considerados durante a elaboração dos trabalhos. Aponto três, que, no meu entender, são interdependentes e os mais relevantes, tanto para a coordenação vertical (níveis de governo) como para a horizontal (modais de transporte): ação política, comprometimento da sociedade e continuidade dos projetos.

Ação Política

A questão política é a mola-mestra a ser abordada na criação do modelo de relacionamento. Ao mesmo tempo em que a Constituição de 1988 acentua o viés municipalista como reação à regulamentação das regiões metropolitanas, patrocinada pelo regime militar nos anos de 1970, estas adquiriram especial importância face à grande expansão física das cidades, com a mancha urbana crescendo e engolindo as áreas periféricas mais afastadas, causando uma conurbação com municípios lindeiros. Este fenômeno produziu um vácuo institucional nas áreas de saneamento básico, uso do solo e transporte público, concomitante a uma demanda sempre crescente de infra-estrutura urbana, que está longe de ser atendida. A falta de instrumentos de gestão apropriados para atender a estas demandas, habituais da sociedade metropolitana, resultou em grave crise de acessibilidade e mobilidade. Urge que a autoridade pública reconheça essas lacunas gerenciais e políticas, relacionadas à questão do território metropolitano, e que crie estruturas específicas para a gestão dessas demandas, que fogem ao âmbito municipal e estadual e estão muito mais próximas de um processo de co-gestão estadual/municipal e intermunicipal.

Para tanto, é necessário que se revejam leis e regulamentos e se criem formas e procedimentos estáveis nas relações Estado/município, com o objetivo de reformular a legislação e todo o arcabouço jurídico a ela subordinado, sempre visando ao interesse da sociedade. São necessárias novas regras institucionais e organizações públicas com funções bem definidas no planejamento, execução, regulamentação e regulação do transporte, para que o sistema torne-se menos vulnerável a decisões de cunho político/partidário, de interesse imediato ou de grupos de pressão específicos.

Comprometimento da Sociedade

A participação, a vigilância e a mobilização da sociedade são fundamentais para garantir a transparência, a fiscalização e a implantação das políticas públicas. O comprometimento da sociedade civil nas diversas fases de planejamento, implantação, regulamentação e regulação das atividades de transporte assegura a boa execução das políticas públicas, sem desvios ou favorecimentos. No que tange à iniciativa privada, a vigilância da sociedade civil, bem organizada, garante que o poder concedente do Estado seja praticado com lisura e que estas empresas privadas estejam, de fato, se sujeitando aos critérios das ações reguladoras. Finalmente, a sociedade, ao arbitrar os conflitos entre as concessionárias e o poder público, assegura o respeito e a atenção ao seu interesse por ambas as partes. Sem embargo, o maior engajamento da sociedade nessas questões gera como subproduto uma visão mais pragmática, mais ponderada, que resulta em expectativas mais realistas e condizentes com a capacidade de investimento do Estado.

Continuidade dos Projetos

Eis aí um fator raro entre nós. Só a continuidade garante a implementação de projetos de longo prazo, que resistam a várias administrações, situação muito comum nos empreendimentos de transporte, em que a sociedade não tem recursos para bancar, no curto período de um mandato, toda a implementação de um projeto. Continuidade significa a manutenção de políticas públicas ao longo do tempo, mesmo com mudanças de governo, de maneira a estabilizar as fontes de financiamento e tranqüilizar a iniciativa privada, garantindo-lhe linhas de crédito estáveis, independentemente de quem esteja exercendo o poder.

Alinhavando esses elementos, presumo uma câmara setorial de transportes, com representantes das esferas municipal, estadual e da sociedade civil que debatem propostas e questões atinentes ao planejamento e à regulamentação do setor. No nível operacional, penso numa agência reguladora, mantida pelos municípios da região metropolitana e pelo Estado e subordinada à câmara setorial, com o objetivo de executar as políticas e fazer valer a regulamentação do setor no território metropolitano.

O Que nos Reserva o Futuro

O Plano Integrado de Transportes Urbanos para 2020 – Pitu 2020 – é publicado pela Secretaria de Transportes Metropolitanos do governo do estado de São Paulo em 1999, tendo seu horizonte ampliado para 2025 na revisão efetuada em 2005.

Ele propõe medidas de gestão, intervenções e investimentos no sistema de transporte coletivo, visando a dotar a cidade de São Paulo e sua região metropolitana de uma infra-estrutura de transportes que melhore a vida da população no que tange a sua mobilidade.

O plano tem como mote inicial a pesquisa Origem-Destino realizada pelo Metrô em 1997, que aponta para um transporte público com forte tendência de queda nos indicadores de mobilidade e na participação do transporte coletivo no total das viagens motorizadas.

A pesquisa apontou que as viagens por coletivo eram mais caras e demoradas do que as por transporte individual, afetando direta e negativamente a população de baixa renda.

Durante as duas últimas administrações estaduais, calcados na percepção de que a melhor relação custo-benefício é encontrada no transporte sobre trilhos, foram investidos 2,2 bilhões de dólares no sistema metroferroviário da região metropolitana de São Paulo.

O investimento desse período foi direcionado, em primeira instância, para retirar do caos nossa rede de subúrbio, os trens metropolitanos, e manter o metrô como modelo a ser imitado. Com isso, a CPTM conseguiu passar dos oitocentos mil passageiros por dia da época de sua fundação, em 1992, para 1,5 milhão de passageiros por dia, em 2006.

No início dos anos de 1990, a imagem mais representativa da CPTM era a do "surfista ferroviário" – que viajava nos tetos dos trens – e dos "pingentes" – que viajavam pendurados nas portas de entrada e nas janelas das composições –, responsáveis por 150 mortes por ano. Foi a época do "quebra-quebra" e dos incêndios de trens e estações a cada atraso ou interrupção na circulação dos trens suburbanos. Houve linhas que chegaram a ficar interrompidas meses a fio, em decorrência de ações de vandalismo.

A realidade atual, contudo, mostra uma excepcional evolução nas condições de uso e conforto dos trens, decorrente do direcionamento dado aos investimentos. De acordo com a Associação Nacional de Transportes Públicos (ANTP), a modernização de equipamentos, trens, estações e infra-estrutura, além da profissionalização dos serviços, elevaram o índice de satisfação dos usuários em 2005 para 67%, na soma de excelente e bom[9].

No momento, a meta mais imediata é conduzir a capacidade instalada do sistema ao limite de seu desempenho, com intervalos de três minutos entre trens e padrão de qualidade semelhante ao do metrô.

Nos últimos anos, um dos projetos mais importantes implantados na rede de subúrbios foi o chamado Projeto de Integração Centro, que abrange três estações da CPTM (Brás, Luz e Barra Funda), com o objetivo de facilitar o acesso de seus usuários à região central da cidade.

A fusão física da antiga estação do Brás, pertencente à ferrovia Santos-Jundiaí, e da estação Roosevelt, que era o terminal das linhas da zona leste, mais a reforma da estação Luz, produzirão um entroncamento com acesso direto ao centro e às regiões leste, oeste, noroeste e sudeste da rede de subúrbios. Esse acesso e a integração gratuita do metrô com a CPTM pela estação Luz permitiram um aumento considerável da mobilidade do sistema sobre trilhos.

Há ainda dois projetos em gestação que devem ser implantados nos próximos cinco anos. Um deles é o chamado Expresso Aeroporto, cuja idéia é interligar, via trilhos, o Aeroporto Internacional de São Paulo/Guarulhos Governador André Franco Montoro e o centro de São Paulo, aproveitando a faixa ferroviária já existente. A via teria 31 km de extensão, com duas estações terminais, uma na Barra Funda e outra no aeroporto, com intervalo médio entre viagens de doze minutos. O projeto orçado em mais de quinhentos milhões de dólares está em estudos de modelagem com verba do Banco Mundial

---

9. *Pesquisa Imagem dos Transportes na Região Metropolitana de São Paulo*, São Paulo: ANTP, 2006.

O segundo é o chamado Expresso Bandeirante, que propõe uma ligação ferroviária de São Paulo com Campinas, passando por Jundiaí, com estação terminal na Barra Funda. O tempo previsto de viagem seria em torno de cinqüenta minutos, com intervalo médio entre viagens de dez minutos.

Quanto ao metrô, cujo índice de satisfação do usuário se mantém na casa de 90% na somatória de excelente e bom[10], o Pitu 2020 propõe várias ações. Uma delas foi a recente expansão da Linha 2 – Verde, incorporando três novas estações, Chácara Klabin, Imigrantes e Alto do Ipiranga, inaugurada em 2007. A idéia é estender esta linha até a região leste da cidade, por meio do Sacomã e do Tamanduateí, realizando no trajeto uma conexão com o Expresso Tiradentes, o antigo Fura-fila.

Está em construção, com inauguração da primeira fase prevista para 2010, a Linha 4 – Amarela do metrô, ligando a Vila Sônia à estação Luz, passando pelo bairro de Pinheiros. Ela tem um carregamento previsto de novecentos mil passageiros por dia e permitirá a integração de, possivelmente, toda a malha de trilhos da cidade.

Também está prevista a extensão da Linha 5 – Lilás, da estação Largo Treze até a estação Chácara Klabin, atravessando o bairro de Moema e integrando a região de Capão Redondo ao sistema de trilhos.

Até 2012 esta rede metroferroviária deverá transportar o dobro dos atuais quatro milhões de passageiros por dia. Espera-se, com isso, não menos que o descongestionamento de toda a malha viária da cidade e, em conseqüência, a diminuição dos tempos de viagens motorizadas em cerca de 30%.

O Pitu 2020 prevê, como vimos, consolidar uma rede preparada para solucionar os entraves dos fluxos de movimentação por todos os modais de transporte, propiciando espaço para o desenvolvimento socioeconômico da me-

10. Idem.

trópole a partir de 2015, quando se estima a estabilização de seu crescimento populacional[11].

Em síntese, o que vimos neste breve panorama do transporte público em São Paulo é o reflexo do agravamento da crise urbana, que requer um novo esforço de organização da cidade, sendo um equívoco culpar o transporte urbano, que engloba o transporte público e o privado, pelas mazelas do trânsito. O cenário é decorrente da forma como foi e vem sendo organizada a metrópole e das ações pontuais que foram e vem sendo tomadas para contornar seus efeitos. A solução mais eficaz passa por uma profunda integração das políticas econômicas, sociais e de desenvolvimento, fazendo com que o planejamento e a implantação da rede de transportes coletivo e individual sejam reflexo de uma política maior e fortemente integrada às demais ações de governo, necessárias para a melhoria da qualidade de vida em São Paulo.

---

11. José Alberto Magno de Carvalho, Crescimento Populacional e Estrutura Demográfica no Brasil, Belo Horizonte: Cedeplar/UFMG, 2004. (Texto para discussão, 227).

CRÔNICA DA PROVÍNCIA DE SÃO PAULO
Duas ou três coisas que eu sei sobre ela

Tales A. M. Ab'Sáber

São, São Paulo, quanta dor.
TOM ZÉ, 1968

A cidade de São Paulo é aquela em que, dependendo do dia, podemos levar horas para atravessar uma ponte. É a cidade na qual abandonamos, inconseqüentes e alegres, o seu interessante centro à sujeira e a um tanto de violência, nada elegante. O seu mistério e a sua qualidade parecem ter sido trocados por mundos inóspitos e *shoppings*, que costumam ser "cenário" para sujeitos um tanto esvaziados. Quando vivemos em São Paulo, não conhecemos os lugares e os circuitos dos outros de outras classes, porque, até segunda ordem, eles foram projetados para fora de toda a cidade, mesmo quando em seu interior. E, muito depois deles, construímos, para fugir ainda mais à cidade, condomínios de luxo *kitsch*, como seqüências de casas de bonecas, fora do contexto urbano, para pessoas que, a julgar pelo gosto expresso em suas moradias, parecem estar em algum estágio regredido das coisas humanas. Estes moradores também não sabem habitar direitos cidadãos no próprio corpo, e ainda menos no corpo de sua estranha cidade.

Parece-me constrangedor termos de ouvir declarações de amor a essa cidade, que é tão violenta e desorganizada no dia-a-dia da vida que a habita, a cada aniversário deste problema. Essa apologia desmesurada, própria do mês de aniversário da cidade, revela muito de como São Paulo é considerada no espírito pouco exigente de seus moradores. Talvez esteja cifrado aí o desejo de tudo recomeçar, tão próprio à vida psíquica de pessoas muito doentes, como os psicanalistas já ouviram tantas vezes em seus consultórios. Por outro lado, o discurso celebrador, movido abstratamente por rádio e televisão, é bem articulado à necessidade de que os senhores – responsáveis pelo mau encaminhamento das coisas públicas, neste caso – não sejam chamados para responder pelo conjunto da obra. Assim, este discurso acaba por criar mesmo uma outra cidade, adequada à manutenção da cidade real, tão má quanto verdadeiramente é. É contra isto que eu escrevo.

A cidade de São Paulo é ao mesmo tempo muito próxima, a ponto de atordoar, e muito estranha, estrangeira, a cada um de nós. Nela vivemos sempre em espaços de fragmentos urbanos e de referências menores, em pequenas ilhas, diante da grandeza que intuímos, mas da qual nunca teremos uma visão minimamente ordenada, que nos leve a algum conhecimento do todo. Viver em São Paulo é viver em um certo estado de inconsciência.

Parar e meditar sobre a cidade nos deixa ansiosos e preocupados, pois sua marca mais verdadeira, a fragmentação e a alienação de si mesma, costuma ser mascarada pelo discurso ideológico e interessado que busca a unidade fetichista das coisas.

O fato de São Paulo ser terra estrangeira para seus próprios habitantes – e ser comum encontrarmos pessoas que não sabem chegar à avenida Rebouças, do mesmo modo que outros não chegam à avenida Juntas Provisórias – não deve ser pronunciado, sob o risco de violenta censura.

Ao contrário, na consciência do todo, ela deve tornar-se celebração de um gigantismo amorfo que pouco serve ao viver, embora seja um bom espelho para o dinheiro acumulado. É incrível, mas o velho e grotesco gigante *Borba Gato* de pastilhas, da comemoração do quarto centenário da cidade, parece guardar mais relações em sua própria forma com a verdade desse monstro mal composto e assustador que é São Paulo do que a mera malformação estética e conceitual, que nele se revela tão perfeitamente, deixa entrever.

Em 1970 eu brincava na rua Henrique Schaumann, no pacato bairro de Pinheiros. A impressão que eu tinha então é que poderiam se passar quarenta minutos sem que nenhum carro aparecesse. A pequena rua de Pinheiros era composta por um conjunto simpático de casas, de um lado, com árvores frondosas à sua frente, e apenas dois prédios do outro, que até hoje se encontram por lá. Eu morava em um deles. A qualidade arquitetônica desses conjuntos residenciais medianos e comerciais, realizados na década de 60, é bastante superior à degradação geral das formas, mesmo para os ricos, que a cidade veio a conhecer a partir de então.

Já naquela época havia uma tendência para manter as crianças no interior do edifício, sem nenhuma necessidade verdadeira, a não ser a paranóia que de algum modo já devia estar inscrita no tempo histórico violento, em que se lançavam as bases da perda do Brasil. Eu e meus irmãos éramos os únicos dentre as muitas crianças do prédio que, por vezes, brincavam na rua.

Pouco depois, aos seis anos, eu me emancipei, e já podia ir sozinho de casa até o alto da rua Lisboa, onde fiz uns amigos, legitimamente encontrados na própria rua. Jogávamos bola na pequena vila, que até hoje existe por lá, e brincávamos com nossos *matchbox*, que gostávamos também de trocar, na casa e no alpendre de um outro menino. Esta casa ficava exatamente onde hoje é o Instituto Goethe.

Creio que esta foi a última amizade de crianças de classe média, unidas por meio das ruas de São Paulo. Quando me mudei para a Granja Viana, as crianças desapareceram e minha vida passou a dar-se na escola, no clube, e principalmente na casa de alguns colegas, onde por muitas vezes eu ia dormir. Meu irmão menor, então com cinco anos, passou a chamar o prédio da Henrique Schaumann, onde começamos a nos dar por gente, de *São Paulo velho*. É triste que a cidade dos grandes bairros de classe média tenha eliminado todo o espaço público para as suas crianças. Hoje, apenas algumas poucas e muitas vezes desastradas praças recebem as crianças mais afortunadas. Apenas na região periférica ao grande centro expandido as crianças pobres ainda sabem brincar na rua, mas, por sua vez, elas desconhecem completamente o que sejam verdadeiras escolas. A maior parte da vida das crianças ricas dá-se em espaços confinados e privados, de forma que elas não conhecem os seus próprios atalhos, externos e internos, descobertos à cidade. Assim, elas são formadas imaginariamente distantes dela, e sem a sua presença como objeto de fantasia, criada e descoberta. Como Chico de Oliveira já percebeu, esta forma de viver faz parte do movimento geral de privatização que assola a tudo em nosso mundo.

É interessante que, quando atendo crianças ricas em meu consultório de psicanálise – a duas quadras do apartamento *São Paulo velho* –, por muitas vezes, assim que elas se sentem seguras, livres e felizes, e são um pouquinho maiores, aos onze, doze ou treze anos, acontece um fenômeno curioso, tratado exclusivamente entre elas e seus pais:

passam a ir e voltar sozinhas da análise, de ônibus ou a pé. Isso parece impossível no espaço ideológico da cidade atual, mas acontece com uma certa freqüência em algumas famílias menos doentes e é também conseqüência da análise, que recria o sentido interno da cidade para as suas crianças. Parece que o uso pessoal e íntimo da cidade, em liberdade e confiança, faz parte do desenvolvimento humano desejado e necessário. De todo modo, as crianças criam este espaço, o de sua cidade, até então perdido, junto aos seus pais.

Nesse momento, quando usam a sua própria cidade como espaço de brincar e de fruição do mundo e de si mesmas, aproximam-se do tempo de sua alta, na análise. Logo o espaço privado, aberto à expansão psíquica da análise, não será mais necessário, nem suficiente. Esses meninos e meninas passam a encontrar "as praias dos mundos sem fim", como dizia Winnicott a partir de Tagore, no próprio corpo de sua cidade, que constitui, com outra vida, a carne de seu próprio corpo psíquico. Já em meu tempo de criança era sensível para mim a diferença dos jogos violentos e perversos realizados pelos meninos na área do edifício, quando estávamos trancafiados, e a liberdade muito mais correta, livre e boa do brincar, paradoxalmente mais segura na distância acertada e no cuidado que as próprias crianças tinham entre si, algo que tinha sua origem na própria rua.

A perda deste espaço fundamental para o desenvolvimento humano de nossas crianças faz parte do embrutecimento real do espírito de nossa cidade. Ela se deu, de forma definitiva, em algum momento dos anos de 1970, na explosão dos carros, da televisão e da paranóia socialmente acumulada, desde então, sem nenhuma esperança de redenção.

Se vamos ao centro, e chegar até lá não é um movimento tão simples quanto a frase sugere, podemos aprender um tanto com as contradições significantes que nossa história realizou. O centro tem um caráter imaginário muito forte na vida da cidade. Espécie de lugar onde se evoca o mito, ele foi durante muito tempo a verdadeira borda do mundo interno brasileiro. Posicionado na beira da conquista do primeiro passo rumo ao Brasil – a serra do Mar paulista –, articulado originalmente entre o longo rio Tietê e um de seus afluentes, de forma a configurar uma cidadela com amplitude de vista sobre toda a região, este espaço parece ter criado uma vila afável e razoavelmente civilizada para os padrões coloniais de então. Os relatos de viajantes sempre acentuam a beleza e a simplicidade cuidadosa com o outro da Vila de São Paulo, nos séculos XVIII e XIX.

Não deixa de ser importante o fato de que a vista original da cidade esteja definitivamente perdida. Há um valor negativo, próprio ao processo de crescimento da cidade, no fato de que poucos consigamos chegar ao constrangido sítio primitivo onde ela teve início, e que de lá já não possamos discernir praticamente nada, embora o local ainda exista, como um fantasma de si mesmo, lugar natural de uma cidade desnaturada. Não há mais traço algum de uma imagem mesma da origem, como não há também para todos os extratos posteriores de sua história, até chegarmos à totalidade recortada e incogniscível que alcançamos hoje. Este fantasma negativo é muito significativo. O desaparecimento do sítio original na massa inconseqüente e violenta que o cerca, sem previsões e nenhum direito à paisagem ou à história, demonstra o processo radical de São Paulo em seu evoluir, expulsando-se de si mesma.

Talvez a pior imagem da metrópole hoje, na sua região constituída e solidificada, seja a da chegada ao sítio da colina do Pátio e da Sé pela baixada da zona leste, a chegada ao centro pela via traumática da Radial Leste, uma das várias *vias-traumas* da cidade. Ali, os horrendos e maciços prédios degradados – que ainda tiveram ao seu tempo arquitetura melhor do que a de hoje –, transformados em cortiços verticais, ocuparam e fragmentaram toda possível imagem orgânica da cidade em seu primeiro centro, exatamente onde ela nasceu.

Não deixa de ser irônico que exatamente este local, transformado hoje numa espécie de pesadelo visual, tenha oferecido, durante 350 anos, a todos os viajantes que por aqui passaram, uma imagem de beleza e inteligência na escolha e na dignidade de sua posição – espaço que levou o viajante William Henry May, em 1810, a lembrar-se do interior cultivado da Itália. Tal ordenação melhor das coisas foi transformada em um disparate pelo próprio andamento da história, desafiador de qualquer ordem clássica dos sentidos.

O centro antigo, originado no malfadado colégio jesuíta, rapidamente foi invertido rumo ao vale do Anhangabaú, à praça da República, à subida da encosta de Higienópolis e Cerqueira César, aos Jardins de desenho americano, às marginais, ao Butantã e ao Morumbi, e a mais um sem-fim de mundos e de centros. Onde se vê agora algum vestígio daquela presença orgânica na cidade ou em nós?

A cidade de São Paulo ultrapassou todas as suas imagens. A perda da primeira delas, com a qual guardamos um conhecimento fantasístico, parece ser o destino de todas as demais. Podemos ainda hoje, quando chegamos ao amplo e confuso centro da cidade, ver camadas históricas e urbanísticas ainda presentes, embora totalmente mortas, como projetos de cidade jamais realizados, cidades ultrapassadas que habitam a metrópole paulistana.

O que foram os nobres Campos Elíseos, bairro elegante do passado, talvez desaparecido tão precocemente por sua proximidade com os bairros operários do Brás e da Mooca de fins do século XIX? Como, em algum dia, será possível pensarmos que a Bela Vista, o sugestivo Bixiga, se articulou à cidade, antes de tornar-se um apêndice esquisito, recortado, retalhado pelas imensas vias expressas que criaram a metrópole, destruindo suas passagens e todo o espírito de mundos dos quais só ouvimos falar num ou noutro velho samba? De fato, antes mesmo de ser o "túmulo do samba", São Paulo parece ser, em grande parte, o túmulo de si mesma.

181

Uma pequena passagem, como aquelas três ou quatro quadras que ligam a praça da República ao largo do Arouche, demonstra uma cidade que um dia teve algum princípio de organicidade, de responsabilidade urbanística e paisagística. Logo, porém, sobreveio a violência definitiva do Minhocão e de seu devastador encontro com a avenida São João, e dos bairros mortos e mortais da moderna Cracolândia, imediatamente contíguos a pouca ordem e beleza que nos lembra que um dia houve algum pensamento por aqui, antes que uma nova emergência de mínima ordem e conseqüência reaparecesse no Bom Retiro, ao redor do parque da Luz, ele mesmo outro pequeno valor, abandonado, isolado, de difícil acesso, quase perdido para a vida pública da cidade.

O quebra-cabeça é difícil, o tecido urbano oscila de qualidade, uso e condições humanas de forma vertiginosa e o resultado é um retalhado de mundos, que deve corresponder à condição do espírito dos homens que o habitam.

Peguemos alguns objetos do centro, dispersos, quase insólitos em sua presença na vida da cidade, e vejamos o seu sentido agora. O Teatro Municipal, construído na primeira década do século xx, segundo modelos europeus neoclássicos ainda oitocentistas e do século anterior, na verdade de caráter eclético, para celebrar a pujança imensa da cidade que começava sua elevação à metrópole pela explosão internacional do café, parecia já conceber, no desejo de seus criadores, os destinos imperiais da cidade em relação ao Brasil. O grande teatro, para a época impressionante, teve a missão de refundar a ordem central do outro lado do rio Anhangabaú, iniciando a progressiva, e logo vertiginosa, modernização daqueles arrabaldes.

Certamente, a sua construção e a de seu famoso viaduto correspondiam à grandeza da reforma urbana da cidade do Rio de Janeiro, acelerada a partir de 1904 na administração de Pereira Passos, que elevou a capital, ain-

182

da com muitos vestígios coloniais, ao estatuto de cidade moderna, com grande plano de circulação, bulevares e comércio bem-posto para as novas benesses de uma civilização que – com enorme atraso –, livre formalmente da escravidão, demandava para si própria uma vida urbana que simulasse liberalismo e cidadania, o que então se expressava apenas na forma exterior do progresso e das livres mercadorias. Estas chegavam de navio, em um novo círculo de importação espiritual e material da Europa do auge do capitalismo clássico.

Por outro lado, nosso teatro – hoje muito pequeno para a cidade que se inaugurava com ele – organizava o centro em seu avanço ainda meditado, da passagem do vale rumo às terras de oeste, como uma espécie de pórtico e marco da expansão e da renovação simulada da vida, que de nenhum modo poderia se conceber onde pararia. A cidade crescia com personalidade burguesa e conservadora, como sempre, num processo que em algum momento descaracterizaria todas as marcas deixadas pelo caminho, até mesmo, e principalmente, as melhores.

Hoje, passados quase cem anos de sua construção, consumada a forma impossível desse espaço urbano para além da própria categoria de cidade, o que é o velho teatro? Um ponto de chegada, espécie de última estação, de muitos espíritos burgueses que só vão ao centro para assistir ao último espetáculo do comércio internacional de cultura? Então, paramos nossos carros na estranha avenida que lhe dá acesso e somos exemplarmente intimidados e chantageados por homens pobres, no limite da marginalidade, que são tão mais violentos na situação quanto mais sabem que aqueles são fregueses de um consumo de bens culturais de luxo, algo indecente na miséria geral da cidade e do país, e que, portanto, devem pagar alto o preço do pedágio, pois é disso que se trata.

São Paulo é uma cidade que ainda tem pedágios particulares, fundados sobre a violência direta de suas relações de classe. A violência de nossa estrutura social aparece projetada sobre os hábitos, nos lugares e nas práticas de nossa cidade, de modo que mal nos damos conta da particularidade de nossa distorção local do que é viver. Do mesmo modo, alguns milhares de paulistanos abastados mantêm este único fio de contato atualmente com o centro, o Theatro Municipal, ou a propagandística Sala São Paulo, política de reprodução do modelo "use o centro, mas não o viva", na qual se encontra também a Pinacoteca do Estado, esta, com a benéfica e mínima abertura da vida citadina ao parque da Luz, porta de entrada do importante bairro do Bom Retiro.

O Theatro, que um dia foi marca originária de cidade, é hoje uma espécie de símbolo dos limites que ela conhece internamente ao seu próprio tecido urbano e simbólico. Nele se atravessa uma fronteira, e o centro viável às elites encontra o centro abandonado aos excluídos e à massa de pobres e trabalhadores muito explorados, produzindo no exato momento do encontro uma forma de sociabilidade própria à nossa organização social, a do achaque e das ameaças daqueles que foram até a fronteira do outro de classe.

Porque sociológica e psiquicamente é essa a situação do nosso centro. Um espaço que tem qualidades arquitetônicas e históricas que não se conhecem no restante da cidade – apesar de toda sistemática destruição de sua organicidade, do abandono programático pelo estado e pelo dinheiro, e de sua consciência de classe –, que foi deixado às moscas frente a qualquer uso qualificado e comum a todos, mesmo que seja para a mera fruição, utilização dos mais nobres da vida de uma cidade e da constituição de seus sujeitos.

Então, o centro foi ocupado por seu espelho sociológico, as massas de populações excluídas e rebaixadas materialmente, que habitam a grande periferia da metrópole exterior, particularmente as pessoas que afluem a ele a partir da zona leste, região sem equipamentos sociais e culturais, sem espaços públicos, sem praças, sem árvores, sem beleza, sem nada. O centro ocupado e abandonado

184

da cidade de São Paulo representa espacialmente a nossa cisão e dissociação humana, é a verdade de nossa cultura, um dos ícones de sua condição verdadeira, irreal como cidade de todos, cindida profundamente por erros históricos na marcha do dinheiro e sua representação social sobre os espaços da cidade.

Caetano Veloso, ao fazer seu hino elegíaco à cidade – que nos deu modernamente a ilusão de que ela ainda existe sob uma forma melancólica –, precisa apontar a tragédia e a dissociação desse espaço verdadeiramente feio que é São Paulo. Mas há, para nossa submissão cotidiana e para que continuemos no estado de barbárie satisfeita do uso da cidade que é o nosso, uma visão ideológica geral, que doura bem todo o mal-estar e insiste na idéia de que este lugar tem algum valor de cidade.

Ainda mais, de que seria uma grande cidade. Grande por aqui talvez seja a imensa circulação de dinheiro global, no centro de decisões financeiras em que isto tudo se tornou, mais uma vez em abstrato, e que pouco diz respeito a mim ou a você. Tal excitação, própria da vinda do dinheiro, sempre produz a ilusão de vitalidade na esfera das trocas simbólicas humanas, que é outra. A vida da cidade, para além do fetiche do dinheiro, é feia, medíocre e ruim, como todos sabemos. De algum modo, entre nós, o que importa mesmo – qualidades de tempo e espaço, sociabilidade e direitos –, curiosamente, não importa.

Daí ninguém conhecer a biblioteca dos monges beneditinos, iniciada ainda no século XVI, no começo da cidade, que dispõe de um grande acervo de obras muito raras, do tempo mesmo da origem da imprensa, que em qualquer cidade digna do mundo teria destaque certo; ninguém mais querer saber do magnífico conjunto de cinemas-palácios da avenida Ipiranga, da São João, do largo do Paissandu, entregues às moscas, aos filmes pornográficos e às igrejas evangélicas. Ou ainda lembrar-se da rica vida gastronômica

185

do centro, já degradada em uma seqüência de *fast foods* globais ou tupiniquins e de *hot dogs* que custam um real; ninguém mais se lembra da beleza dos espaços concebidos como bulevares amplos, e das ruas comerciais e suas passagens, tão instigantes à vida do espírito, à curiosidade e à experiência da vida societária, bem como das antigas livrarias – a francesa, a alemã, a italiana –, segredos de uma cidade muito interessante que um dia existiu, que nossa prática mercadológica e abstrata contemporânea de uso do espaço e da vida parece ter destruído para sempre.

Em 1970, o *shopping* Iguatemi havia acabado de ser inaugurado. Postado elegantemente, e modernamente, como amplo e aberto espaço público em frente à ainda recém-inaugurada avenida Brigadeiro Faria Lima, o *shopping* era composto por uma estrutura interna de grandes ruas, articuladas por amplas rampas-corredores, e também por pequenas passagens, algumas bem misteriosas diante da clareza do espaço moderno e contínuo do conjunto, iluminado zenitalmente. Lá conviviam imensas e belas lojas de departamento, grandes lojas de mercadorias específicas e pequenas e curiosas lojas de muitos objetos e mundos.

O *shopping* parecia mesmo simular a cidade em sua esperança moderna, que talvez tenha tido ali o seu canto do cisne, de ordenação clara e livre dos espaços, dos passeios e dos mundos variados e sincronizados que ele permitia visitar, como uma certa experiência. Sua fachada era constituída por uma imensa abertura para um pátio, franqueado à avenida, abertura através da qual se lançava, recuado em alguns metros, um primeiro e simpático bloco envidraçado de lojas, onde havia uma grande loja de brinquedos, a Balão Vermelho. Esta loja dos sonhos das crianças de então era ladeada pelos amplos corredores de onde se lançavam as duas grandes rampas, subindo e descendo para o interior do edifício, descortinando-o quase inteiramente ao primeiro olhar. Estas rampas, por sua vez, davam diretamente para o átrio, que se abria para a rua. O espaço geral era definido pela clareza, conforto e espaços livres, que convidavam ao passeio. Tudo levava o edifício a parecer uma espécie de casca protetora da vida citadina que interiorizava, de forma a não cindir com o próprio espaço público da cidade aberta bem a sua frente, que nele adentrava e atravessava.

O destino dessa construção é sintomático do destino do dinheiro e da descaracterização do seu espírito nos anos que se seguiram. A partir de determinado momento, para dar conta das condições de consumo de massa e da pressão do dinheiro sobre aquele espaço privilegiado, o *shopping* começou o seu próprio crescimento desordenado, análogo ao de sua cidade.

Um estacionamento catastrófico para o olhar lhe foi anexado, dando início à descaracterização de mau gosto que levaria ao monstrengo que o prédio é hoje. O *shopping* original, que sonhou com algum espaço conseqüente e algum vínculo com a cidade, foi literalmente engolido por um segundo prédio, muito feio, que estendeu o espaço comercial do *shopping* quase até a beira da calçada, matando sua antiga distância estratégica para o convite ao passeio.

O prédio se tornou uma espécie de nave-mãe, estrela-do-mal do mau gosto do dinheiro, que acredita que a mera exposição de sua força bruta já tenha de significar beleza – processo de inflação das formas semelhante ao que aconteceu na arquitetura neoclássica agigantada nazista. Ele também foi internamente redesenhado de forma a conter toda uma nova ala, descaracterizada, sob qualquer natureza, de qualidade espacial. Marcas globais do luxo extremo puderam assim conviver com a fortaleza final, fechada e grosseira, contra a cidade, que por fim se tornou o primeiro dos *shopping centers*. Todo o movimento semipúblico inicial se reverteu finalmente em seu destino verdadeiro, a sedução e o aprisionamento de qualquer dimensão da experiência no registro exclusivo do consumo e do encantamento das mercadorias.

O sonho e o desejo dos primeiros anos revelaram-se assim, com o passar do tempo, uma armadilha. O *shopping*

Iguatemi foi nosso cavalo de madeira, que aprisionou as formas da cidade e da consciência. Seu sonho e destino pesadelares falam muito da *hybris* que tomou e desenhou a cidade no seu último projeto de crescimento, e que levou ao impossível que ela é hoje.

Como alguém pode achar que as três ou quatro quadras da rua Oscar Freire, com suas lojas desorganizadas em franca contradição visual, com seu piso irregular típico de cidade que não se cuida, com seu trânsito local assustado e com aquelas mercadorias, signos do mais puro fetiche e aos quais ninguém deve ter acesso – afinal estamos no Brasil –, tenha alguma coisa a ver com o bulevar Saint-Germain, ou com a Quinta Avenida?

Afora as grandes marcas internacionais, que lá fora aparecem integradas ao espaço da cidade e ao cidadão, que é maior do que elas, como a Tiffany's de Nova York, que desde os anos de 1950 convidava qualquer um para um *breakfast*, nossa pobre e semi-escondida ruinha serve para que nossa elite carnavalize a si mesma em um passeio pela Europa e pelos Estados Unidos – das mercadorias, não da cultura ou da autoconsciência, que isto não importa.

Curiosamente, a rua do luxo extremado em São Paulo inverte a única qualidade que a cidade tem: a de parecer à noite uma cidade bela e boa. Ao passarmos à noite pela Oscar Freire, depois de fechadas as lojas, quando elas estão vazias do espírito das coisas que as anima durante o dia, vemos com clareza a natureza pobrezinha de nosso provincianismo modernizado. Tudo não passa de meia dúzia de fachadas malconstruídas, que sempre deixam entrever um erro grave de princípio, seja na arquitetura, seja na decoração, que posam durante o dia de grande espaço arquitetônico para a riqueza das mercadorias e para a distinção de classe pelo alto consumo.

À noite tudo se revela: são acanhadas lojinhas de uma cidade do interior, com meia dúzia de produtos dentro.

Há um ano, andando pela avenida Paulista em um sábado, em algum momento tive que parar. Dois conjuntos de pontos de ônibus atravessados diagonalmente na calçada eram sucedidos por um orelhão, umas floreiras de concreto malposicionadas e vazias e por uma banca de jornal. Tudo se avolumava de modo que as pessoas ficavam com uma única e estreita passagem, tendo que fazer fila para continuar a caminhar.

Como é possível isto na calçada da avenida tida como símbolo da cidade? Em parte porque a elite não anda a pé, em parte porque o poder público não avalia nem controla a qualidade dos espaços em que a população que não tem carro habita.

Esta é a mais ampla calçada da cidade. Quando caminhamos por Paris e vemos o alinhamento das calçadas, seus amplos leitos e a qualidade quase artística das pedras de suas guias, do posicionamento de suas árvores, com sua clássica grade de proteção no chão, com a informação visual de seus *affiches* sobre a vida da cidade, quase poética para o passante, temos a clareza, ao olhar para os constantes buracos, desníveis, diferenças, obstáculos e mediocridade espacial de nossas próprias calçadas, de como nossa cidade nunca se completou.

Nosso espírito é semelhante às nossas calçadas. Como elas, quanto a ele e seus falhamentos também ninguém se importa.

O episódio da Daslu tornou-se um clássico da vida urbanística paulistana. Posicionada em um lugar completamente ilegal, a loja do luxo bobo da elite paulistana que acha a cidade ótima – porque suas mulheres podem comprar escondidas na Daslu pagando vinte vezes mais o preço de um produto *kitsch* qualquer, e isso deve significar, sabe-se Deus como, que elas são realmente poderosas – desorganizava o seu bairro e atrapalhava a vida de seus vizinhos.

Quando se tentou lembrar a lei e pedir que seus donos se adaptassem à realidade, tivemos um movimento político, de porte razoável, ocupando espaço nobre de importantes jornais da cidade, tidos como modernos e cosmopolitas, para justificar a permanência da loja, uma mísera loja em local proibido pelo zoneamento.

De repente, diante de sua arca da aliança, a elite paulistana se reúne para alucinar o mundo que criou para si mesma e para justificar, contra toda lei, os seus direitos particulares sobre a cidade. O que se pode esperar de tal gente e sua *Nerverland*?

A má-fé e a ignorância sobre o que é uma verdadeira cidade em São Paulo andam juntas. A violência, a mentira, o roubo e o resultado caótico destas intervenções na cidade são aceitos como coisas boas e a cidade continua sua jornada satisfeita de autodestruição. Todavia, uma meia dúzia tem a chave do cofre, que é o que verdadeiramente importa. Suponhamos alguém que verdadeiramente ame São Paulo: do que se trataria, ignorância ou masoquismo?

Em São Paulo, por exemplo, a noção de paisagem parece estar proibida. Não há atenção às relações espaciais, nem mesmo espaço livre o suficiente para que o olhar organize alguma imagem. Qualquer *outdoor* vale mais do que qualquer forma da cidade, esta é a regra. Um dia, chegando a minha casa, vi que um *outdoor* de mortadela cobria a experiência da igreja Nossa Senhora de Fátima, que até então oferecia uma pequena vista, para quem vinha pela avenida Doutor Arnaldo, uma pequena visão de mundo para a cidade. Mas o que significa uma vista ou paisagem diante de uma boa mortadela? Em São Paulo, a mortadela vale mais do que qualquer intenção de cidade.

O Minhocão é o caso maior da perda de São Paulo. O horrendo e pesadíssimo viaduto, que destruiu linearmente três bairros e selou o destino urbanístico de toda uma região, trocou o tecido vivo da cidade por uma única função de massa, abstrata e econômica: a passagem de milhares de carros vindos desde a zona leste, sem limites ou controle, de forma expressa, por dentro do centro moderno, o centro expandido, de bairros residenciais muito qualificados, até então.

A desolação, a degradação e a tristeza dos antigos bairros residenciais centrais, rasgados por este trauma, foram planejadas e desenhadas, acarretaram milhões em investimento e deram início ao êxodo da classe média para muito além de toda região central. O mesmo movimento que aumentava o fluxo dos carros acelerava de forma definitiva o abandono do centro construído da cidade, rumo aos bairros distantes do isolamento da riqueza.

O que passou pela cabeça de engenheiros e urbanistas no momento deste trauma definitivo? É certo que apenas uma ditadura militar, que despreze todo humanismo, poderia dar origem à obra tão grande e tão desrespeitosa à vida e aos direitos de cidadania de uma cidade. São Paulo é provavelmente a cidade que mais foi marcada, em sua carne, na degradação de seu centro, na destruição de seus bairros, pelo tipo de delírio irresponsável, e corrupto, próprio à ditadura militar brasileira. O Minhocão é, desse modo, a contribuição estilística e urbanística de uma época à cidade, sendo, entre nós, o claro símbolo desta época e de seu projeto.

É impressionante que ainda hoje, passados quase trinta anos de seu advento, ninguém responsabilize os realizadores dessa constrangedora besteira. Os responsáveis pelo Minhocão estão no mesmo patamar dos torturadores no Brasil, livres e promovidos.

Infelizmente, a própria ordem de desenvolvimento da cidade parece ter interiorizado tal trauma e continuado a funcionar assim. Aberturas de novas avenidas exclusivamente para o desenvolvimento do capital especulativo, de caráter financeiro, como é o caso da Luís Carlos Berrini ou da Nova Faria Lima, estendem e criam a cidade na mesma velocidade que a destroem. Na medida em que o dinheiro foge para elas – a próxima cidade a ser abandonada –, guarda-se de forma secreta o padrão cego do Minhocão, de destruição de espaços construídos da cidade.

O Minhocão, o elevado Costa e Silva, é de fato a verdadeira tumba de São Paulo, definindo a forma de seu destino abrutalhado e malévolo.

O destino da mítica avenida São João deveria ser o primeiro ponto a ser explicado pelos propagandistas que parecem desconhecer radicalmente a própria cidade. Na verdade, ainda hoje, as calçadas da avenida são, de longe, as melhores de toda a cidade, não apenas pelo seu excelente e raro tamanho, que apontam para a época em que a cidade teve um segundo de consciência sobre as suas possibilidades, mas por apresentar uma maciez imaginária, vinda do sonho de outro tempo da avenida, exatamente como aquela que Gilberto Freyre apontou nas pedras das ladeiras de Olinda, qualidade advinda do trabalho da história por meio dos pés que por ali passaram.

A maravilhosa avenida que fez a metrópole se articular ao seu redor por décadas é hoje uma espécie de grande esgoto humano, mimetizando a condição dos grandes rios da cidade, mas a atacando em um dos seus ícones urbanos mais fortes. Andar por lá à noite é termos notícia de uma guerra nada particular, notícia da nossa própria condição de radical subdesenvolvimento humano e espiritual, em que junto com o corpo dos miseráveis e excluídos jaz inerte o próprio corpo da cidade de São Paulo. A São João das calçadas de sonho é hoje a avenida trapeira de São Paulo, cidade esfarrapada. São Paulo é uma cidade contra todo flanar. A não ser aquele patrocinado pela indústria do automóvel.

Meu pai é um pesquisador daqui de São Paulo. Um tempo significativo de seu trabalho de geógrafo foi gasto com sua própria cidade, na qual, ao fim da vida, ele acabou por tornar-se uma referência de conhecimento, além de reserva moral, até mesmo para o seu próprio Partido dos Trabalhadores (PT), do qual, com a chegada ao poder, ele também se afastou.

192

A dificuldade e angústia, que venho enfrentando para escrever este trabalho, teriam a ver também, para além do seu objeto negativo e catastrófico, com traços de questões edípicas, de ansiedade de castração ou fantasias parricidas onipotentes, por eu estar disputando o objeto preferido de meu pai, e sua enunciação, nestas poucas páginas?

Estaríamos, nós dois, disputando a mesma amante, São Paulo, e eu desvalorizando em excesso a cidade para des-locar e disfarçar o meu interesse competitivo frente a meu próprio pai, e assim me diferenciar e sobreviver a ele?

O primeiro trabalho que meu pai escreveu sobre São Paulo foi em 1947. Ele era aluno de Pierre Monbeig, ainda professor na Universidade de São Paulo (USP), e realizou para o grande geógrafo francês um estudo geomorfológico sobre a região do pico do Jaraguá. Na verdade foram dois estudos, pois ao de geografia física meu pai acrescentou um outro, de geografia humana, que deveria ter sido reali-zado por um amigo, que não o fez. Monbeig apreciou os trabalhos, particularmente o de geografia humana, justa-mente o que não estava assinado por meu pai… No entanto, marcando uma diferença frente ao seu próprio mestre, meu pai publicou o trabalho de geografia física.

Em 1956, surgiu *Geomorfologia do Sítio Urbano de São Paulo*, sua tese de doutorado, trabalho célebre, apreciado por urbanistas e arquitetos que começavam a indagar a cidade. Este livro, publicado pela Faculdade de Filosofia, Letras e Ciências Humanas da USP, tinha o caráter de estudo originário das condições e estruturas geomor-fológicas e geológicas do grande leito espacial por onde surgiu e cresceu São Paulo, trabalho referido aos funda-mentos do espaço da cidade, ao seu princípio primeiro e arcaico – *ur*, como dizem os alemães –, que determinou um tanto seu desenvolvimento e seus limites, quando eles ainda existiam. Logo na abertura do livro encontramos a seguinte epígrafe, de William Morris Davis, muito precisa com o espírito geral que sempre moveu o estudo de meu pai sobre São Paulo: "Entre a glória de pôr o pé no cimo de uma montanha onde nenhum pé humano jamais pisou e a honra de me servir do meu cérebro para fornecer uma descrição melhor de uma montanha já conhecida de longa data, não hesito: escolho a última".

Uma estranha e indefinível emoção acontece quando avaliamos hoje as fotografias do livro, da primeira metade dos anos de 1950, em que Aziz Ab' Sáber apontava para os horizontes de crescimento da cidade, as suas fronteiras urbanas de então, em um primeiro embate, na época ainda relativamente respeitoso, com as suas condições geomorfológicas e com uma imagem possível de cidade. Quando vemos o Sumaré sendo desbravado com certo cuidado, a ordem clara que cercava o Pacaembu, as colinas do Paraíso com sua cidade incipiente, ou as altas colinas da Freguesia do Ó, simultaneamente elegantes e singelas, pressentimos o tempo imediatamente anterior à catástrofe, o tempo que o livro capturou como última imagem de uma época em que a cidade crescia de uma forma que podemos denominar, hoje, de humanista. Essas fotos e esse livro apontam para a cidade que crescia de forma gigantesca, no momento exato, na iminência mesma da massificação grosseira das condições da metrópole, e da perda de qualquer configuração de forma, que levaria à cidade desconexa que viemos a conhecer.

Mas o livro e sua matéria ainda sonham, meio inconscientemente, outra cidade. Evidentemente há aí um descompasso entre o pensamento científico delimitado por suas próprias categorias e o destino real de seu objeto, que passou por um outro circuito de determinações econômicas, políticas e especulativas, que em dez ou quinze anos teria superado inapelavelmente todas as formas daquela experiência da grande cidade que ainda pertencia a si mesma.

Em 2004, felizmente, meu pai lançou um outro grande trabalho sobre São Paulo. Um livro que atualiza a visão originária cinqüentista em uma série de visões espantadas e íntimas frente à ordem imensa, maior do que o pensamento que lhe pode conter, do que se tornou a grande me-

194

trópole periférica da América do Sul. O livro é admirável, com suas muitas visões sobre a vida da cidade, e poderíamos dizer que ele finalmente realiza o trabalho de geografia humana sobre São Paulo, aquele que não foi publicado em 1947. Esse livro, da maior maturidade de meu pai, se chama *São Paulo, Ensaios Entreveros*[1].

Curiosamente eu poderia utilizar esse mesmo título para estas reflexões, embora não haja comparação entre a São Paulo destas linhas e a escrita por meu pai. Ele certamente é um mestre, com quem realmente se pode aprender. Eu não passo de um morador da cidade, que teve a sorte de ter um pai que passou a vida atento a ela, que se esforça para manter o espírito livre e tem muita desconfiança e algum ressentimento da violência e de um dado de permanente regressão que a habita, mesmo com todo o estranho progresso, cuja forma não precisa ser introjetada por ninguém.

Nunca saberemos o quão conservador o próprio pensamento crítico já se tornou nessa terra.

A cidade de São Paulo é muito interessante à noite, e muito feia, uma espécie de lâmina cega, como são os seus rios, de dia. Essa característica tão forte da cidade foi percebida pelos cineastas que quiseram filmá-la. São Paulo parece ficar mais e mais bonita quanto menos gente circula por ela – bem ao contrário, por exemplo, de Nova York –, porém, de dia, ela se torna impossível, com seus milhões de pessoas e carros que impossibilitam qualquer leitura das coisas, acentuando a sua esquisitice proverbial.

Da noite moderna e existencial de Walter Hugo Khoury em seu *Noite Vazia*, de 1964, à noite de cenário de néon de Chico Botelho em seu *Cidade Oculta*, de 1986, é do brilho da noite sem gente – em que a cidade descansa e esquece de si mesma, e em que, já próximos do sonho, sua escala ganha a distância emocional para que possamos bem avaliá-la – que vem à luz um cinema que, ele mesmo, nunca existiu entre nós.

---

1. São Paulo: Edusp/Imprensa Oficial, 2004.

Se o Rio de Janeiro deve ser filmado de dia, embora os cineastas tenham desaprendido, com os quartos e as salas das novelas de televisão, a fazê-lo, São Paulo deve ser filmada à noite, noite em que podemos sonhar tanto uma cidade possível como um cinema inexistente, já que o dia é a máquina da reprodução da anticidade.

Apenas dois filmes viram São Paulo de dia. Um com a beleza efêmera das possibilidades, outro como ela é. O *Grande Momento*, de Roberto Santos, de 1957 – ano do livro de Aziz Ab'Sáber que traz as mesmas imagens de São Paulo que o filme –, mostra a cidade vista da baixada da zona leste, alguma coisa entre o Brás e o parque Dom Pedro, com espaços livres e ruas arborizadas, por onde um passeio de bicicleta ainda fala a verdade do uso humano da cidade, que corresponde a algum campo de ilusão criadora de seus habitantes.

O segundo, mais terrível e provavelmente verdadeiro, é o *Anjos do Arrabalde*, de 1986, de Carlos Reichenbach, em que já temos a horripilante metrópole de laje que se tornou a periferia da cidade, e principalmente o ressentimento, a grosseria e o mundo mesquinho que se tornou o espaço psíquico de seus habitantes. Neste filme, vislumbramos o espírito médio, rebaixado e malévolo, produzido na cidade, que simultaneamente é o produtor da feia e má São Paulo.

Nos anos de 1980, havia uma moda nos circuitos intelectuais paulistanos que pareciam ter recém-chegado a ler o último manual da crise européia ou do cinismo de mercado americano: tratava-se de desqualificar a arquitetura moderna brasileira, pensada genericamente como simplista e autoritária, populista e arcaica. Em oposição a ela buscava-se a afirmação de um pós-modernismo bastante maldigerido e que entre nós parece ter produzido uma ou outra fachada de loja ou lanchonete de *shopping*. Naquele tempo se atacava e ironizava Paulo Mendes da Rocha, em nome, por exemplo, do problemático desconstrucionismo de um Peter Eisenmann, este sim contemporâneo e conseqüente.

196

Mas tudo isso foi, antes, do Museu Brasileiro da Escultura (Mube). O choque de tal obra no panorama local – e na consciência arquitetônica global – colocou definitivamente o fundo verdadeiro para a figura isolada de Paulo Mendes da Rocha entre nós. Basta lembrar que, sobrevoando São Paulo por ocasião da Segunda Bienal de Arquitetura, o próprio Eisenmann, ao ver o prédio do museu, interessou-se muito e pediu que lhe levassem para conhecê-lo, e mais nenhuma outra.

O Mube é realmente um prédio espantoso. Enquanto o mundo discutia um apego regressivo e pouco consciente ao local e ao vernáculo, Paulo Mendes desembrulhou aquela pequena jóia, revelando ainda haver alguma vida inteligente entre nós, para além de todo o erro da própria ordem em que a cidade se reproduzia. O museu é um espaço inteiramente aberto, tornado livre e solo para a cidade. Escalonado em duas ou três cotas diferentes – se considerarmos a elevação do próprio prédio solto com um arco racionalista, mas muito próximo do solo e da vida –, ele se oferece na sua esquina tão especial, de forma a permitir a visitação e a experiência de todo passante. Nele está inscrita e comentada toda a tradição arquitetônica anterior de formas públicas feitas por aqui, desde a garagem de barcos e das escolas de Vilanova Artigas até o museu de Lina Bo Bardi. Toda pessoa que passasse pelas calçadas da avenida Europa seria convidada espontaneamente a entrar e a usar o espaço público do museu, que não fere em nada a escala própria à região, mas que a desafia francamente, como um outro.

Mas não apenas o raríssimo pedestre seria convidado pelo acesso livre e direto ao espaço livre do museu, o passante de carro também teria seu olhar aberto, ordenado e orientado pelo espaço que se abre e se oculta, da obra que desenha o terreno exatamente na altura do seu olhar. Para o olhar do carro que passaria por uma das muitas passagens da esquina em v, o museu proporcionaria a própria experiência da escultura, a ser circundada pelo olhar no espaço que ocupa.

Paulo Mendes da Rocha projetou o prédio contra a tradição alienada e individualista de sua cidade, atingindo as pessoas no coração do seu viver nela, em seus carros. O museu, com seu desenho, abriu os carros à sua experiência pública e coletiva, a partir de sua escala e de seus jogos radicais de volume, que surpreendem em tudo, em uma mágica real que deveríamos todos aprender em cada um de nossos campos de atividade ou pensamento.

Paulo Mendes da Rocha foi o único, nos últimos anos, a desenhar São Paulo contra São Paulo. Ele foi o único a desejar e realizar outra cidade. A verdadeira São Paulo, como o verdadeiro Brasil, continua oculta sobre algum mínimo gesto de inteligência emancipatória.

Nunca, em tão pouco espaço, o ganho público foi tão grande.

No entanto, quando lhe foi pedido que ajudasse no término do prédio, o então prefeito Paulo Maluf concordou prontamente, acrescentando à demanda que ele daria também a grade que deveria cercá-lo, e que, em um único gesto de controle ideológico, destruiu a experiência do museu como ela se oferecia à cidade. O mais espantoso é que ninguém jamais reclamou deste verdadeiro crime contra um dos poucos lugares em que a cidade se tornou uma cidade nos últimos cinqüenta anos.

É interessante a própria situação brasileira que se vislumbra em tal violência simples: que o maior ato de força e consciência histórica adensada, além de criação livre do espírito humano, que é o Mube de Paulo Mendes, seja barrado com um mínimo gesto das forças regressivas, de modo que nossa melhor e mais forte possibilidade seja mesmo tão frágil diante da ordem regressiva real das coisas, ou das grades. Às avessas, e mesmo barrada, tal obra continua falando de nossa condição geral.

A tomada do espaço da experiência da cidade pelos *shopping centers* é uma dimensão a se pensar. Ainda hoje, quando vamos a outras cidades brasileiras, como Recife,

Porto Alegre ou Goiânia, os moradores dessas grandes cidades regionais gostam de nos mostrar o último *shopping*, cada vez mais central, como grande conquista que redimiria o provincianismo da cidade, em seu espaço universal da mercadoria. Mal sabem eles que, mesmo, e talvez principalmente, em São Paulo não há nada mais provinciano do que a vida citadina dedicada exclusivamente aos *shoppings*.

David Byrne já apontou, em seu inteligente filme sobre os Estados Unidos pós-moderno, *Histórias Reais*, de 1986, que, no interior de seu país, os *shoppings* se transformaram num modo de congregar a comunidade dispersa, de promover contato e de simular vida pública, onde ela não existe exteriormente a eles, onde as cidades estão rarefeitas e decadentes. Aquelas cidades interioranas, em parte, se tornaram os *shopping centers*, mas isso só pode acontecer onde não há vida espiritual o suficiente para ser experimentada para além da venda de *donuts* ou *barbies*. Que na maior cidade do Brasil os *shoppings* tenham a mesma função das pequenas cidades norte-americanas e ocupem o mesmo lugar na vida espiritual da imensa maioria das pessoas, é algo que não nos engrandece.

Nossa metrópole, a da concentração internacional do capital, por estas paragens se revela assim, curiosamente, vista por aí, não mais do que uma cidadezinha qualquer do interior dos Estados Unidos. A falta de vida pública e de cidade como espaço de fruição, experiência e pulsação da cultura viva para seus cidadãos, um pouco mais elevada do que o rebaixamento geral do mercado, a falta da urbanidade que define uma cidade, particularmente uma metrópole moderna, entregou à televisão – à noite e aos finais de semana – e aos *shoppings* – durante o restante do tempo da consciência desperta – os espíritos e os corpos de nossa empobrecida metrópole. Nela as pessoas dedicam à banalidade dos corredores sempre iguais o flanar e o bem-estar que não conseguem viver no corpo estranho de sua própria cidade.

Sempre que entramos em um *shopping* sentimos o alívio de estar finalmente em um espaço homogêneo de imagem e direitos, como deveria ser todo o espaço da cidade. Em seguida sentimos a euforia das mercadorias, espraiando sua mania para a incitação de sua circulação. Depois de quarenta minutos estamos exaustos, tamanha a monotonia e pobreza de experiência deste feirão que se quer cidade. Tudo é parecido demais com o ciclo bipolar de uma droga. Os *shoppings* são os espaços falsificados de beleza e direito do cidadão igualitário, que não existe entre nós a não ser onde o dinheiro o simula para sua própria vida.

As ruas sempre idênticas de todos os *shoppings* demonstram qual é o espaço universal da cidadania entre nós: o da vida das mercadorias e sua metabolização humana, que é o puro ato do consumo. No Brasil, há muito – desde a invenção globalizada de nossa moderna escravidão – que se conhece a mercadoria sem cidadania. A cidade, na medida em que é palco de confrontos, instabilidades e apresenta algo do real de nossas fraturas, é abandonada novamente – como em outros tempos as cidades e a arquitetura coloniais foram abandonadas e destruídas – pelos espaços homogêneos para dar lugar às mercadorias e sua circulação, as únicas que devem realmente viver. Nessa lógica, as casas também não interessam para seu uso humano e seu desenho de urbanidade – mesmo porque, na cidade, cerca de oito milhões de pessoas vivem em sub-habitações –, apenas o carro importa, o único que pode imediatamente, no plano da imagem, demonstrar a proximidade fusional do "sujeito" com o fetiche. A indústria automobilística conseguiu aumentar a consciência local para as qualidades do objeto, no seu próprio âmbito de interesse, como a arquitetura e o urbanismo jamais conseguiram.

As exigências que a cidade faz aos seus cidadãos são aplacadas no espaço pacificado dos *shoppings* sempre idênticos, como nos carros. Neles encontramos teto, segurança e espaço, alguma falsa beleza fetichizada e massificada, que em São Paulo não existe fora deles, e o convite universal ao consumo, único universal que interessa por aqui.

É provável que a crise do mercado seja algum dia a crise dos *shoppings* entre nós, e que então nós não vejamos mais cidade alguma.

No tempo da destruição monotemática da cidade, em que seus espaços foram entregues à única função de vender e de viver para os carros, com o capital automobilístico determinando a face mais pura de nossa vida pública, no tempo da ditadura militar, que entregou São Paulo ao automóvel como signo do seu progresso, que era regressão programada de massa, e não havia nenhum raciocínio coletivo sobre o espaço que se construía por aqui, os melhores arquitetos que restaram da tradição moderna paulista realizaram um conjunto de casas notáveis, que lembra, mais uma vez, a fragilidade do espírito livre e criador entre nós.

Estas famosas casas modernas paulistas são a recolha, sob a forma de jóia íntima, de todo o raciocínio formal e libertário de uma época da consciência local deixada para trás pela brutalidade do avanço da cidade das empreiteiras-das-grandes-vias e viadutos, que não reproduziam em nada na vida da cidade a ordem do espaço humanista e moderno conquistado na intimidade pelos arquitetos paulistas.

O Museu de Arte de São Paulo (Masp), de Lina Bo Bardi, construído imediatamente antes à catástrofe da cidade, é a prova viva, em seu corpo desejante, esquecido, de que a arquitetura excelente que se chegou a fazer por aqui, bastante outra daquela de Oscar Niemeyer, poderia ter desenhado a cidade com a mesma riqueza de surpresas, escalas e liberdades com que os arquitetos paulistas passaram a desenhar as suas casas, e somente as suas casas. Já em 1966, em um debate com o mestre dessa possibilidade de arquitetura, em São Paulo, que foi Vilanova Artigas, Rodrigo Lefèvre apontava para o fato de que o golpe militar estava

201

excluindo, progressivamente, os arquitetos da vida pública, o que por fim chegou a se configurar amplamente.

Na morte do espaço público para a reflexão e o desejo de inserção social e beleza, os arquitetos recolheram-se ao mínimo jogo do privado e do espaço familiar, guardando ideais de liberdade e solidariedade nas casas, que não podiam se expressar no todo da cidade. Se a cidade passou a ser construída contra todos, as casas modernas da arquitetura paulista passaram a ser desenhadas contra o seu espírito.

Ao longo da vida, estive em algumas dessas precisas e sublimes casas modernas da arquitetura paulista dos anos 60 e 70. Algumas me marcaram de forma muito íntima: a casa de meu amigo João Paulo Fiuza, à beira da praça Panamericana; a casa muito intensa de Gabriel Bolaffi; a pequena jóia que Geraldo Puntoni fez para sua família e para a de seu cunhado Damiano Cozzella; a encantadora casa Bernardo Issler, de Sérgio Ferro, única responsável pela decisão de meus pais de se retirarem para a Granja Viana; a casa Pery Campos, de Rodrigo Lefèvre e Nestor Goulart, onde amigos adolescentes ainda se encontravam em amizade e ilusão de liberdade. Mas nenhuma dessas casas me impressionou tanto, na sua beleza, inteligência, e surpresa constante, estruturada em sua própria forma, do que a casa de Paulo Mendes da Rocha.

Quando eu tinha doze ou treze anos, e visitava um amigo que morava por lá, costumava andar de bicicleta ao redor daquela casa, apenas para olhá-la, e me surpreender mais e mais com sua forma. Anos depois, pude conhecê-la por dentro. Fiquei ainda mais espantado. O que Paulo Mendes realizou ali, em relação à rua e à Casa Bandeirista, à sua frente, pode ser chamado de um pequeno milagre.

Do interior livre e elegante da casa, o pequeno talude que ela tem à sua frente, que protege e oculta seus pilares de sustentação, fazendo-a flutuar, faz desaparecer a rua, e põe a casa moderna diretamente em contato com a Casa Bandeirista do século XVII, que também flutua, a seu modo, e com a qual ela entretém um diálogo fantástico. Milagre programado no desenho e no pensamento do maior de nossos arquitetos, e que no momento adequado acabaria por alcançar novamente a cidade, contra todas as forças regressivas, no Museu Brasileiro da Escultura.

Estes movimentos guardados nessas famosas casas, o de proteção da intimidade e da vida do espírito em seus exercícios de rigor e inteligência, perdidos pelo andamento da vida da cidade, e o de expansão de tal raciocínio no momento certo, potencial utópico da história, como Paulo Mendes tem podido realizar nos últimos anos, estão presentes nas casas muito recentes, que prosseguem esta tradição de Celzo Pazanese, o Pola, e Rafic Farah.

Pola fez sua casa como proteção espiritual, a partir de paredes e colunas de madeira e compensado, revertendo o material básico de toda favela em uma casa moderna paulista, apontando para uma possibilidade real de intervenção na mais baixa das matérias e, ironicamente, sinalizando o rebaixamento simbólico do lugar da inteligência e da arquitetura entre nós, que se move em meio aos escombros, como a vida dos excluídos. Farah desafiou seu bairro e sua vizinhança com uma casa inteiramente aberta e exposta, como foi a de Paulo Mendes ao seu tempo, demonstrando a possibilidade de a arquitetura atingir e orientar nosso espírito e nossa cidade para direções completamente diferentes daquela que se tomou.

Uma dessas casas guarda a proteção e o comentário à regressão geral, a outra aponta para o espaço liberto e a vida coletiva. Juntas elas mantêm toda potência crítica da arquitetura moderna que se fez em São Paulo nos anos de 1960-1970.

Passear na cidade de carro – quando ela está vazia, é claro – é um convite ao descompromisso. Assistimos a tudo de fora, de longe, desde uma falsa subjetividade que aceita aquele cenário grandioso como se ele realmente nos

203

pertencesse até sublinharmos para nós mesmos: "eu não tenho nada a ver com isso".

Uma grande amiga, que estudou em boas universidades dos Estados Unidos e da Europa e faz seu doutorado no Departamento de Filosofia da FFLCH-USP, lamenta desolada a inexistência de vida intelectual expressa no corpo da cidade de São Paulo.

Ela se espanta com o fato de muitos de seus colegas e amigos de geração paulistanos serem, hoje, quase anti-intelectuais e certamente acríticos em relação às próprias mazelas de sua cultura, e reclama do fato de não poder ir a um café de madrugada onde possa ler ou encontrar jovens que tenham pesquisa e inquietação intelectual viva, disponível para troca, como ela costumava encontrar em Boston e Nova York.

A julgar por esta jovem crítica, a cidade não conhece espaços de cultivo de estratos superiores da troca humana. Não há cafés, como não há interesse pelos problemas mais amplos ou de caráter político da vida e da cultura contemporânea. De fato, creio que São Paulo não conseguiu expressar-se mesmo com força em sua própria produção imaginária e literária. Se há uma tradição de comentário da cidade em nossa literatura moderna, ela jamais ganhou força de autonomia e de dotação para a cidade de um espírito literário que a desenhasse, como outras grandes cidades conheceram.

Se Paris é o modelo mítico da cidade que constituiu uma imagem de si mesma através da experiência literária por ela tornada possível, São Paulo parece ser a mais atrasada de todas as grandes metrópoles neste quesito, e isto está relacionado com a ausência de experiência e espaço intelectual no próprio corpo da cidade, da qual reclama a nossa amiga americana.

Os pequenos comentários, as quase crônicas, modernistas, a abstração de universalidade rápida da poesia concreta, os melhores romances modernos paulistanos de

Paulo Emílio ou Zulmira Ribeiro Tavares, a poesia prémarginal de um Piva são todos trabalhos que, implicados com a cidade, mantiveram o seu caráter não aberto à textura imaginária da vida da própria cidade, não tiveram a força de criar uma São Paulo literária, um corpo de sonhos efetivo advindo dos discursos mais elaborados que a cidade pode ter. Temos entre nós um *deficit* de sonho sobre a cidade – expresso na literatura do tempo –, que se faz, então, tão concreta em seus eventos sobre nós. Mesmo porque não há, de fato, vida literária entre nós para fora dos grupelhos e de meia dúzia de apartamentos.

O Rio de Machado e de Drummond, ou de Carlos & Carlos Sussekind, a Belo Horizonte de Pedro Nava ou mesmo a *minimal* Porto Alegre de Dionélio Machado, sendo todos trabalhos críticos e de experiência, têm muito mais carne imaginária para as suas cidades reais do que São Paulo, com toda a sua riqueza econômica e inquietação estética, jamais conseguiu. Não há nada parecido na literatura de São Paulo com o que o samba de um Adoniran ou de um Vanzolini conseguiu alcançar, por exemplo.

De onde viria este *deficit* literário do corpo imaginário da cidade? Imagino que de sua vida intelectual realmente rarefeita e, na maior parte dos casos, inconseqüente. Em seu *O Nome do Bispo*, Zulmira Ribeiro[2] aponta, de saída, para a fragilidade intelectual agônica e irresponsável da média elite paulistana, que desconhece os próprios processos de sua cidade como desconhece todo pensamento verdadeiro. Paulo Emílio já pensa a elite superior como um mundo delirante no nada, que beira a idiotia. E não há nada mais paulistano do que a estranha classe alta de Paulo Emílio.

Tal contenção, não desdobramento simbólico das coisas do espírito, é condição sociológica da cidade e condição imaginária e formal de seus discursos. Ela está profunda-

---

2. Zulmira Ribeiro Tavares, *O Nome do Bispo*, 1. ed., São Paulo: Brasiliense, 1985 (São Paulo: Companhia das Letras, 2004)

mente relacionada com o nosso atroz provincianismo, cuja origem é o desvio intelectual deste espaço, e não qualquer espécie de fragilidade econômica.

Apenas a época das chuvas, em janeiro e fevereiro, faz São Paulo deparar-se com a sua verdade. As chuvas, movimento puro da natureza, são a única força presente entre nós, capaz de demonstrar de forma clara a real condição da cidade. As chuvas que revelam o que São Paulo é, e o que foi feito dela, são a força crítica eficaz da cidade em relação à sua própria e esquecida catástrofe.

Interessante como as chuvas são esquecidas de forma tão rápida: a força adaptativa ao pior é mais forte que a mais forte força que venha questionar a nossa má constituição.

Amigos estrangeiros insistem em um ponto que sequer percebemos: nosso trânsito é violento, perigoso e põe a vida dos pedestres em risco permanente. Nós realmente não estamos nada preocupados com quantos são atropelados em São Paulo, ou quantos morrem em acidentes de carro, ou quantos ônibus passam por cima de quantas motos por aqui. Este espaço deve ser mantido como espécie de lei da natureza: é o único espaço em que a lei dos mais fortes, que impera por aqui, se torna um pouco democrática.

Para os estrangeiros, tal violência a nós invisível é evidente sinal de barbárie, que corresponde a toda cidadania mal conquistada de nosso mundo. Como aceitamos a lei bruta da força ilegítima no trânsito, a aceitamos também em todas as esferas de poder que nos determinam. É isto que os estrangeiros sempre nos dizem.

De fato, é impressionante e muito belo, quando estamos em uma cidade limitada, mas importante, como Washington, vermos a coreografia introjetada do trânsito, em que a Ferrari e o Chevy andam na mesma velocidade, muito próxima da dos pedestres, e não se atropela nem se concebe as ruas como espaço de uma secreta competição, pronta para encenar a nossa fome mítica por uma supremacia qualquer.

Hoje existem cinco cidades diferentes que se sobrepõem em São Paulo. A primeira é o antigo centro, com seu segundo anel expandido, dilacerado e empobrecido, abandonado já há pelo menos vinte anos, sobre o qual se abatem a propaganda oficial e o interesse de alguns poucos grupos econômicos, que por lá se mantiveram, o que não impede sua tendência ruinosa. A retirada emergencial da prefeitura do Palácio da Indústria, no parque Dom Pedro, é o índice de que há um centro irrecuperável, tamanha a má condução das coisas públicas e urbanísticas da cidade que nela se reflete.

Depois, temos o grande circuito dos bairros de classe média, onde habita a população que, de algum modo, se beneficiou com o crescimento da cidade, onde está a imensa maioria dos equipamentos urbanos, em que se simula uma vida cidadã e cosmopolita, e em que todos os mapas sociais da cidade concentram o acesso à educação e à renda.

Embora a população que habita esses bairros seja em grande parte responsável pelos rumos tomados pela cidade na sua dissociação, ela a vive como se São Paulo fosse exclusivamente os seus próprios bairros de Higienópolis, Jardins, Itaim, Perdizes, Alto de Pinheiros, desconhecendo e recusando um quadro total da cidade. Existem rancor e avaliação permanente do estatuto de acesso à riqueza ou às mercadorias de outros moradores da cidade pelos moradores desses bairros e, por exemplo, moradores do Tatuapé são olhados com desdém pelos descolados de Higienópolis.

O terceiro círculo é o da grande cidade de laje das imensas periferias, crescidas sem investimento público ou direito à cidade, onde mora a imensa população de excluídos e de subempregados, ou para-escravos, que oferece sua mão-de-obra a preços de esmola para manter a vida

207

da cidade rica e organizada. Essa região não tem equipamentos urbanos, nem presença do Estado, concentra enormemente o fantástico número de assassinatos, a baixa renda e escolaridade, e a vida aí se configura sob formas não burguesas, embora totalmente determinada pela ordem das classes no Brasil, e seu horizonte de inserção, meramente via consumo.

Temos, então, o quarto circuito de cidade: aquela desenhada pelos grandes movimentos especulativos e financeiros, iniciada a partir dos anos de 1980. Ela risca os bairros tradicionais e desloca as grandes capitais sobre o espaço total, abrindo novas frentes de investimento e de imaginário, que em nada contribuem para o desenho geral da cidade.

Os imensos prédios copiados da arquitetura japonesa contemporânea, da avenida Luís Carlos Berrini, ou os neoclássicos Chicago-anos-30 da avenida Nova Faria Lima, podem conviver tranqüilamente com as favelas a alguns passos de distância, sem ruborizar os falsos fazedores de cidade que inventaram este movimento, exclusivo do dinheiro.

A esta cidade se liga a cidade do espaço aéreo, das centenas de helicópteros cujos donos e usuários gostariam de viver em São Paulo sem precisar jamais por os pés no chão. Eles levam às últimas conseqüências a idéia de a cidade ser um espaço puro de passagem, abandonada e suja, para que o meu carro me leve do meu apartamento ao meu escritório.

Por fim, a última cidade é a falsa consciência da cidade apresentada nos meios de comunicação quando se tenta inventar uma imagem para São Paulo. É a cidade do cidadão malformado culturalmente, que pede que Caetano Veloso cante *Sampa*, porque acha que mora na imagem da música, ou na imagem da cultura cosmopolita ou dinâmica da televisão e dos jornais. É o conto da carochinha, que inventamos para nós mesmos, de que há alguma cidade por aqui.

Pós-escrito

É correto dizermos que dois pontos do que abordei neste texto sobre as dificuldades de se viver em São Paulo e o sentido negativo da cidade para alguns dos seus habitantes se modificaram nos últimos anos. Isto demonstra que uma cidade é um corpo vivo, que guarda sempre alguma esperança de renovação, mesmo quando está em um estado avançado de crise, como é o caso de São Paulo. Por incrível que pareça, talvez seja mais fácil a transformação das cidades do que dos homens.

O primeiro ponto que se modificou, desde quando o texto foi escrito, foi o seguinte: a Daslu não ocupa mais uma rua residencial em que o zoneamento não permitia a sua intensa atividade de comércio do alto fetiche. Hoje, como todos sabem, a marca se transformou em um imenso *shopping* do luxo extremado, que convive satisfeito e arrogante com toda a desigualdade e a paralisação da vida econômica e do espírito que o cerca. A arquitetura regressiva do empreendimento, com *novos ares neoclássicos*, confirma a falência geral do projeto da arquitetura moderna para a cidade e re-afirma um modelo americano de importação de civilização por quem não a tem. Além disto, como sabemos, a loja que vende quinquilharias Chanel, Prada e Armani gosta também de falsificar notas e evita cuidadosamente pagar os impostos devidos ao todo da sua vida social, frente a qual seu significado é apenas o do puro privilégio, inimputável. Também sabemos que, em um momento de crise política muito grave, a polícia federal "deu uma batida" na loja, o que calou imediatamente, com um muxoxo resignado, a elite paulistana endinheirada que se animava para cobrar do governo corrupto de plantão, petista, aquilo que não costuma cobrar de si mesma. É incrível o pacto de poder, dinheiro, luxo degradado, corrupção e desfaçatez que sempre envolve a marca. Continuo achando que a lojinha tem muito mais a ver com o destino da cidade do que a mera aparência permite ver.

O segundo ponto que se modificou é realmente positivo. Após quatro anos de preparação de terreno do governo de Marta Suplicy, tentando convencer o comércio da cidade que ele poderia recompor as fachadas de suas lojas e diminuir o excesso de poluição visual dos letreiros, um governo à direita, levado por homens, doutores, brancos e ricos, em um ato que seria considerado a antevéspera da revolução socialista se fosse feito por uma mulher, de esquerda e, ainda por cima, "perua", simplesmente proibiu os grandes letreiros, e o mais importante, os *outdoors*, na cidade. O ato, autoritário, impensável na equação política da cidade, se se tratasse de um governo de esquerda, de fato melhorou muito a vida e a aparência da cidade. É possível dizermos que, neste caso raro, a pressão civilizatória colocada pela esquerda desaguou na liberdade autoritária que os governos de direita costumam ter por aqui. E a cidade ganhou um ponto.

O DESTINO DAS SOBRAS
A gestão do lixo

Gilson Lameira de Lima

Stela é professora universitária, mora no Alto de Pinheiros em uma casa com quintal generoso. Orgulha-se de afirmar que está "de bem" com o meio ambiente, pois de sua casa "lixo não sai". Tudo é, de algum modo, reaproveitado. De fato, Stela se engajou no projeto de coleta seletiva da prefeitura de São Paulo que marcou o início dos anos de 1990. Desde então, implantou na casa o hábito de separar o lixo doméstico em dois recipientes. O primeiro recebe os resíduos orgânicos derivados do preparo de alimentos e restos de refeições. O segundo, embalagens limpas ou lavadas e toda sorte de papéis, plásticos, papelões, vidros e latas, descartados no dia-a-dia.

Como dispõe de um agradável jardim e dedica parte de seu tempo livre à jardinagem, Stela transforma seu lixo orgânico em fertilizante para as plantas. Regozija-se do vigor delas e da economia que faz, ao longo do ano, por não precisar comprar fertilizantes químicos. Orgulha-se, especialmente, de devolver vitalidade ao solo com aquilo que, antes, seria descartado como lixo.

Quanto aos demais resíduos, Stela lamenta que há muito tempo a prefeitura desativou o serviço de coleta diferenciada. Teve de recorrer a um carrinheiro, que circula pelo bairro recolhendo materiais recicláveis para vender. Não entende por que a prefeitura paralisou um serviço tão importante para a cidade...

Naira é dona de casa. Mora em um apartamento na zona leste da cidade. Deposita todos os resíduos domésticos em sacos plásticos, que, uma vez cheios, são reservados na área de serviço para a coleta de porta em porta da prefeitura, que é realizada três vezes por semana. Naira não tem queixas do serviço. Já ouviu falar de coleta seletiva na televisão e pelos filhos, mas nunca a viu praticada na cidade...

Shirlei é empregada doméstica. Mora em uma favela na zona sul. Usa saquinhos de supermercado para armazenar o lixo produzido em casa, que tem de levar para fora constantemente, por absoluta falta de espaço. Na viela em que Shirlei mora nunca passou a coleta de lixo da prefeitura. O lixo tem de ser levado na avenida, na entrada da favela. Já ouviu falar de coleta seletiva. Gostaria muito de colaborar, se soubesse como...

Mário é carrinheiro. Perdeu o emprego na indústria e há anos sobrevive da coleta de recicláveis, circulando por diversos bairros da cidade. Lamenta que há tempos a latinha de alumínio praticamente desapareceu. Dava mais dinheiro, mas a concorrência aumentou muito. De resto, vidro, plástico, papelão e especialmente os metais ainda dão algum retorno. A embalagem PET não coleta mais, pois ocupa muito espaço e rende pouco. Recolhe as de Stela por cortesia. Entrega todo o material a um único intermediário que não discute preço, paga o preço do dia, que Mário não sabe como é formado...

Os personagens apresentados sintetizam o quadro de situações significativas presentes no cenário de gestão de resíduos sólidos domiciliares na cidade de São Paulo. Em 2002, a cidade consumia 451 milhões de reais, cerca de 5% do orçamento municipal, para os serviços de limpeza pública. É muito dinheiro, em termos absolutos – quanta coisa se poderia fazer com esses recursos! –, e pouco dinheiro se considerarmos o tamanho da cidade, a população, as demandas, enfim, estabelecidas nessa área.

São Paulo tem o dobro da população da grande Paris[1] e metade de seu orçamento para limpeza pública[2]. Excetuando-se a região turística, Paris, rigorosamente, não é mais limpa que São Paulo. Aos domingos, setores turísticos como Montmartre e, especialmente, as regiões próximas ao metrô, têm graves problemas de limpeza. A razão é simples – o uso dos espaços públicos é intenso e não há serviços de limpeza nesse dia. Esta comparação é oportuna por destacar quão complexo é o serviço de limpeza urbana, pela escala que encerra nas grandes cidades. Tem grande apelo à sensibilidade do cidadão – deixe de coletar o lixo um só dia, e verá! – e é muito caro, relativamente à capacidade orçamentária das cidades.

No município de São Paulo, metade dos recursos orçamentários para a limpeza pública são consumidos pelo sistema de coleta, tratamento e destino final do lixo. A

---

1. A Comunidade Urbana da Grande Paris, que constitui uma unidade de gestão regional de resíduos sólidos, compreende uma população de 5,5 milhões de pessoas distribuídas por noventa comunas.

2. As informações utilizadas para a comparação foram obtidas em relatório do Sindicato Intercomunal de Tratamento do Lixo Doméstico da Aglomeração Parisiense (Syctom). Cf. Rapport annuel sur le prix et la qualité du service public d'élimination des déchets à Paris en 2000, Paris: Syctom, 2000.

outra metade é usada para a varrição de ruas e espaços públicos e para os serviços gerais de limpeza urbana.

O Trajeto do Lixo

No que se refere ao sistema de coleta, tratamento e destinação, Naira se pergunta: "O que é feito com o lixo que recolhem aqui da rua?" Como Naira mora numa área próxima ao centro do bairro, a coleta de seu lixo é noturna, para evitar conflitos com o trânsito já um pouco congestionado da região. Ela não sabe, mas Seu Júlio, o zelador do prédio, sempre põe o lixo para fora perto da hora de o caminhão passar. Ele acha que é melhor, pois o risco de mexerem no lixo é menor. Já aconteceu uma vez, e a rua ficou uma sujeira só! Adivinhem para quem sobrou? Seu Júlio limpou tudo, mas jurou que nunca mais colocaria o lixo cedo demais. O que ele nunca soube é que existe uma lei municipal que obriga o cidadão a dispor seu lixo ensacado na calçada até, no máximo, duas horas antes da coleta, sob pena de multa. E a multa é alta. Essa postura é essencial para evitar problemas de limpeza, incômodo aos vizinhos – imaginem só, se cai aquela chuva com tanto saco de lixo descansando o dia todo sobre o passeio? Ele acha curioso que os trabalhadores da coleta usem uniforme amarelinho para trabalhar. Fica pensando se não suja demais – não seria melhor uma roupa escura? Existe uma recomendação normativa sobre segurança do trabalho que define padrões de cores em função do tipo de atividade. Como os coletores trabalham expostos ao tráfego viário e, usualmente, a traseira dos caminhões é escura, o uniforme claro garante maior visibilidade do trabalhador, favorecendo sua segurança. Na cidade de São Paulo, os contratos de coleta prevêem uma vida útil de três meses para cada jogo de uniforme, minimizando, com isso, o problema de limpeza, observado por Seu Júlio.

Mas vamos ao percurso do lixo. Em qualquer cidade média ou grande do Brasil, o lixo é coletado e – uma vez completada a carga do caminhão – levado ao seu destino final, o *aterro sanitário*, onde é depositado em células impermeabilizadas[3] e recoberto por terra. Segundo dados do Instituto Brasileiro de Geografia e Estatística (IBGE), das 228 mil toneladas de lixo domiciliar coletadas por dia no Brasil, 21% é destinado a *lixões* e o restante a aterros sanitários e aterros controlados[4] (um eufemismo criado para designar algo entre lixão e aterro sanitário, que só Deus sabe o que é). Em São Paulo, o lixo é encaminhado para dois aterros sanitários: um na zona norte e outro na zona leste. Entretanto, para uma cidade dessa escala, a logística da coleta torna-se muito mais complexa, por razões econômicas e operacionais. Dependendo do local da coleta, leva-se muito tempo para o caminhão chegar ao aterro, descarregar e voltar. As distâncias são muito grandes, e o trânsito nem precisa comentar. Isso exigiria uma frota muito maior de equipamentos, a um custo muito mais alto.

Como fazer? Na cidade, existem pontos intermediários de descarga, as *estações de transbordo*. São três, exclusivamente para essa finalidade. Estão localizadas em Santo Amaro, Ipiranga e Ponte Pequena, junto à avenida marginal do rio Tietê. Há ainda outras duas que, além de permitirem a descarga, oferecem a possibilidade de redução de uma parte do lixo. São as *usinas de compostagem* localizadas na Vila Leopoldina, zona oeste, e em São Mateus[5], na zona leste.

---

3. Numa célula de aterro sanitário, todas as superfícies em contato com o solo são protegidas contra a passagem de líquidos. Comumente isso é feito por meio de uma camada de argila compactada, sobre a qual dispõe-se uma manta impermeável, protegida de ação mecânica por uma camada sobreposta de outro material.

4. Pesquisa Nacional de Saneamento Básico 2000, Rio de Janeiro: IBGE, 2002.

5. A usina de compostagem de São Mateus foi fechada em 2003 e transformada em centro de triagem do programa de coleta seletiva da prefeitura.

O lixo é coletado por meio de caminhões compactadores. Como é mais volumoso que pesado, a compactação permite a estes equipamentos uma autonomia maior de operação. Quando está cheio, o caminhão transporta o lixo para a *estação de transbordo*, onde é descarregado e transbordado para grandes carretas que operam continuamente, transferindo o lixo da cidade para seu destino final. Aos domingos, tradicionalmente, não há coleta, tampouco transbordo de lixo para os aterros.

Embora não tivesse percebido, naquela tarde, por uma circunstância rara, Naira fechara o saco de lixo com 57,5%, em peso, de restos de refeições e cascas de frutas, 12,4% de papéis e papelão, decorrentes da limpeza que Rodrigo, seu filho mais velho, fizera em seu material escolar para enfrentar, enfim, as férias de verão, além das embalagens de leite, macarrão e pizza – afinal estamos em São Paulo; 0,7% de latinhas de alumínio; 1,5% de metais, daquelas latinhas acumuladas, que acabaram não sendo usadas; 16,5% de embalagens de plástico duro, de refrigerantes, uma vez que é difícil resistir à insistência das crianças no supermercado; 1,8% de vidros de picles e azeitonas, que as crianças adoram; e 3,9% de trapo, daquele pano de chão que nada mais limpava. Sem saber, Naira fechara o saco plástico com a composição média do lixo de São Paulo[6].

Basta olhar para essa composição média para perceber a importância de sua fração orgânica, que representa mais da metade de todo o lixo produzido na cidade. Já foi mais. Quanto mais a sociedade se moderniza e amplia suas relações baseadas em consumo de produtos industrializados, menor a fração de lixo orgânico. A fração orgânica do lixo

---

6. Comparação feita de acordo com os dados publicados em 2003 pelo Departamento de Limpeza Urbana (Limpurb) da então Secretaria de Serviços e Obras (sso) da cidade. Cf. *Caracterização Gravimétrica e Físico-química dos Resíduos Sólidos Domiciliares do Município de São Paulo*, São Paulo: Limpurb/sso, 2003.

médio em Paris é de 13,8%[7]; em Roterdã é de 35%[8]; em São Paulo, ela é de 55%, em média, mas em regiões mais pobres da cidade, como Campo Limpo, chega a 68%, e em regiões mais ricas, como Pinheiros, recua para 41%.

As usinas de compostagem surgiram, no Brasil, em meados da década de 1970 e coincidem com uma mudança de estratégia para o manejo do lixo pela administração municipal. Até então, nas grandes cidades brasileiras, o lixo era coletado pelas prefeituras e freqüentemente depositado em lixões. Contudo, percebeu-se que, em grandes concentrações urbanas, já não bastava apenas afastar o lixo, era necessário levá-lo para longe das áreas mais densamente habitadas. Os volumes diários já eram, então, significativos, e as cidades estavam em processo de conurbação, gerando conflitos de espaço, antes inexistentes. Ao mesmo tempo, as populações urbanas tornavam-se mais sensíveis a determinados tipos de serviços públicos, tais como abastecimento de água, suprimento de energia elétrica e coleta de lixo, que, diferentemente de outros serviços, afetam a todos, indistintamente.

Naquele momento, a visão era a de que em cidades populosas o manejo do lixo urbano requeria uma abordagem mais ampla – com foco na sua fração orgânica e nas usinas de compostagem – e uma operação mais eficiente – com a terceirização da coleta e destinação do lixo. Surgia, aí, o modelo de prestação de serviços que se multiplicou pelo país e permanece, até hoje, na maioria das médias e grandes cidades brasileiras.

Por exigir investimentos de grande monta, os projetos de usinas de compostagem ficaram restritos a municípios populosos e ricos. Assim, em meados da década de 1970, três usinas muito parecidas, com tecnologia de ponta importada da Europa, foram implantadas na Grande São Paulo. Duas na capital e uma no município de Santo André.

---

7. Modecom, Paris: Ademe/Syctom, 2000.

8. Dados do Institute for Housing and Urban Development Studies (IHS), Holanda.

Apesar do alto investimento inicial e do significativo custo operacional, as usinas inauguraram um novo momento na gestão do lixo urbano porque refletiam a visão de que o problema tendia ao agravamento, especialmente pela ampliação da concentração populacional. A solução proposta era reduzir o volume de destinação, por meio da recuperação de materiais recicláveis e da transformação da fração orgânica em fertilizantes.

Há três décadas, portanto, São Paulo indicava uma solução considerada, à época, racional para o manejo do lixo urbano – coleta terceirizada, redução de volume por meio da recuperação manual de vidros, metais, plásticos, papéis e outros materiais recicláveis, e a transformação da fração orgânica em fertilizante para o solo. A destinação final do rejeito desse processamento passava, assim, a ser conduzida para aterro sanitário, considerado, então – em contraste com os lixões informais –, como uma obra de engenharia.

Ressalte-se que isto ocorreu num momento em que a metrópole paulista já contava com mais da metade da população atual.

Se há três décadas eram tomadas decisões estruturadoras de uma nova postura diante de um problema com grande potencial de agravamento, o que teria acontecido para que o lixo continuasse a ser um fator crítico na vida da cidade? Voltaremos ao assunto mais adiante.

Dando seqüência à indagação de Naira – o percurso do lixo –, chegamos ao destino final, o aterro sanitário. Fim de percurso? Obviamente não. Se os lixões correspondem ao simples afastamento do lixo de olhos e narizes, o aterro sanitário corresponde à idéia de domar e controlar os efeitos negativos derivados de sua acumulação.

Como Naira mora no extremo da zona leste da cidade, por razões logísticas, o caminhão que coletou o seu lixo descarregou-o diretamente no aterro sanitário São João, na divisa com o município de Mauá, em meio a um trecho exuberante de Mata Atlântica. Cerca de metade do lixo de São Paulo vai para este aterro, a outra metade é destinada ao aterro Bandeirantes, na zona norte da cidade, junto ao entroncamento da rodovia dos Bandeirantes com o Rodoanel Metropolitano.

Finalmente acomodada em uma célula de aterro, a fração orgânica do lixo de Naira entrará em decomposição imediata, gerando duas emissões de extrema importância, em termos ambientais: o chorume e o gás metano. Longe das nossas vistas, o chorume – caldo orgânico, denso, com uma carga de bactérias que ultrapassa até 10.000% a demanda de oxigênio aceitável para dissolução em cursos ou corpos d'água –, percola através da coluna de lixo até ser captado pelo sistema de drenagem do aterro de onde é levado a uma lagoa de acumulação. Constitui infração grave o descarte de chorume no solo ou nos sistemas naturais ou estruturados de drenagem. Este subproduto do lixo cria, com isso, mais um problema, uma vez que, diluído na água de chuva precipitada sobre os aterros sanitários, compõe volumes significativos.

A solução adotada, provisoriamente, é a troca realizada com a companhia estadual de saneamento, que consiste no envio do chorume coletado para as estações de tratamento de esgotos. Em contrapartida, o aterro sanitário acomoda o lodo descartado por essas estações, cujo volume apresenta, ainda, sério problema de destinação final. Em 2002, os dois aterros sanitários exportavam, em média, $93.200\,m^3$, por mês, de chorume[9].

Com relação ao gás metano, milhões de litros são lançados no ar. Por quanto tempo? Ninguém sabe, ao certo, quanto tempo um aterro se mantém em atividade. Assentamentos populacionais próximos aos aterros sentem diretamente os efeitos dessas emissões – de odores desagradáveis a problemas de saúde. Daí a existência de movimentos sociais urbanos contrários à instalação não só de aterros, mas de qualquer instrumento relacionado ao manejo de lixo, ou o que aparenta ser lixo, em perí-

---

9. Relatório Técnico, São Paulo. Limpurb/sso, n. 62, jul. 2002.

metro urbano. Na capital paulista são geradas cerca de onze mil[10] toneladas diárias de lixo domiciliar, ou algo em torno de 45 mil metros cúbicos de resíduos em processo de decomposição. Por aí se vê que a destinação de lixo é primordialmente um problema de disponibilidade de espaço sob controle ambiental.

Manejo

Cada paulistano gera, em média, pouco mais de um quilograma de lixo por dia. Em regiões mais ricas da cidade, este valor alcança dois quilogramas por pessoa, mesmo nível observado em Nova York ou Chicago; nas regiões mais pobres da cidade, a média de geração gira em torno de 0,65 kg. Este contraste apenas delineia o tamanho da desigualdade na distribuição de renda entre os diversos grupos populacionais da cidade, indicando, ainda, uma lógica de segregação espacial. O lixo urbano constitui um excelente indicador do nível de renda e de hábitos de consumo da população, pois, através da leitura de uma curva de geração de lixo, é possível verificar tanto o nível de renda de toda a população como a sua segmentação espacial.

Em termos antropológicos, o aterro sanitário pode ser visto como um formidável mosaico de modos de vida caracterizados pelo consumo, organizados como arquivos de setores urbanos de coleta, em que vizinhos que mal se conhecem passam a desenvolver novas relações por meio da decomposição integrada de seus resíduos, encerrados numa célula de aterro sanitário. Ali, em tempos e processos diversos, o processo de decomposição dos materiais se iniciará, finalizando no dia em que tornarem-se inofensivos. Até lá, como num vulcão ativo, o aterro exigirá cuidados que transcenderão, em largo intervalo de tempo, seu período funcional. Um aterro sanitário esgotado exigirá,

10. Geração média de lixo na cidade de São Paulo em 2002.

por dezenas de anos, monitoração para controle ambiental e prevenção de invasões. Em razão da vigorosa emissão de gases, glebas enormes terão de ser reservadas, inclusive para projetos de revegetação, em face da baixa tolerância de espécies vegetais a ambientes tão agressivos.

Recentemente, devido à Conferência de Kyoto, ganhou destaque a relação estabelecida entre emissões de compostos carbônicos e o aquecimento da atmosfera global, o chamado *efeito estufa*. Nesse ambiente, os aterros sanitários passaram a ser vistos como emissores importantes. É nesse âmbito que veremos a então Comunidade Econômica Européia (cee), atual União Européia (ue), condenar os aterros sanitários de resíduos orgânicos como alternativa sustentável para destinação final de lixo, e definir 2002 como ano-limite para implantação de novos projetos. A alternativa européia? Incineração.

Cabe lembrar que a metrópole paulista se formou com a incineração de seus resíduos. Do carro de boi que carregava o lixo para fora do triângulo ocupado pela elite paulistana, lançando-o em terrenos aluviais das várzeas que cercavam a malha urbana em formação, no começo do século xx, passou-se à incineração logo em 1914, no Araçá, proximidades do atual bairro do Sumaré. A chaminé deste incinerador, projetando-se aos céus, lançava fumaça, então reconhecida como ícone de progresso. Desse modo, a cidade de São Paulo chegou a ter outros três incineradores – Pinheiros, que iniciou seu funcionamento em 1946; Ponte Pequena, inaugurado em 1959; e Vergueiro, inaugurado em 1968, ano de criação do Departamento de Limpeza Pública de São Paulo. O Incinerador Vergueiro, localizado no bairro do Ipiranga, foi construído com tecnologia alemã, avançada para a época, tendo sido desativado em abril de 2002, em ato público concorrido. Um velho militante ambientalista, emocionado com o desfecho de uma luta de décadas pelo fechamento do incinerador, iluminava o caminho do manejo de lixo na cidade: "Enquanto o diabo incinera,

Deus recicla". A abordagem francamente emocional do tema é corrente nos meios políticos.

Há muito tempo, incinera-se o lixo em todo o mundo; em alguns países, por absoluta falta de espaço – como no Japão – e, em outros, por opção econômica, como nos países da UE.

A partir da disseminação das preocupações com o meio ambiente nos anos de 1970, após a Conferência de Washington, passou-se a encarar o assunto na perspectiva da sustentabilidade ambiental. Desde então, metais pesados, dioxinas e furanos tornaram-se vedetes da discussão sobre incineração. Maciços investimentos em pesquisa tecnológica tiraram os incineradores da condição de problema.

A comunidade urbana de Lyon, na França, com 1,16 milhões de habitantes, possui dois incineradores, gerando energia térmica para calefação e energia elétrica.

Roterdã, na Holanda, com 590 mil habitantes – quase metade da população constituída por imigrantes – possui dois incineradores de abrangência regional. Um, situado em pólo industrial verde, incinera lixo de estabelecimentos de saúde, fornecendo energia sob a forma de vapor para indústrias consorciadas. O outro constitui complexo industrial de grande porte, responsável pela recuperação energética e de metais, em que somente 2% do lixo que entra é destinado a aterro de lixo perigoso, sob a forma de cinzas.

Lisboa[11], em Portugal, incinera 21% de seu lixo domiciliar e seu incinerador não emite fumaça visível, pois possui um sistema de processamento de gases que o habilita a estar implantado em perímetro urbano.

As conquistas tecnológicas na área de controle de emissão de gases perigosos arrefeceram as resistências acerca dessa alternativa de destinação do lixo. Para países com

---

11. Lisboa Norte que engloba os Concelhos de Loures, Odivelas e Amadora.

abundância de capitais, a incineração com recuperação energética é uma saída definitiva para o problema do lixo.

Porém, transformar a destinação do lixo em grandes unidades de negócios, de caráter privado ou semiprivado, pode trazer dois tipos de problema: a inibição de políticas de redução de produção de lixo e de reciclagem, uma vez que o potencial energético do lixo depende diretamente da presença de materiais combustíveis – tais como plásticos e papéis, isto é, embalagens potencialmente recicláveis –, e a inibição de recursos para o desenvolvimento de tecnologias que melhorem o padrão de emissões, de um lado, e, de outro, o desestímulo às iniciativas que ampliem a recuperação de materiais para reprocessamento, causada pela regulação de contratos de longo prazo – vinte a trinta anos –, para amortização dos investimentos. Nesse ambiente, o lixo torna-se matéria-prima e passa a ter dono.

Se o desafio tecnológico da emissão de gases perigosos encontra-se superado, com incineradores de lixo domiciliar de terceira geração, sua equação econômica não recomenda a aplicação em países com escassez de capitais de baixo custo. Enquanto em Roterdã o poder público paga US$ 110 por tonelada para destinação final do lixo em incinerador de grande porte, a prefeitura de São Paulo gasta menos que seis dólares por tonelada, para disposição final em aterro sanitário.

Reciclagem

De todo o lixo domiciliar coletado na cidade, cerca de 96,5% têm como destino os aterros sanitários[12]. A fração salva, constituída basicamente por pré-composto orgânico gerado nas usinas de compostagem e recicláveis coletados por sete caminhões que operam a coleta seletiva, de porta em porta, nas regiões de Pinheiros e Butantã, é transferida para uma

---

12. Valor referido ao ano de 2002.

pequena estação de triagem, localizada junto à usina de Vila Leopoldina, 0,03%, em massa, do lixo de São Paulo[13].

Stela tem razão de não entender por que uma prática tão bem recebida pela população da cidade – a coleta seletiva – praticamente desapareceu.

Nos Estados Unidos, na cidade de São Francisco, 42% dos resíduos sólidos gerados são encaminhados para estações de triagem e recuperação de materiais; em Chicago, esse número alcança 36%. A operação de coleta diferenciada é, usualmente, apoiada no acondicionamento inicial do lixo em contentores. Por este sistema, cada unidade de geração – domicílio ou condomínio – é dotada de recipientes de cores variadas que correspondem a diferentes resíduos classificados em, pelo menos, duas categorias – recicláveis e indiferenciados úmidos.

A Experiência Parisiense

Na França, em Paris, o sistema de coleta é realizado em três contentores. O amarelo recebe os materiais recicláveis – papéis, papelões, plásticos, alumínio e outros metais; o contentor verde destina-se aos materiais indiferenciados e orgânicos; e o contentor branco é reservado à recepção do vidro. A separação deste dos outros materiais recicláveis é determinada por duas motivações: evitar-se a contaminação de frações cortantes do vidro no material que será, a seguir, manipulado; e diferenciar horários de coleta em razão de conflitos decorrentes de ruídos intensos provocados pela descarga do vidro no caminhão. O lixo parisiense coletado em domicílio segue, desse modo, para três destinos: central de triagem de recicláveis, central de incineração e indústria de vidro.

E o lixo perigoso, tintas, pilhas e outros? E os volumosos inservíveis, móveis velhos, eletrodomésticos descartáveis? E o entulho de obra? E as podas de árvores e jardins?

13. Idem.

230

Em Paris, e por toda a França, a resposta encontrada para esta gama de elementos tem um nome – *décheterrie*. Empreendimentos privados prestadores de serviços para a autoridade pública, as *décheterries* são instalações especialmente construídas para a recepção voluntária, geralmente gratuita, de toda a sorte de rejeitos – entulho de obra, volumosos inservíveis, podas e restos vegetais, tintas, pilhas e baterias, entre outros. Cabe ao empreendedor negociar o destino final dos materiais, recebendo do governo, em geral, uma contribuição por unidade de massa manejada. O exemplo de Paris é apropriado para ilustrar que uma simples e boa idéia como a coleta seletiva requer complexas condições de contorno e tempo para que seja viabilizada, face à escala e diversidade dos resíduos. Lá, a questão do lixo encontra-se, ainda, em fase de consolidação de um modelo, cuja trajetória é muito recente, como veremos adiante.

A coleta pública de lixo surgiu, em Paris, em 1884, e sua fração orgânica era utilizada, então, na agricultura. Desde 1906, o lixo abastece usinas de incineração para geração de energia elétrica. Em 1960, é implantada a rede pública de condução de vapor para calefação, a partir da queima do lixo. O parisiense, então, já produz 0,86 quilograma de lixo por dia. Em 1983, inicia-se a coleta seletiva e voluntária de vidro, que representa, nesse período, 10%, em peso, de todo o lixo gerado. Em 1984 é criada a Syctom, empresa encarregada de administrar a coleta e o manejo do lixo de 91 cidades da região parisiense. Em 1993, a coleta seletiva de jornais e revistas, que representam 40%, em peso, de todo o lixo, é implantada, de porta em porta, em toda Paris; em 1997, com uma produção de 1,54 kg por habitante, por dia, é posta em prática a coleta seletiva de embalagens em um bairro de Paris[14] em caráter experimental, com apoio de uma entidade privada vinculada à cadeia produtiva de embalagens. Em junho de 2000, este sistema é estendido para

---

14. 13ème arrondissement, com apoio da entidade Eco-Emballages.

outros bairros[15]. Em 2002, todos os parisienses passaram a ter a oportunidade de participar da coleta seletiva.

Desde que a coleta seletiva, em grande escala, teve início, nos anos de 1990, a produção de lixo em Paris, por habitante, cresceu 5%. Este valor ganha significado ao considerarmos que, nas duas décadas antecedentes, o crescimento da produção situava-se no patamar de 15% a cada década, sugerindo que a coleta seletiva representava não só um ganho econômico – economia de energia – e ambiental – ao diminuir a pressão por novas matérias-primas –, mas também, e fundamentalmente, uma possibilidade de mudança de comportamento da população em relação à produção de resíduos.

Apesar do enorme e persistente esforço operacional e educacional, de todo o lixo gerado em Paris, em 2000, foram salvos somente 7%, em peso, de materiais recicláveis em dois centros de triagem. Do lixo gerado, a maior parte foi destinada às três usinas de incineração existentes e 15% ao aterro. A meta desse sistema é elevar a participação dos materiais recicláveis para 9% em 2005, na comunidade urbana de Paris, mostrando, com isso, como a progressão sustentável, nesse campo, é lenta.

Com o relato da experiência parisiense, Stela pôde perceber que a coleta seletiva é um assunto complexo na escala de uma metrópole, exigindo tempo e determinação do poder público para encontrar o caminho mais adequado à realidade socioeconômica da cidade.

Lixos Especiais

Se o lixo coletado nos domicílios, feiras, varrição e grandes geradores comerciais e de serviços constitui 75%, em massa, de todos os resíduos manejados na cidade, outras frações expõem questões próprias, como os resíduos de

---

15. 1er, 5ème, 7éme e 11ème arrondissements.

construção civil, coletados em serviços especiais de limpeza (24%) e resíduos derivados dos serviços de saúde (1%).

São Paulo talvez seja um dos poucos lugares no mundo em que complexos serviços de remoção, tratamento e destinação de resíduos, produzidos por alguns, são pagos por todos. A ausência de vínculo entre produtor de resíduos e pagador de serviços é uma das distorções mais graves presentes no modelo de gestão corrente.

Por que Naira e Stela deveriam participar do pagamento do manejo e destinação do entulho gerado por uma família do Brooklin, na zona sul, que resolveu reformar a cozinha? Ao pagar pelo serviço de remoção do entulho gerado na reforma, o contratante acredita estar assumindo a responsabilidade integral pela decisão de trocar pisos e azulejos de sua cozinha. Não está. Se a empresa contratada for idônea, irá, uma vez completada a carga, transportar este material para o extremo sul da cidade, na divisa com Diadema, descarregando-o no aterro de resíduos de construção civil de Itatinga, desativado, hoje transformado em estação de transbordo de resíduos inertes. Para o produtor do entulho e para o transportador, missão cumprida. Mas, uma vez que, a partir deste ponto, todos os movimentos a que o entulho estará sujeito serão pagos pela prefeitura, com o dinheiro de impostos, todos arcaremos com seu custeio.

Na estação de transbordo de Itatinga, uma pá-carregadeira efetuará o transbordo do material para um caminhão, que atravessará toda a cidade, dirigindo-se à zona leste, onde se localiza o único aterro de resíduos de construção civil de São Paulo. Neste aterro, de Itaquera, o material será disposto na cava de uma pedreira esgotada. Naira, Stela e todos os demais contribuintes da prefeitura de São Paulo terão de participar das despesas do carregamento, transporte e disposição final do entulho gerado na reforma da cozinha do Brooklin.

Alguém, entretanto, poderia perguntar – não seria este o preço a pagar para não ter esse entulho jogado por aí? Estima-se, numa visão conservadora, que para cada quilograma de lixo gerado na cidade, um quilograma de entulho é acrescido. Isto representa cerca de onze mil toneladas por dia de entulho. O lixo proveniente da operação descrita acima, a reforma do Brooklin, representa algo em torno de 10% do total do entulho gerado na cidade. Ou seja, os outros 90% tem destinação não-controlada: córregos, terrenos baldios, regiões de divisa de municípios e vias públicas. A Vila Carioca, na região do Ipiranga, é exemplar. Um viajante, imerso em seus pensamentos, teria a impressão de, por um instante, estar atravessando um setor de Beirute em plena guerra civil – trincheiras de entulho e sujeira por todo lado. Cenário de desolação em um ambiente urbano.

Seria possível resolver este problema por meio da regulamentação, pelo poder público, de áreas no tecido urbano para o desenvolvimento de empresas de reciclagem, especialmente para resíduos de construção civil. Tornando a atividade lucrativa e bem distribuída no território, os construtores e empreiteiros se interessariam em depositar seus entulhos em áreas controladas.

Mas Naira e Stela participam, também, do pagamento dos serviços de coleta, tratamento e destinação final dos serviços de saúde[16], que representa um dos problemas mais sérios de gestão, em razão da periculosidade que encerra – resíduos infectados por procedimentos médico-cirúrgicos e resíduos quimioterápicos (medicamentos descartados). Todos os grandes hospitais privados, que cobram pelos serviços de saúde prestados, transferem seus custos de manejo de resíduos para a população pagadora de impostos. Além da óbvia distorção na relação gerador/pagador, essa facilidade acarreta outro problema que compromete ainda mais os custos do sistema: quem não se preocupa com o destino dos resíduos que produz, por que se preocuparia com a segregação rigorosa exigida para as diversas frações do seu lixo?

16. Em 2003 foi iniciada, na cidade de São Paulo, uma sistemática de cobrança dos resíduos produzidos nos estabelecimentos prestadores de serviços de saúde que se encontra, ainda, em fase de estruturação.

234

O lixo hospitalar é constituído por, pelo menos, três frações, cada uma delas com manejo e custo específicos. Quando o lixo comum do hospital – papéis, resíduos de alimentos etc. – é misturado com lixo infectado, todo o volume passa a ser infectado, demandando custos maiores para tratamento e destinação. Se fosse adequadamente segregado, a fração comum do lixo dos hospitais poderia ser encaminhada diretamente para o aterro sanitário. Do contrário, ela será encaminhada, junto com todas as outras, para uma estação de desinfecção, localizada no bairro do Jaguaré, na zona oeste, onde será submetida a processo de desativação eletrotérmica, e, depois de triturada e homogeneizada, lançada em esteiras que percorrem um campo elétrico de alta potência (50.000 volts/m), gerado por ondas eletromagnéticas de baixa freqüência (10 MHz), elevando rapidamente a temperatura de modo uniforme por toda a massa, promovendo, com isso, a inativação dos microorganismos. Após a desinfecção, o material é, novamente, acondicionado em caminhões compactadores para ser encaminhado ao aterro sanitário.

Devido à produção de volumes significativos de lixo comum, o hospital ultrapassa o limite permitido por lei (cem litros diários), sendo então impossibilitado de usufruir do serviço público de coleta e, portanto, é obrigado a contratar um serviço privado de remoção, pagando pela coleta e destinação em aterros privados. Mas, se este lixo for caracterizado como infectado, nada pagará; em vez disso, transferirá a conta para Naira, Stela e toda a população, que pagará cerca de R$800,00, por tonelada, pela desinfecção, além dos custos de coleta e destinação final.

Em 1997, o sistema público de coleta recolhia uma média de 150t por dia de lixo hospitalar. Por obrigatoriedade legal da segregação do lixo infectado, esse valor apresentava-se reduzido, em 1998, para 85t por dia, mas elevou-se para 97t por dia em 2000, tendo em vista que a lógica do sistema não estimula o gerador a efetuar a segregação com rigor. Acredita-se que, com a melhora da fiscalização, esse número possa ser drasticamente depreciado. Basta considerar que, na Holanda, um incinerador de lixo hospitalar que atende a toda a população do país – dezesseis milhões de habitantes, cerca de 1,5 vezes a população de São Paulo – recebe diariamente 24 t de lixo infectado, dentro de um sistema em que o gerador paga R$1.300 por tonelada, sem contar a coleta e o transporte.

Mas, além do lixo infectado, os serviços de saúde produzem uma parcela de resíduos constituída pelo descarte de sobras de remédios (quimioterápicos), que são incineradas. Adivinhe quem paga a conta? O contribuinte, naturalmente.

Faz parte, ainda, do sistema de coleta de resíduos de saúde na cidade, o recolhimento e destino final de animais mortos. Aqui, uma situação estranha: São Paulo é a única cidade do Brasil que incinera animais mortos. São cerca de cinco mil animais por mês, em média, incluindo vinte cavalos. Se o cachorro do seu vizinho faleceu em uma clínica para animais, localizada na zona norte da cidade e cadastrada gratuitamente junto à prefeitura, basta notificar esta ocorrência por telefone para que um veículo do sistema de coleta vá até a clínica e recolha o animal. A carcaça então é conduzida para Santo Amaro, na zona sul, e congelada em contentores frigoríficos até completar uma carga e ser transportada para uma unidade privada de incineração licenciada pela companhia estadual de controle ambiental, localizada no município de Mauá, Grande São Paulo. O custo de incineração é o maior de todo o sistema, cerca de quatro mil reais por tonelada, além da coleta. Incinera-se, na cidade de São Paulo, em média, 64 t por mês de carcaças de animais. E quem paga a conta? Um volume tão significativo pode ser também explicado pela coleta de carcaças de animais eutanasiados pelo Centro de Controle de Zoonoses (ccz) da prefeitura. A incineração decorre de uma medida judicial que impede, legalmente, a prefeitura de depositar essas carcaças em aterro sanitário, a menos que haja um atestado formal, emitido por profissional habilitado, comprovando que o animal não seja portador de doença infecciosa. Como os animais recolhidos pelo ccz da prefeitura têm como característica principal a origem desconhecida, seria necessário realizar a autópsia de cada carcaça para que fosse emitido o atestado médico e assim evitar o gasto com a incineração. Contudo, o simples reconhecimento pela clínica privada de que a carcaça disponibilizada estaria livre de quadro infeccioso, isentaria a prefeitura do recolhimento, cabendo à clínica, neste caso, dar destinação ao animal. Logo se percebe que esta lógica operacional alimenta uma sistemática de alto custo para o contribuinte de impostos.

A Gestão de Resíduos em São Paulo

Em São Paulo, dois aspectos têm determinado o fracasso da coleta seletiva – descontinuidade administrativa e dispersão de objetivos.

Nas localidades em que o interesse público é traduzido por políticas estáveis, as cidades têm freqüentemente conseguido lograr resultados. Curitiba é um exemplo reconhecido, mas também Porto Alegre, onde gestões sustentadas por um fio de continuidade administrativa geraram um modelo que expõe possibilidades endógenas de administração do lixo urbano, na perspectiva de geração de renda para populações em situação de risco social. Por outro lado, a ausência de política pública socialmente legitimada e transparente, para a gestão de resíduos sólidos, abre espaço para toda sorte de casuísmos, levando a um quadro de ações administrativas fragmentadas, moldado pela intensa disputa empresarial por contratos de grande monta, para a prestação de serviços públicos na área de limpeza urbana. Essa disputa, quando inserida em estruturas técnico-administrativas contaminadas por uma cultura de corrupção, amplamente difundida no país, subordina o interesse público ao privado[17], sob a forma de

17. Todo o sistema de coleta e destinação de lixo baseia-se no pagamento por tonelada. Isto significa que, para a empreiteira, quanto mais lixo gerado maior o ganho, contrariamente ao interesse público.

editais e contratos milionários e de longo prazo, formulados segundo a ótica do prestador de serviço.

Livrar a cidade do caos pressupõe não só continuidade administrativa, mas também o compromisso do administrador com o interesse público e a transparência nas ações de governo, permitando criar alternativas a essa lógica que, ao remunerar o serviço prestado pela quantidade de lixo coletado, desestimula a diminuição da produção de resíduos, alimentando um círculo vicioso em que, quanto mais lixo, melhor para os detentores de contratos de coleta, tratamento e destinação de resíduos sólidos.

Num ambiente de frágil representação política, em que a participação popular fica limitada à mediação de políticos, em geral ocupados com questões pessoais, eleitorais ou de política partidária, a gestão de resíduos sólidos, que requer políticas públicas de muito longo prazo, necessita de amplo apoio e participação de setores interessados em discutir e legitimar princípios, diretrizes e metas. Isso seria possível com a formação de instâncias de gestão, como, por exemplo, conselhos consultivos que, ao admitirem, em fóruns próprios, visões conflitantes, favoreceriam a conquista de maior equilíbrio entre interesse público e privado.

Stela, bem informada, acompanhou em 2001, pela imprensa, o desenvolvimento das atividades de uma comissão da Câmara Federal incumbida da apreciação de uma inédita Política Nacional de Resíduos Sólidos, cujo relator dedicou-se a discutir a matéria com setores sociais interessados. Mas não ouviu mais falar no assunto. No início de 2002, a prefeitura de São Paulo insinuou publicamente o interesse na elaboração de uma Política Municipal de Resíduos Sólidos,

---

O contrato poderia ser regulado por uma lógica na qual o empreiteiro perseguisse metas de redução e fosse premiado por isso, levando-o a investir em educação ambiental, por exemplo, como instrumento para atingi-las. Claro que dá muito mais trabalho e é mais difícil. Por isso, esses contratos acabam sendo redigidos sob influência direta dos empreiteiros, na base da corrupção da autoridade pública.

consolidando internamente a minuta de uma proposição. Stela não mais ouviu falar dessas iniciativas.

De fato, estes processos estagnaram. O único desdobramento palpável foi a cobrança da taxa de lixo, a partir de 2003, de ampla repercussão na sociedade, que foi alvo de críticas ferozes e indignadas.

Entretanto, cabe salientar que o autofinanciamento do sistema de limpeza pública é um dos pilares de qualquer política de gestão de resíduos sólidos que se pretenda sustentável. Não à toa, ele constitui princípio notório tanto na proposta elaborada em âmbito federal como municipal. Mas financiar o quê? Com recursos de quem?

Reduzir, Reusar e Reciclar

Internacionalmente, está consagrada a visão de como enfrentar a problemática do destino do lixo: reduzir, reusar e reciclar definem os três "R" que denotam a estratégia para minimizar a produção de resíduos, seguidos, hierarquicamente, pela incineração com geração de energia, incineração sem geração de energia e destinação final em aterro sanitário. Como a produção de lixo está associada ao consumo, períodos de estagnação econômica implicam redução, muitas vezes drástica, do volume de lixo gerado, e, em períodos de expansão, ampliação, acomodando demandas reprimidas. Apenas em sociedades com alto grau de desenvolvimento humano podemos esperar respostas de âmbito subjetivo, como nos países escandinavos, que apresentam renda de país rico e níveis de geração de resíduos de país pobre.

Discutir o reúso implica debater as estratégias comerciais da indústria de embalagens e sua relação com a legislação federal. Na Dinamarca, por exemplo, a legislação proíbe o uso de embalagens do tipo *one-way* (sem retorno). Na Alemanha, um sistema nacional mantido pelas empresas produtoras de embalagens financia o recolhimento, de porta em porta, de toda sorte de materiais recicláveis. Nesse caso, a legislação obriga o produtor a se responsabilizar pela destinação dos resíduos, o que induziu o consorciamento de quase dezoito mil empresas que aplicam, anualmente, no país, 4,1 bilhões de marcos na coleta destes materiais. Após uma década, esse sistema promoveu a redução de 13,5% da massa de embalagens e a recuperação de 75% do vidro, 70% de papel, papelão e metais, e 60% de todo o plástico e alumínio comercializado sob a forma de embalagem[18].

Junto com a geração de resíduos perigosos ou de difícil destinação, o setor de embalagens é terreno fértil para o desenvolvimento de ações baseadas no conceito de *gerador-pagador*, capaz de produzir resultados relevantes na diminuição do volume de lixo destinado aos aterros sanitários. É emblemática dessa possibilidade a reformulação das estratégias comerciais relacionadas às embalagens para acondicionamento de líquidos – água, cervejas, refrigerantes e leite, por exemplo –, no sentido de reabilitar o sistema de embalagens retornáveis.

Pela lógica dos "R", reciclar é o terceiro estágio, em grau de importância, da atitude do indivíduo, diante de seu dever como cidadão de tornar o ambiente urbano mais saudável. Daí a grande importância da educação de nossas crianças e do provimento permanente de informações qualificadas sobre comportamento proativo na área de cidadania. Ademais, é equivocado imaginar que, por meio da coleta seletiva de materiais recicláveis, poderíamos, em São Paulo, reduzir, em prazos moderados, o volume de resíduos atualmente gerado. A coleta seletiva deve ser entendida, acima de tudo, como um instrumento de educação para a cidadania, cujos efeitos poderão reduzir o ritmo de crescimento da produção de resíduos. Se conseguirmos, com políticas dessa natureza, estabilizar a produção de resíduos, nos níveis atuais, teremos dado um grande passo para implementar políticas de maior alcance.

18. *Desafio do Lixo*, série de cinco programas, produzidos e exibidos pela TV Cultura de São Paulo, sob coordenação do jornalista Washington Novaes. Fundação Padre Anchieta, 1991, v. 3.

Contudo, o principal desafio para a efetiva redução dos volumes de resíduos sólidos em São Paulo – e nas grandes cidades do país –, por sua escala de ocorrência, é o processamento de sua fração orgânica e dos resíduos de construção civil. Os orgânicos assumem maior importância pelo potencial de contaminação do ar e da água que carregam.

Em São Paulo, assim como os incineradores, as duas unidades de compostagem deixaram, prematuramente, de receber investimentos em melhorias. Entretanto, mesmo mantidas como navios à deriva, foram responsáveis, em 2002, por recuperar metade dos 7% de resíduos destinados a elas[19]. Essas usinas encontravam-se estranguladas por três ordens de dificuldade – obsolescência, conflitos de vizinhança e contratos de operação conservadores.

A usina de Vila Leopoldina é um exemplo destacado da ocorrência de conflito entre processamento do lixo e urbanização. Asfixiada por toda sorte de pressões, a usina deixou de maturar o composto orgânico, cuja estabilização passou a ser realizada nas áreas de destinação, de modo que, após a liberação do ciclo inicial de residência em biodigestores, a massa orgânica em estágio de pré-composto é removida da usina antes do início do processo de digestão responsável pela intensificação da liberação de odores desagradáveis. Quando não havia conflitos de vizinhança, esse material era depositado sob a forma de leiras a céu aberto, no pátio da usina, para completar, assim, o ciclo de digestão biológica. A ausência de investimentos para o controle ambiental restringiu dramaticamente as possibilidades de produção de fertilizantes. Essas dificuldades poderiam ser inteiramente contornadas com instalações estanques dotadas de sistema que garante pressão negativa do ar nas câmaras de digestão e queima perfeita de voláteis liberados.

A segunda dificuldade refere-se à relação contratual estabelecida com os operadores privados. Ao serem regulados por cotas fixas de rejeitos, eles não são estimulados

---

19. Relatório Técnico, São Paulo: Limpurb/sso, n. 62, jul. 2002.

a buscar melhores resultados, seja no volume recuperado, seja na qualidade do pré-composto. A presença de contaminantes – vidros, plásticos e metais pesados derivados de pilhas – no lixo orgânico sempre foi um problema grave na sua aceitação para aproveitamento como fertilizante.

O que fazer? Segregar o lixo orgânico depois de contaminado não é a saída. Ao contrário, espera-se que uma política consistente para o lixo orgânico considere sua segregação na fonte. Em São Paulo, há cerca de quatro mil feiras livres por mês. Um simples ajuste operacional para coleta diferenciada de orgânicos representaria, em massa, quase 50% da produção corrente das duas usinas de compostagem[20]. O resultado desse processo, com as devidas correções de umidade, seria um composto de primeira qualidade que poderia ser absorvido pelo cinturão verde da cidade a um preço que certamente sustentaria a atividade.

Embora inexistam estimativas oficiais, sabe-se que os grandes geradores de resíduos orgânicos da cadeia de restaurantes e hotéis da cidade pagam, para terceiros, a remoção e destinação final de seu lixo. Uma articulação com esses setores poderia ampliar significativamente a produção de composto orgânico de alta qualidade, resguardando a capacidade de aterros privados ou públicos e melhorando as condições de financiamento para a sustentabilidade do sistema.

Ainda que pareça estranho como política pública à primeira vista, há uma formidável possibilidade de diminuição do lixo orgânico por meio da generalização de iniciativas como a de Stela, que retém os resíduos orgânicos gerados em sua residência. A simplicidade do processo de compostagem, seu baixo custo de produção, associado à possibilidade de isenção de taxação direta, poderão induzir uma extraordinária mudança de hábitos nas regiões periféricas da cidade, com conseqüências positivas para a redução do volume de lixo descartado.

20. Idem.

Numa escala intermediária, unidades de compostagem dotadas de recursos tecnológicos, capazes de garantir ambientes estanques, poderiam compor uma rede de pequenas usinas instaladas em cada uma das subprefeituras onde a fração orgânica alcança maior expressão na composição do lixo. De forma descentralizada e sem impacto ambiental de vizinhança, estas unidades poderiam oferecer compostos de alta qualidade para programas de hortas comunitárias nas regiões periféricas, oferecendo oportunidades de produção de alimentos, de ocupação e apropriação de renda.

A Experiência dos Centros de Triagem

Mário é um dos cerca de vinte mil carrinheiros que circulam pela cidade de São Paulo, segundo estimativas não oficiais. Submetido ao subemprego, como a maioria dos trabalhadores informais da cidade, perdeu a esperança de recompor um vínculo formal de trabalho. Alimenta a expectativa de integrar uma cooperativa de trabalho, das que a prefeitura interessou-se por estimular. Não entende direito esse negócio de cooperativa, sonha mesmo é com a segurança de emprego estável que lhe permita retomar a vida que tinha. Ter o dinheiro pouco, mas certo no fim do mês, descansar algum dia na semana e ter direito a férias remuneradas e décimo terceiro salário – a utopia do emprego com carteira assinada. Mário não sabe, mas cooperativa de trabalho é outra coisa.

Os centros de triagem de Porto Alegre, no Rio Grande do Sul, é uma das experiências brasileiras mais bem-sucedidas nessa área. O modelo é simples: a partir de comunidades já organizadas, a prefeitura oferece instalações e equipamentos, através de cessão do direito de uso, transferindo para esses pontos o resultado da coleta seletiva, de porta em porta, operada por empresa contratada. A partir da descarga dos recicláveis secos cabe aos trabalhadores associados, ou cooperativados, a triagem, o enfardamento e a comercialização dos produtos. O problema é que esses centros representam um esforço significativo do governo municipal e abrigam um número muito limitado de trabalhadores. Uma centena de famílias é um número inexpressivo, em face do contingente populacional excluído do mercado de trabalho. De qualquer modo, após três gestões municipais consecutivas, Porto Alegre consegue evitar, por meio da coleta seletiva regular transferida aos centros de triagem, que 6,7%[21] do lixo total gerado na cidade seja destinado a aterros sanitários.

Na cidade de São Paulo, em razão de sua escala, a limitação é ainda maior e o desafio permanece. Ao subordinar a coleta seletiva à estruturação de centros de triagem, a prefeitura fortalece a relação entre poder público e movimentos sociais organizados, em torno de demandas por geração de renda, mas inviabiliza o desenvolvimento de um modelo à altura da dimensão da metrópole, que seguramente não passa pela simples distribuição de contentores, a esmo, por algumas áreas da cidade, com custos operacionais elevadíssimos e baixa produtividade na coleta.

Perspectivas para uma Gestão Eficiente

Desconstruir o caos exige o reconhecimento de que há muitas cidades dentro da cidade de São Paulo, com realidades distintas que requerem soluções distintas. Coleta de lixo contentorizada, por exemplo, em setores urbanos ocupados por população geradora de lixo predominantemente seco, pode conviver perfeitamente com a coleta tradicional, em regiões da cidade ocupadas por população geradora de lixo úmido. À valorização do lixo seco em regiões de renda mais alta pode corresponder a implantação de

21. Dados do Departamento Municipal de Limpeza Urbana de Porto Alegre (DMLU), 2002.

centrais de triagem mecanizadas que incorporem contingentes populacionais excluídos do mercado de trabalho, em locais próximos à geração destes resíduos. Uma operação que poderia ser financiada por fundos de captação privados, ligados às cadeias produtivas derivadas do setor industrial de embalagens, beneficiário do sistema.

Não se deve perder de vista, contudo, que, na melhor das hipóteses, com a implementação de políticas de gestão diferenciadas para resíduos secos e orgânicos, a implementação de mecanismos legais para validar o conceito de gerador/pagador e investimentos continuados em educação ambiental em segmentos amplos da sociedade, ainda assim, permanece a questão do destino final do lixo. Mesmo com todos os avanços possíveis, teremos de lidar, ainda, com a destinação de algo por volta de três quartos dos resíduos domiciliares gerados na cidade, o que nos coloca novamente diante do problema dos aterros sanitários.

Se a União Européia elegeu a incineração como solução definitiva para a destinação do lixo, esta alternativa está distante da realidade brasileira, menos por razões de ordem ambiental, mas, essencialmente, por restrições econômicas. Embora o volume de lixo gerado em São Paulo sensibilize investidores para projetos de incineração, por sua escala, o problema básico é o custo final transferido ao usuário do sistema. Se em países onde a remuneração do capital é incomparavelmente menor do que no Brasil, a incineração do lixo situa-se no patamar mínimo de cem dólares[22] por tonelada, esse preço ultrapassaria, aqui, seguramente, o patamar de trezentos reais por tonelada, mesmo considerando a possibilidade de valorização energética do lixo, contra

---

22. A única exceção encontrada na Europa é o sistema Valorsul na Grande Lisboa Norte, onde o lixo domiciliar é incinerado a um custo aproximado de trinta dólares. Neste projeto, um terço do capital consumido pela implantação da indústria veio de investimentos a fundo perdido do processo de adesão de Portugal à União Européia. Ressalte-se que um segundo incinerador existente em Portugal – Grupo Lipor, na cidade do Porto – opera com preço de incineração na esfera de cem dólares por tonelada.

dezesseis reais, em média, por tonelada, praticado em 2002 nos aterros de São Paulo.

É sempre importante lembrar que geração de energia e baixa emissão de poluentes estão diretamente relacionadas à operação de fornos a altas temperaturas, dependentes, por sua vez, da carga térmica dos materiais contidos no lixo – especialmente papéis e plásticos –, conflitando, em perspectiva, com políticas públicas que favoreçam a reciclagem desses materiais. A significativa participação da fração orgânica no lixo brasileiro e, conseqüentemente, sua alta umidade, empobrece muito sua potencialidade térmica.

Diante desse quadro, não há muito a ser discutido em termos de alternativa para destinação final do lixo que não seja a manutenção de aterros públicos.

A vida útil estimada para os dois aterros sanitários de São Paulo é de poucos anos[23], mantidas as condições atuais de operação. Problemas como emissões de gases para a atmosfera podem ser francamente minimizados, nas condições atuais, por meio da captação dos gases pelo sistema de drenos existentes e pela transformação energética em usinas geradoras, cuja operação transcenderá em muitos anos o esgotamento dos aterros. Além do benefício imediato com a geração de energia elétrica, o controle de fontes de emissão de carbono e conseqüente redução de suas emanações representam, ainda, moeda com grande potencial de valor após o Protocolo de Kyoto, a partir da formação de mercados operadores de ações compensatórias de valor ambiental. No início de 2004, nesse sentido, foi inaugurada e encontra-se operando a primeira usina dessa natureza implantada no aterro Bandeirantes. A segunda usina que irá operar junto ao aterro São João depende, apenas, de um reequacionamento econômico para ser instalada.

---

23. Em julho de 2002, o esgotamento da capacidade final volumétrica do aterro São João, mantidas as condições de operação, estava estimado em 62 meses, enquanto o aterro Bandeirantes apresentava um horizonte para esgotamento de cerca de 36 meses.

Talvez tenhamos de pagar, num futuro próximo, o alto preço da incineração para solucionar definitivamente o problema da destinação do lixo, em razão da dificuldade de se encontrar novas áreas para implantação de aterros sanitários. Mas, por ora, São Paulo ainda dispõe de inúmeras áreas apropriadas em extensão e localização para isso, especialmente pela possibilidade futura de implantação de projetos que favoreçam uma maior eficiência no controle ambiental, sem que a cidade precise "exportar" seus resíduos para outros municípios.

Naira, Stela e todos os contribuintes paulistanos não deveriam pagar mais do que já pagam por um serviço que, no âmbito da coleta, já atingiu ótimo nível de eficiência. Nenhuma razão haverá para Naira ou Stela pagarem mais pelo serviço de coleta, tratamento e destinação do lixo, se o principal ator responsável pelo enfrentamento e controle do caos urbano, o poder público municipal, cumprir uma obrigação óbvia e que está a seu alcance: negociar publicamente, com efetiva transparência, junto aos órgãos responsáveis pela gestão ambiental, novas áreas para destinação final do lixo na cidade de São Paulo. Se estamos falando de poucos anos para o esgotamento da capacidade dos atuais aterros sanitários, processos relacionados ao licenciamento ambiental de áreas para disposição de lixo exigem zelo e, acima de tudo, tempo para conquista de apoio às decisões.

Fica evidente que o elemento nevrálgico regulador do sistema de custos futuros para o lixo de São Paulo, em face da escala de geração e da concentração econômica presente na cidade – capacidade de pagamento –, é a destinação final em aterro sanitário. O caminho para garantir os níveis de custo da destinação do lixo por, pelo menos, mais duas décadas é conhecido nos meios técnicos. Nenhum lugar na cidade de São Paulo apresenta melhores condições para destinação futura do lixo do que o entorno de um aterro existente e isolado da malha urbana. O aterro São João, por exemplo, oferece condições extremamente favoráveis

247

para o equacionamento futuro da destinação do lixo em São Paulo. A prefeitura tem os meios, a autoridade para negociar publicamente o licenciamento ambiental de um assunto de enorme relevância e os recursos financeiros para aquisição de áreas de compensação ambiental. Esses custos são insignificantes diante do benefício econômico que trariam. Contudo, se houver alteração nos custos de destinação final em aterro, não haverá outra alternativa e todos terão de arcar com os novos custos.

A gleba onde o aterro São João está contido, na zona leste, custou à prefeitura vinte milhões de reais. Caso não sejam tomadas as providências para ampliação da capacidade de aterros públicos é razoável supor que o lixo de São Paulo será destinado para aterros privados, atualmente ociosos e existentes fora dos limites do município. Sem considerar o aumento de custo pela maior distância a ser percorrida, o que já é significativo na formação do preço da coleta, mantido o patamar de preço dos aterros privados praticados no mercado e os níveis de geração de lixo de 2002, teríamos um acréscimo de custo da ordem de 130 milhões de reais[24], por ano, a ser transferido, naturalmente, para Naira, Stela e os demais moradores da cidade. O bom senso indica que, num cenário de crise de destinação do lixo, na escala gerada pela metrópole, o custo da destinação, se mediada pelo mercado, tenderá, naturalmente, à elevação. Somente no manejo de entulho e resíduos de saúde, cujos custos podem e devem ser transferidos aos geradores, a prefeitura despende anualmente cerca de 85 milhões de reais. Nesse sentido, a cidade já dispõe de fonte própria de recursos para financiar a ampliação de capacidade para disposição final do lixo em aterro sanitário, capacidade esta francamente melhorada com a taxa de lixo.

Shirlei, como sempre acontece, esteve excluída da discussão. São Paulo tem cerca de 1.500 núcleos de favela excluídos da coleta de lixo de porta em porta. Se é fato a

24. Relatório Técnico, São Paulo: Limpurb/sso, n. 62, jul. 2002.

impossibilidade de acesso dos caminhões compactadores ao interior desses núcleos, há experiências consolidadas que indicam a possibilidade de se levar para esses assentamentos não só os meios para coleta do lixo, mas informação e oportunidades de ocupação e renda. O contingente de trabalhadores destinado à limpeza em favelas é desprezível. Considerando que o princípio norteador de qualquer política pública é o da universalização da prestação de serviços e o da eqüidade, que dispõe sobre o direito dos cidadãos de serem contemplados pelos serviços públicos com a mesma qualidade e eficiência, a coleta eficiente nas favelas precisa ser perseguida, independentemente de local ou da situação de moradia de seus ocupantes. Organizar a limpeza cotidiana de núcleos de favela a partir da constituição de grupos de trabalhadores da própria comunidade, conhecedores de suas relações internas, remunerados como qualquer outro trabalhador do sistema e apoiados por programas públicos complementares, especialmente nas áreas de educação e higiene, poderá trazer resultados muito positivos não só em termos de limpeza pública, mas também na melhoria dos indicadores de qualidade de vida dessas comunidades.

Stela, Naira, Shirlei e Mário são personagens que vivem realidades distintas em uma cidade cheia de problemas. Têm percepções diferenciadas sobre o problema do lixo, mas dispõem-se, de algum modo, a contribuir para melhorar a vida na cidade, desde que saibam como.

Pouca coisa aqui desperta mais o sentido de cidadania do que a questão do lixo. A coleta seletiva, nesse sentido, mais do que uma estratégia de racionalidade, passa a ser uma chave que permite conectar segmentos sociais distintos, despertando sentimentos de cidadania e solidariedade preciosos em um ambiente urbano tão agressivo. Estimular este sentimento, provendo meios para sua fluidez, é, por isso, obrigação do poder público.

ÁGUA QUE NÃO SE VÊ

Jenny Perez

Desconstruir o que se denomina "caos" contemporâneo, no que se refere à questão das águas na região metropolitana de São Paulo (RMSP), passa necessariamente pela apreensão de períodos específicos da história da urbanização paulistana, que nos ajudam a compreender não apenas o quadro urbanístico atual da questão, mas o modo particular de como foram estruturados os vínculos entre os recursos hídricos e os mais importantes sistemas de infra-estrutura urbana – resultado de décadas e décadas de intervenções do poder público e privado na cidade.

Na primeira parte deste artigo, a partir de tal premissa histórica, destacarei aspectos da origem da relação do núcleo paulistano com os seus recursos hídricos desde a fundação da cidade, levando-nos a apreender, com a passagem do tempo, que se multiplicaram os vínculos com a água, assim como seus usos, até o ponto em que os *sistemas naturais*, num ambiente cada vez mais urbanizado, passaram a incorporar e a desempenhar a função de *sistemas de infra-estrutura urbana* – como são os sistemas de abastecimento público, de saneamento básico e de produção de energia hidroelétrica, por exemplo.

A complexidade adquirida por esses sistemas – que nada mais são do que a diversificação e a intensificação dos usos da água, a água como recurso – é diretamente proporcional ao crescimento urbano e ao processo de metropolização no qual São Paulo se viu completamente mergulhada a partir de meados do século xx. Então, nesse período de acelerada urbanização, uma vez configurada a metrópole paulistana, observou-se simultaneamente a estruturação da *Grande São Paulo*, expressão comumente utilizada para designar a região metropolitana de São Paulo. Entretanto, antes de adentrar nas especificidades do tema, cabe assinalar as distinções existentes entre os termos região metropolitana, metrópole e cidade, amplamente utilizados neste artigo.

Na primeira parte, serão abordados alguns aspectos da história da urbanização paulistana relativos aos primórdios e sua passagem de vila (1560)[1] à cidade (1711)[2]. Desse modo, a utilização do termo cidade, inicialmente, nos remeterá às transformações espaciais e ao crescimento urbano que se processará especialmente a partir do final do século xix. Ao longo das décadas sucessivas, com o acelerado processo de urbanização, a cidade passa a incorporar atributos que a elevam à condição de primeira grande metrópole brasileira. Desde então, a complexidade das relações urbanas características das metrópoles contemporâneas, aliada à importância política, administrativa e econômica alcançada pela cidade de São Paulo, sendo que a utilização do termo *metrópole* traduz perfeitamente a partir dos anos de 1950, impõe uma

---

1. Hernani Donato, Os que Governaram São Paulo: 1532-1822, em Paula Porta (org.), *História da Cidade de São Paulo*, São Paulo: Paz & Terra, 2004, v. i, p. 647.

2. Idem, p. 656, nota 37.

distinção natural, restringindo o termo *cidade*, neste texto, à referência de um território claramente delimitado – por exemplo, a demanda da população por infra-estrutura de abastecimento e saneamento básico, que extrapola os limites da cidade, é uma carência de dimensões metropolitanas; logo, encontrará possibilidades de solução do problema no âmbito metropolitano, através da conjugação de políticas públicas advindas de ações complementares entre os diversos municípios que compõem a RMSP. Região metropolitana e metrópole, por sua vez, também não são termos sinônimos; o primeiro refere-se fundamentalmente a uma imensa área territorial, formada por diversas cidades, dentre as quais a cidade-núcleo da mancha urbana metropolitana, neste caso São Paulo, delimitada para fins de gestão administrativa. O segundo termo, metrópole, designa a cidade principal da região metropolitana para além de seus limites municipais, quando esta atinge um determinado grau de influência econômica, social e política sobre as demais cidades da região.

Embora cidade, metrópole e região metropolitana sejam termos distintos – mas que se referem ao mesmo fenômeno, o urbano –, as problemáticas presentes na reflexão acerca da questão das águas, nestas diferentes dimensões urbanas, apresentam as mesmas origens, manifestações e conseqüências. Entrelaçados que estão os diversos problemas urbanos relacionados à água e aos recursos hídricos, eles diferem apenas quanto ao gerenciamento e quanto à provisão da infra-estrutura adequada.

Num contexto de acelerada urbanização, uma vez configurada a metrópole paulistana, ao mesmo tempo em que se estruturava a Grande São Paulo, rapidamente a água tornou-se uma questão importante, ora causa, ora conseqüência de problemas que começaram a se manifestar no cotidiano das pessoas, da cidade e da metrópole – seja pela crescente contaminação e poluição das águas dos rios, córregos e mananciais, seja pelas dificuldades de captação de água para o abastecimento público, seja pela falta de saneamento básico, concorrendo diretamente na saúde pública, ou ainda influenciando a intensificação das enchentes sazonais numa metrópole descoberta por sistemas eficientes de drenagem urbana. Desde então, da quantidade e qualidade da interação desses sistemas de infra-estrutura com o ambiente urbanizado, ou mesmo da inexistência de alguns deles em algumas áreas – resultado de políticas e ações públicas de diversas administrações –, emergiram muitos dos nossos mais conhecidos e recorrentes *problemas urbanos* de dimensão metropolitana.

Esse momento decisivo da nossa trajetória urbana, em que é possível assinalar a emergência desses problemas – conseqüência do descompasso entre a infra-estrutura e a expansão urbana, como particularidade do processo da urbanização metropolitana –, constitui a segunda parte deste artigo.

A dinâmica de ocorrência dos principais problemas urbanos relacionados direta ou indiretamente aos recursos hídricos e as possibilidades de soluções que encerram, bem como as potencialidades de usos da água e as perspectivas preconizadas para o cidadão, ao final acabam por compor o cenário que apresenta a questão das águas, hoje, na cidade e na metrópole, sobretudo como uma questão social e cultural, de âmbito educacional, de apreensão de referências históricas, especialmente no momento em que a água passa a ser reconhecida como um *bem* ambiental e coletivo, fundamental, a ser preservado e garantido para toda a população. A respeito disso, discutiremos na terceira parte, que finalizará este artigo.

Segundo uma pesquisa realizada pelo Instituto Brasileiro de Opinião Pública e Estatística (Ibope) – divulgada por jornais de grande circulação em São Paulo, em 2005[3] –, que buscava esclarecer à população e às autoridades sobre a importância de uma gestão dos recursos hídricos, 88%

---

3. Gilse Guedes, Brasileiro Sabe do Risco da Falta de Água, *O Estado de S. Paulo*, p. A15, 11/3/2005.

dos brasileiros sabem que cedo ou tarde o país se deparará com um quadro de escassez de água. A maioria deles acredita que tal situação resultará do desperdício e da falta de uma gestão efetiva para a área. Desses 88%, metade considera que o desperdício será a principal razão da escassez, 13% acreditam que será a contaminação das reservas hídricas e 10% que será o consumo exagerado.

Na pesquisa, indaga-se acerca da importância da gestão dos recursos hídricos, mas, quando o tema é a água – afora as questões estritamente relacionadas às suas propriedades e características físicas e químicas –, é possível abordá-lo sob outros aspectos: por exemplo, quanto *ao impacto* que incide sobre esses recursos e à *potencialidade e diversidade de uso* desses recursos, ou seja, os *múltiplos usos da água*[4]. Porém, se podemos discriminar diferentes conteúdos para abordar o tema da água, não podemos pensá-los separadamente, uma vez que implicam ações interdependentes e complementares, que se referem fundamentalmente a elementos naturais que configuram sistemas naturais, como são os aqüíferos, as bacias hidrográficas e os rios.

Dentre tais possibilidades de abordagem, porém, a associação mais direta, mais próxima e familiar à população em geral relaciona-se à diversidade e multiplicidade de usos da água. E nesse sentido, se hoje a maioria dos brasileiros vislumbra um quadro de escassez – como aponta a pesquisa citada –, ele possivelmente estará associado às dificuldades futuras com relação ao abastecimento da população, que, dentre as várias formas de utilização da água, coloca-se, de fato, como necessidade primordial[5]. É consenso que o abas-

---

4. De acordo com José Tundisi e Takako Tundisi, "usos múltiplos da água referem-se aos usos para várias atividades simultaneamente: por exemplo, a água de um lago pode ser utilizada ao mesmo tempo para abastecimento público, recreação, turismo e irrigação". Cf. José Galizia Tundisi, Takako M. Tundisi, *A Água*, São Paulo: Publifolha, 2005, p. 9.

5. A Lei Federal 9.433, de 8/1/1997, que instituiu a Política Nacional de Recursos Hídricos e o Sistema Nacional de Gerenciamento de Recursos Hídricos, ambos de responsabilidade da Agência Nacional de Águas

tecimento doméstico de água, destinada à saúde e à higiene, deva ser garantido. Mas, para além disso, os muitos usos da água no Brasil são bastante diversificados e variam de acordo com o estágio do desenvolvimento urbano e econômico de cada região, quanto à distribuição geográfica desses recursos, ao modo como a população de cada região se apropria de seus recursos hídricos – questões socioculturais também influem na quantidade e na qualidade da demanda populacional – e à disponibilidade com que esses recursos se apresentam, ou seja, associados a questões de ordem política, administrativa e econômica em geral.

As diversas faces e peculiaridades do processo de urbanização brasileiro nas diferentes regiões e localidades do território orientaram o modo de utilização dos recursos hídricos, o modo como as relações de gestão desses recursos foram sendo construídas e estabelecidas e seus respectivos impactos ambientais, além de terem introduzido uma diversidade escalar espacial que se traduziu em diversidade de demanda e utilização dos recursos hídricos, sobretudo nas grandes regiões metropolitanas. No entanto, embora cada uma dessas regiões apresente características diferenciadas, todas se assemelham quanto aos mais graves problemas urbanos associados à água, como os relativos ao abastecimento, ao saneamento básico e à proteção aos mananciais. É especialmente o caso das áreas periféricas das regiões metropolitanas, onde os problemas com a disponibilidade de água e com a falta de saneamento básico comprometem tanto as águas superficiais e subterrâneas como o quadro da saúde pública[6].

(ANA), uma autarquia vinculada ao Ministério do Meio Ambiente (MMA), é de fundamental importância ao estabelecer a água como bem público e o abastecimento humano como prioridade acima de todos os outros usos e necessidades. Cf. Legislação Relativa à Estruturação do Sistema Nacional de Recursos Hídricos, Seção Legislação, Brasília. ANA/MMA, disponível em: http:/www.ana.gov.br/Legislacao/default2.asp., acesso em: 28/11/2007.

6. As doenças de veiculação hídrica são freqüentes em áreas de grande densidade populacional; quando há deposição inadequada de resíduos sólidos, ou quando esses resíduos não se encontram adequadamente dispostos em aterros sanitários, que, por sua vez, também podem se

A cada região brasileira corresponde um quadro próprio de desafios no setor dos recursos hídricos. Na região Sudeste, a mais urbanizada e populosa do país, os maiores desafios concentram-se na recuperação de rios, lagos e represas, na proteção de mananciais e aqüíferos, na diminuição dos custos de tratamento e no reúso da água, pois se caracteriza por apresentar o maior número de impactos sobre os recursos hídricos[7]. É inevitável que esse quadro caracterize igualmente a região metropolitana de São Paulo[8], aglomeração com aproximadamente vinte milhões de habitantes, distribuídos em 39 municípios, que correspondem a um território de 8.051 km². Região de grande densidade populacional – só o município de São Paulo concentra aproximadamente onze milhões de habitantes[9] –, dentre as regiões metropolitanas institucionalizadas no país, a RMSP constitui o mais importante centro administrativo, econômico e financeiro, de produção, distribuição, gestão e operacionalização de um grande número de empresas que atuam tanto no âmbito regional, nacional, como internacional; além de representar um imenso mercado, graças ao contingente populacional que concentra.

Com tais características, é de se esperar que a RMSP reúna um amplo e complexo conjunto de desafios a serem superados com relação à gestão, aos impactos e à utilização dos recursos hídricos, pois concentra, em *dimensões metropolitanas,* alguns dos problemas urbanos mais graves, que atingem não apenas a região Sudeste, mas grandes concentrações urbanas em todo o mundo, no que se refere à qualidade e quantidade das águas superficiais e subterrâneas. Problemas que

tornar fontes de contaminação de águas superficiais e subterrâneas. Cf. J. G. Tundisi, T. M. Tundisi, op. cit., p. 58-64.

7. Idem, p. 69-70.

8. A região metropolitana de São Paulo foi institucionalizada através da Lei Complementar Federal n. 14, de 8/6/1973, e da Lei Complementar Estadual n. 54, de 29/5/1974. Cf. sítio da Empresa Paulista de Planejamento Metropolitano (Emplasa), disponível em: http/www.emplasa.sp.gov.br.

9. Cf. sítio da Fundação Sistema Estadual de Análise de Dados (Seade), disponível em: http//www.seade.gov.br.

se inter-relacionam, alternando-se como causa e conseqüência de situações que a população vivencia cotidianamente, como a poluição de rios, córregos, microbacias e mananciais, a insuficiência de abastecimento e saneamento básico na periferia, a presença de lixões clandestinos e contaminação do solo que afeta nascentes e águas subterrâneas, a presença de esgoto a céu aberto em córregos e nos principais rios, os desmatamentos, a exposição do solo e a sua erosão, o conseqüente assoreamento dos rios e córregos, a impermeabilização do solo, as enchentes sazonais que atestam a ineficácia da drenagem urbana, os assentamentos habitacionais em áreas impróprias, os loteamentos ilegais nas áreas de mananciais, a escassez de reservas de água para o abastecimento público, além da falta de otimização e de manutenção dos sistemas de infra-estrutura urbana relacionados à água.

Para começarmos a entender como chegamos a essa situação, e como se formou ao longo do tempo nossa *questão com as águas*, será preciso, antes, entendermos alguns aspectos da geografia física do território metropolitano. Refiro-me especialmente à bacia hidrográfica do Alto Tietê, que apresenta a maior parte de seu território compreendido dentro dos limites da RMSP e que se caracteriza pela extrema complexidade de seus regimes hidráulico e hidrológico – em parte, resultado de profundas alterações introduzidas pelo conjunto de obras hidráulicas realizadas na bacia, desde o início do século XX, em momentos específicos da urbanização paulistana.

O Alto Tietê e a Encruzilhada de Vias Naturais

A bacia hidrográfica do Alto Tietê é formada pela área de drenagem de seu principal rio, o Tietê[10], desde as

---

10. O rio Tietê estende-se para além da região metropolitana de São Paulo e percorre 1.100 km de extensão em território paulista no sentido sudeste-noroeste, até desaguar nas águas do rio Paraná, divisa com o estado de Minas Gerais.

suas cabeceiras em Salesópolis – a cem quilômetros de São Paulo – até o local onde está implantada a barragem de Edgard de Souza, em Pirapora, a noroeste da cidade, compreendendo uma superfície total de 5.755 km², dos quais 5.550 km² na RMSP[11], de acordo com dados do Departamento de Águas e Energia Elétrica (Daee) da Secretária de Saneamento e Energia do estado. Por outro lado, apenas um terço do território metropolitano não está dentro dos limites da bacia hidrográfica, que comporta 35 dos 39 municípios que compõem a RMSP.

Delimitada ao norte e ao sul, respectivamente, pelas grandes formações florestais da serra da Cantareira e da serra do Mar, a bacia do Alto Tietê conta com um elevado índice de pluviosidade, da ordem de 1.300 a 1.500 mm anuais – alcançando até três mil milímetros nas encostas da serra do Mar –, precipitação conduzida pelos afluentes do rio Tietê, que, ao lado de seu principal afluente paulistano, o Pinheiros, configuram, do ponto de vista da geomorfologia, uma imensa planície aluvial formada pela pouca declividade de seus corpos d'água.

Até a primeira metade do século XX, as grandes planícies aluviais, comumente denominadas de *várzeas,* caracterizavam-se por inundações periódicas que ocupavam extensas áreas – largas e contíguas – que, ao atingirem as cotas de 722 e 724 m, extrapolavam a planície de inundação mais próxima ao leito, com meandros em profusão, que ocupavam as cotas de 718 a 722 m[12]. Quando inundada, a várzea do rio Tietê não retificado, nas cotas abaixo de 724 m, apresentava uma largura que oscilava entre 1,8 e dois quilômetros entre Guarulhos e Osasco, e delimitava uma área que compreendia aproximadamente 31 km². A pouca declividade do território varzeano, de

11. Maubertec, Projeto de Melhoria Hidráulica do Rio Tietê, *Revista Águas e Energia Elétrica,* São Paulo: Daee/SSE, p. 19-25, out. 1998.

12. Aziz Nacib Ab'Saber, *Geomorfologia do Sítio Urbano de São Paulo,* São Paulo: Faculdade de Filosofia, Ciências e Letras, 1956, p. 144-145. (Tese de doutorado).

nove centímetros a cada quilômetro, favorecia a formação de grandes áreas meândricas que redesenhavam, a cada período de chuvas, lagoas, meias coroas e brejos[13]. Essa mesma formação meândrica também era típica da várzea do rio Pinheiros, de estreita planície aluvial, que naquele período apresentava-se com aproximadamente 25 km^2 de área.

A rigor, do ponto de vista da geomorfologia, pode-se dizer que as antigas várzeas paulistanas jamais deixaram de existir e ainda hoje caracterizam grande parte do território, muito embora as várzeas visíveis, os meandros e as áreas alagadiças de outrora há muito tenham sido suprimidos pelas obras de retificação dos rios Tietê e Pinheiros, e as cotas originais das planícies tenham sido progressivamente solapadas pelo processo de urbanização paulistano. Como decorrência da crescente impermeabilização – agravada, em muitos dos seus aspectos, pelas próprias obras de retificação dos rios, realizadas na primeira metade do século XX, e pela sistemática ocupação das áreas de fundos de vale por avenidas –, ampliaram-se os problemas de drenagem urbana para toda a cidade, reduzindo a região das históricas *várzeas inundáveis* a uma região em que hoje afloram e se multiplicam pontos de alagamento.

A formação histórica da cidade de São Paulo e de sua região metropolitana é, ao mesmo tempo, a história da ocupação territorial da bacia do Alto Tietê. Se as características geográficas originais – o localizar-se entre rios e os benefícios do abastecimento e do transporte, a posição do núcleo primitivo em acrópole e o benefício da defesa, por exemplo – foram decisivas para a escolha do sítio de fundação da cidade, com o passar do tempo, a presença dos elementos geográficos – os vales, as colinas e as várzeas alagadiças, dentre os mais importantes – foi, pouco a pouco, sendo suprimida da paisagem cada vez mais construída

13. Idem, p. 297.

pela retirada da funcionalidade geográfica de tais elementos. Esse longo processo de descaracterização física e geográfica de boa parte da bacia do Alto Tietê, ocasionado pelo processo de urbanização paulistana, coloca-nos hoje diante de uma região ambientalmente comprometida e que, por essa razão – lembrando que se trata de uma região de cabeceiras e mananciais –, apresenta um quadro extremamente complexo de conflitos e desafios, no que se refere aos recursos hídricos.

Desse modo, no percurso histórico das origens dos principais vínculos com a água e dos processos urbanos mais relevantes, a propósito da utilização dos recursos hídricos, vêm à tona alguns dos traços mais característicos e fundamentais da urbanização paulistana. Ao longo da história colonial, a vila de São Paulo assumiu o papel de grande encruzilhada, não apenas por ter ocupado o centro do sistema de comunicações do planalto, tornando-se o ponto de convergência e de articulação de todos os caminhos, fluviais ou terrestres que cruzavam o território – todas as conexões, entre as várias regiões povoadas e colonizadas daquele período, interligavam-se por meio da capital –, mas também por ter se transformado em núcleo intermediário entre o planalto e o litoral e, ao mesmo tempo, núcleo estratégico de um sistema regional de circulação e de comunicação, conseqüência de uma situação geográfica privilegiada.

Nos primeiros tempos de colonização do planalto paulista, principalmente por ser o centro natural do sistema hidrográfico da região, a vila de São Paulo adquirira grande importância. Os elementos da rede de drenagem e da topografia regional caracterizavam a vila como uma verdadeira *encruzilhada de vias naturais*, situação geográfica ímpar dentre as demais cidades do planalto paulista e, devido a isso, muito valorizada no passado longínquo de sua fundação. Mesmo contando com rios parcialmente navegáveis, eles constituíram-se como o principal meio de comunicação com o interior, seja para expedições de reconhecimento e exploração, seja para o intercâmbio com as demais populações que se estabeleceram no planalto. Desse modo, para usufruir das vantagens dos *caminhos naturais*, muitos povoamentos procuraram, quase exclusivamente, as margens dos rios.

Ao final do século XVI, dois outros importantes eixos fluviais paulistanos, além do rio Tietê, eram representados por dois de seus afluentes da margem esquerda, os rios Pinheiros e Tamanduateí, ambos na mesma margem do núcleo central de São Paulo[14]. Por esses rios a navegabilidade era favorecida, possibilitando os deslocamentos e a comunicação entre os vários núcleos de povoamento num raio de cinqüenta quilômetros[15]. Por algum tempo, utilizando-se de canoas, os habitantes de São Paulo deslocavam-se para qualquer ponto da área povoada ao redor da vila: acima da Ponte Grande[16], próximo ao encontro do Tietê com o Tamanduateí, poderiam embarcar, tomar uma canoa no Porto Geral da povoação, final da atual ladeira Porto Geral, e daí seguirem à Borda do Campo ou ao porto do rio Tietê. O mesmo percurso poderia ser realizado também a partir de alguns outros pontos da cidade, especialmente nos períodos de cheias, quando as ruas alagadas transformavam São Paulo numa espécie de "Veneza improvisada" e muitos iam de barco até a Ponte Grande[17].

Em São Paulo, as *cheias*, compreendidas como fenômenos geofísicos enquanto não tenham passado por intervenções, sempre existiram em grandes proporções. Desde o século XVI, a cidade ficava periodicamente no meio de um lago formado pelas enchentes dos rios Tietê e Tamanduateí. Devido à sinuosidade desses corpos d'água, dos meandros e

---

14. O sentido de um rio determina os lados direito e esquerdo de suas margens. O sentido do curso do Tietê é do leste para o oeste, então, considerando essa direção como referência, se nos posicionássemos sobre uma de suas pontes, mirando o oeste, nosso lado direito é a margem direita do rio e nosso lado esquerdo, a margem esquerda.

15. Luis Saia, *Morada Paulista*, São Paulo: Perspectiva, 2005, p. 237.

16. Onde hoje se localiza a ponte das Bandeiras.

17. Ernani da Silva Bruno, *História e Tradições da Cidade de São Paulo*, São Paulo: Hucitec, 2000, p. 209.

à pouca declividade de seus leitos, os principais rios da cidade transbordavam nos meses de chuva intensa, ocupando completamente a grande extensão varzeana. As inundações configuravam *mares intransponíveis* e ilhavam, de fato, alguns núcleos existentes – hoje bairros conhecidos como Casa Verde, Freguesia do Ó, Vila Maria e Santana, por exemplo. Nesse período, a planície inundável constituía-se num sério obstáculo à circulação urbana, à medida que a comunicação entre os núcleos era temporariamente interrompida, com as várzeas reafirmando periodicamente sua condição morfológica. Com o advento da ferrovia em território varzeano, já no final do século XIX, parcelas significativas das várzeas dos rios Tietê e Tamanduateí foram progressivamente ocupadas, com diversidade de usos, aproximando setores edificados da cidade.

Nas primeiras duas décadas do novo século, a expansão cafeeira e as conseqüências da Primeira Grande Guerra (1914-1918), transformaram a cidade em um pólo de atração de investidores e de uma população proveniente de todo o país e de fora dele. Intensificava-se o adensamento e a área urbanizada crescia num ritmo bastante acelerado, tanto que, em 1920, São Paulo atingiria a cifra de 580 mil habitantes, caminhando rapidamente para o seu primeiro milhão de habitantes, cifra ultrapassada em 1930.

A conjugação desses fatores, aliada ao extraordinário crescimento populacional e, em especial, à facilidade de obtenção de energia elétrica, já havia contribuído para o desenvolvimento do parque industrial paulista nas décadas precedentes – fase conhecida como *Primeiro Surto Industrial.*

A cidade, sem preparo para absorver as demandas excessivas por serviços urbanos, colocava novamente em pauta, dentre outros, o projeto de retificação do rio Tietê e a urbanização de sua várzea. Nesse contexto, os principais problemas a serem enfrentados eram, de um lado, as inundações, que periodicamente isolavam os bairros próximos às margens e, de outro, a drenagem do extenso território varzeano – até aquele momento, à exceção de setores mais próximos ao núcleo central, de ocupação rarefeita em seu conjunto –, disponibilizando-o para urbanização.

Nesse período, a provisão de energia elétrica era realizada por duas usinas hidroelétricas construídas pelo grupo anglo-canadense The São Paulo, Tramway, Light & Power Co. – Parnaíba (1901) e Itupararanga (1914) –, que detinha não apenas a concessão dos serviços de fornecimento de energia elétrica, mas o de telefonia e transporte urbano[18].

O período de seca que se abateu sobre a cidade, entre 1924 e 1925, reduziu drasticamente a vazão do rio Tietê, o que significou também a redução da produção de energia elétrica, essencial não só para a expansão do setor industrial em São Paulo, mas também para o setor de transportes urbanos. Com a crise vivenciada pela longa estiagem, em meio ao intenso e ininterrupto crescimento urbano daquela década, ficara evidente a situação de iminente colapso das redes de infra-estrutura urbana e a urgência de sua reestruturação, em especial no campo da produção de energia elétrica, condição fundamental para a continuidade da expansão industrial.

A Drenagem das Várzeas

Com a República e a instituição da municipalidade em São Paulo, ao final de 1898, os poderes federal e estadual ampliaram substancialmente o quadro de atribuições municipais, no que se refere ao saneamento público, repassando ao município mais autonomia e responsabilidades nas questões do setor de infra-estrutura urbana.

18. A utilização comercial da energia elétrica se deu ao longo do século XIX, inicialmente nas comunicações e posteriormente na indústria. Só depois a eletricidade passou a ser utilizada em larga escala na iluminação. A empresa canadense foi autorizada a entrar em funcionamento em 1899, marcando o início de um processo de expansão da atividade de um grupo industrial e financeiro no Brasil. Cf. *História & Energia*, São Paulo: Departamento de Patrimônio Histórico/Eletropaulo, n. 1, p. 21 e 23, 1986, A Chegada da Light.

É assim que, em 1924, é criada a Comissão de Melhoramentos do Rio Tietê, cuja principal atribuição seria a elaboração e a implementação de propostas de retificação e urbanização da várzea do rio. Após um longo processo de deliberações em torno do assunto e várias propostas urbanísticas, as obras de retificação do Tietê iniciaram-se apenas na década de 1940 e prolongaram-se até o final de 1948, quando foi completada a canalização do trecho entre Osasco e Casa Verde[19].

Distante das premissas urbanísticas que nortearam o poder público e os técnicos municipais responsáveis pela elaboração dos projetos de retificação e urbanização da várzea do Tietê, a The São Paulo, Tramway Light & Power Co., responsável pelo projeto de retificação do Pinheiros, apresentava metas específicas e direcionadas para os programas de provisão de infra-estrutura urbana no setor de hidroeletricidade. Nesse âmbito, o projeto de retificação do rio Pinheiros, longe de representar prioritariamente um objetivo em si – isto é, retificar o rio e urbanizar a várzea tal como a questão da retificação se colocava na várzea tieteana –, configurou-se essencialmente como uma das etapas do grande projeto denominado *Projeto da Serra* – à época, uma ambiciosa intervenção da The São Paulo, Tramway Light & Power Co. na bacia do Alto Tietê, que consistia na captação das águas do Tietê, via retificação e reversão do curso original do Pinheiros, a fim de lançá-las na vertente oceânica da serra do Mar.

Energia e transporte eram, e ainda são, infra-estruturas essenciais para o desenvolvimento e a continuidade da produção industrial – assim como já havia sido o sistema ferroviário, que favorecera o período industrial preceden-

---

19. Para além da fase de debates, o período relativo às negociações das terras varzeanas – apenas o estritamente necessário para o projeto de retificação, no caso da retificação do rio Tietê – também se constituíram num longo período de conversações. Cf. João B. de Almeida e Soares Prado, Antenor de Azevedo, *Locação Geral do Novo Canal do Rio Tietê e Avenidas Marginais*: terrenos adquiridos e aquisições entaboladas, São Paulo: Prefeitura do Município de São Paulo, 1928-1929.

te –, desse modo, a energia hidroelétrica era uma força essencial para atender a segunda fase da industrialização paulistana e os demais processos urbanos em andamento nas décadas de 1920 e 1930, que se expressavam através da carência de serviços urbanos essenciais, como o transporte público, por exemplo.

Portanto, os processos de retificação, tanto do Tietê como do Pinheiros, relacionaram-se com questões estruturais de reorganização funcional da cidade pela provisão de infra-estrutura urbana, especialmente o projeto de retificação do Pinheiros, que conjugou ao projeto de obtenção de energia hidroelétrica outros interesses relacionados à várzea, para além daqueles relacionados à produção de energia da Companhia Light & Power, quando esta investiu no aproveitamento do potencial hidroelétrico da bacia do Alto Tietê[20].

A retificação do rio Pinheiros foi iniciada e finalizada entre 1934 e 1947, enquanto a do rio Tietê, até o limiar dos anos de 1950, encontraria praticamente finalizado o segmento mais próximo do núcleo central.

Quando a cidade adentra a segunda metade do século xx, a mancha urbanizada já atingia algo em torno de 420 km², sobre a qual se distribuía uma população de mais de dois milhões de habitantes. Nos anos de 1950, São Paulo já havia incorporado características físicas, sociais, econômicas e culturais que a qualificavam como metrópole moderna. A partir desse período, destacar-se-ia o "papel

---

20. Como já mencionado, a retificação do rio Pinheiros constituía-se em apenas uma etapa do principal projeto da The São Paulo, Tramway Light & Power Co, conhecido como Projeto da Serra; porém, associado à construção do canal e às desapropriações de terras necessárias para esse fim, estruturou-se um engenhoso processo de acumulação e valorização do território varzeano do rio Pinheiros. Sobre esse importante aspecto das retificações e da urbanização paulistana, ver: Odette Carvalho de Lima Seabra, *Os Meandros dos Rios nos Meandros do Poder. Tietê e Pinheiros:* valorização dos rios e das várzeas na cidade de São Paulo, São Paulo: FFLCH/USP, 1987 (Tese de doutorado); e Jenny Perez, *Urbanismo nas Várzeas Existentes:* da região dos rios Tietê e Pinheiros ao território das desapropriações, São Paulo: FAU-USP, 2004. (Tese de doutorado).

270

hegemônico do seu crescimento"[21] como noção fundamental para se compreender o definitivo descompasso que se estabeleceu entre os sistemas de infra-estrutura urbana e os processos de urbanização e metropolização paulistanos.

Com as retificações, a área drenada do território varzeano dos rios Tietê e Pinheiros totalizava 56 km², o que equivalia a quase metade da área urbanizada daquele período, que totalizava 130 km².

A retificação dos rios e a drenagem das várzeas subtraíram 56 km² de áreas naturalmente inundáveis, necessárias para acomodar o extravasamento do leito dos rios na época das chuvas. Uma vez as várzeas ocupadas pela urbanização, as cheias naturais e episódicas, sem dispor de espaço para acomodação, transformaram-se em enchentes periódicas e passaram a invadir as áreas urbanizadas. Se naquela época as inundações já se constituíam em fenômeno histórico, a drenagem das várzeas e o crescimento urbano contribuíram para o agravamento das enchentes, transformando-as também em fenômeno social e grave problema urbano.

A Emergência da Questão

A drenagem das várzeas e as retificações estão na origem do grave e periódico problema das enchentes urbanas, sobretudo quando a partir dos anos de 1950, com objetivos direcionados para prover outro setor da infra-estrutura urbana – o sistema viário e de transporte –, teve início o longo processo de implantação das avenidas marginais dos rios Tietê e Pinheiros.

Tal como havia acontecido com as retificações no intervalo entre as décadas de 1920-1940, a implantação das avenidas marginais dos rios Tietê e Pinheiros assumiu o

---

21. Regina Maria Prosperi Meyer, *Metrópole e Urbanismo:* São Paulo nos Anos 50, São Paulo: FAU-USP, 1991. (Tese de doutorado).

271

papel de obra prioritária perante as administrações municipais que se seguiram, especialmente ao longo da década de 1960, quando a pressão exercida pela circulação rodoviária, externa e interna à metrópole paulistana, tornava o projeto das avenidas marginais mais do que uma demanda municipal.

O início da construção das avenidas ao longo do território varzeano desses rios foi o ponto de partida para uma prática que viria a se tornar um modelo recorrente de ocupação das várzeas, na RMSP e na cidade de São Paulo em particular, que foi a implantação das *avenidas de fundo de vale*. À medida que o sistema viário metropolitano era estruturado – o que ocorreu principalmente entre as décadas de 1960-1970 –, as canalizações de córregos, associadas às avenidas de fundo de vale, prosseguiram, conjugando obra viária e ação de saneamento básico com economia de tempo e recursos, uma vez que desapropriações não eram necessárias nesses casos; além do acesso – nos anos de 1980-1990 – a recursos financeiros disponibilizados através de políticas públicas federais de saneamento básico para as grandes cidades[22]. Essa prática favoreceu o adensamento e a rápida ocupação das áreas lindeiras às avenidas e respectivos corpos d'água, potencializando ainda mais o risco de enchentes, devido à gradativa impermeabilização do solo.

Essa cadeia de acontecimentos, aliada ao contínuo crescimento urbano pelo qual passava a metrópole paulistana desde os anos de 1950, contribuiu diretamente para que o território varzeano dos rios Tietê e Pinheiros se transformasse, paulatinamente, num *território de problemas urbanos*; seja pelo fato de ter sido, ao longo de décadas, o lugar privilegiado para a instalação de sistemas de infra-estrutura ao mesmo tempo regionais e urbanos como o sistema ferroviário e as avenidas marginais – acu-

---

22. R. M. P. Meyer; Marta Dora Grostein; Ciro Biderman, *São Paulo Metrópole*, São Paulo: Edusp, Imprensa Oficial, 2004, p. 86.

mulando os problemas urbanos que tais infra-estruturas desencadearam –, seja pelo fato de o Tietê, o principal rio da bacia, ser o mais importante depositário da crescente carga de esgotos coletados, provenientes de todas as áreas edificadas da cidade. Note-se que os rios Tietê e seus afluentes – desde os primórdios da implantação do sistema de abastecimento e coleta de esgoto em São Paulo, no final do século XIX – recebem toda a carga de esgotos industriais e domésticos da cidade, responsáveis por grande parte da poluição das águas.

As décadas de 1960-1970 – sobretudo a primeira – foram as piores, no que diz respeito a enchentes ao longo do rio Tietê, inclusive com o surgimento de novas áreas inundáveis[23]. A mancha urbanizada da metrópole já ultrapassara os limites municipais e adentrara os anos de 1970 expandindo-se em todas as direções e perfazendo mais de 745 km^2 de área edificada. Àquela altura, a situação tornara-se extremamente grave, e qualquer tentativa de solução desses problemas já demandava medidas que extrapolavam os limites da capital – diante, principalmente, da conurbação da cidade com os municípios vizinhos, como Osasco e Taboão da Serra (oeste), Guarulhos (leste), e o ABC (Santo André, São Bernardo do Campo e São Caetano do Sul, ao sul), hoje municípios pertencentes à região metropolitana de São Paulo –, incorporando não apenas a bacia do Alto Tietê, mas toda a região metropolitana centralizada por São Paulo, como objeto de reflexão e território de ação de políticas públicas.

Nesse sentido, a institucionalização da região metropolitana de São Paulo, ou Grande São Paulo, em 1973, abriu o caminho para que as políticas urbanas estaduais e municipais, em diversos setores, iniciassem um diálogo oficial e absolu-

---

23. A recorrência de inundações de grande monta fez com que a Câmara Municipal de São Paulo, em duas oportunidades – 1963 e 1971 –, instaurasse uma Comissão Especial para Estudo das Enchentes, do rio Tietê e seus afluentes, 133ª Sessão, e da Grande São Paulo, 274ª Sessão, respectivamente.

tamente necessário, especialmente no campo da provisão de infra-estrutura urbana e metropolitana e do meio ambiente.

Àquela época, o forte desenvolvimento econômico paulistano atraíra um maior número de migrantes – mais do que nas décadas precedentes, quando a imigração estrangeira era mais presente –, originários não apenas do interior paulista, mas de todas as partes do país. Atraídas pelo mercado de trabalho, cerca de dois milhões de pessoas chegaram à metrópole, totalizando um contingente populacional aproximado de seis milhões de habitantes na capital e 8,5 milhões em toda a região metropolitana.

A dificuldade encontrada pela população de baixa renda de estabelecer moradia em setores servidos por infra-estrutura urbana aliava-se à dificuldade do poder público de viabilizar habitação social, ocasionando, no intervalo entre 1960-1970, o maior crescimento de ocupação irregular e clandestina por loteamentos[24] na zona leste do município – à época uma ocupação equivalente a 1,67 milhão m^2 [25]. Tal situação não apenas se consolidou, mas foi ampliada, sobretudo no final da década de 1970 e ao longo dos anos de 1980, quando foram construídos grandes conjuntos habitacionais como resultado de políticas públicas que ali concentraram seus programas de habitação social.

Na zona sul da cidade, a oferta de empregos industriais e de serviços também favoreceu o surgimento de diversos loteamentos populares, que se intensificaram a partir dos anos de 1980, acrescidos de outras formas de ocupação, como as favelas[26] – ocupação urbana irregular e em más

---

24. Segundo o *Atlas Ambiental do Município de São Paulo*, loteamentos clandestinos e irregulares "referem-se a ocupações cuja principal característica é contrariar normas de parcelamento e uso do solo que regem a ocupação do espaço no município". Cf. *Atlas Ambiental do Município de São Paulo*, São Paulo: SVMA, Sempla, Fapesp, 2000-2007, disponível em: http://atlasambiental.prefeitura.sp.gov.br, acesso em: 2/10/2007.

25. Cf. R. M. P. Meyer, M. D. Grostein, C. Biderman, op. cit., p.42.

26. De acordo com a definição contida no *Atlas Ambiental do Município de São Paulo*, "as favelas se caracterizam por ocupar áreas não compradas, públicas ou privadas, sobre as quais são edificadas habita-

condições –, em área de mananciais, que se constituíram num dos grandes problemas da urbanização contemporâ-nea[27]. Hoje, é na zona sul da capital que se concentra o maior número de loteamentos clandestinos – com apro-ximadamente 9,5 milhões m^2 de extensão[28] – e habitações em condições precárias, o que significa dizer mais de 50% das favelas da cidade. Só nos limites da subprefeitura de Campo Limpo, por exemplo, localizam-se 25% das favelas de toda a capital.

Habitações precárias, as favelas expõem populações a situações de risco, pois são erguidas em áreas extremamente frágeis do ponto de vista ambiental: encostas de alta declivi-dade sujeitas a deslizamentos, às margens de rios e córregos, áreas de várzeas sujeitas a enchentes e solapamentos, ou mesmo dentro do próprio leito – considerada uma das áreas mais críticas. Instaladas em áreas que não interessam ao mer-cado imobiliário – e desprovidas de serviços básicos como educação, saúde e saneamento, além de transporte público deficiente –, mas com grande comprometimento ambiental, a existência e a localização das favelas às margens de rios e córregos colocam em situação de risco os recursos naturais – especialmente os recursos hídricos –, uma vez que afetam a qualidade das águas que alimentam os reservatórios, além de retirarem a vegetação ciliar, ocasionando a impermeabiliza-ção do solo e o comprometimento das águas subterrâneas.

ções precárias". Segundo dados atualizados de 1999 pela Secretaria de Habitação e Desenvolvimento Urbano, existem 1.855 favelas em São Paulo. *Atlas Ambiental do Município de São Paulo*, São Paulo: SVMA, Sempla, Fapesp, 2000-2007, disponível em: http://atlasambiental.prefei-tura.sp.gov.br, acesso em: 2/10/2007.

27. Atualmente, a população residente na região dos mananciais – apro-ximadamente 1,6 milhão de pessoas – apresenta renda predominantemente baixa e crescimento médio populacional superior a 3% ao ano. Além disso, calcula-se que de 15% a 20% da população residente viva em favelas. Cf. R. M. P. Meyer, M. D. Grostein, C. Biderman, op. cit., p. 91.

28. *Atlas Ambiental do Município de São Paulo*. São Paulo: SVMA, Sempla, Fapesp, 2000-2007, disponível em: http://atlasambiental.prefei-tura.sp.gov.br/pagina.php?id=28, acesso em 2/10/2007.

A remoção da vegetação e as obras de movimentação de terra, realizadas para os assentamentos populares, acabaram por expor um tipo de solo com alto potencial de erosão – tanto os loteamentos legais produzidos pelo poder público como os ilegais e clandestinos foram assentados em terrenos impróprios para esse fim, pois, do ponto de vista da geomorfologia, a expansão urbana, já na década de 1960, ultrapassara as áreas mais adequadas para a ocupação –, como era, e ainda é, o caso do setor urbano ocupado denominado como complexo cristalino. Com relação ao abastecimento público, até os anos de 1970 não havia a necessidade da metrópole paulistana recorrer a outras regiões em busca de recursos hídricos, pois era completamente abastecida por mananciais existentes na própria bacia. Foi a partir dos anos de 1980 que a necessidade de captação de água para o abastecimento público em outras bacias hidrográficas se fez mais presente, chegando ao ponto de, nos dias atuais, ser preciso captar fora da área metropolitana até 50% do volume total de água consumida na metrópole[29]. Não por acaso, foi também nos anos de 1980 que se intensificou a ocupação urbana nas áreas delimitadas juridicamente como sendo de "proteção aos mananciais", causando grande impacto ambiental, especialmente nas proximidades das represas Billings e Guarapiranga.

Tal avanço da urbanização irregular, em áreas de proteção aos mananciais, contrariou em vários aspectos a legislação vigente desde a década anterior, ao confrontar questões graves e bastante atuais, como a da habitação social, ambiental, e a de provisão de infra-estrutura urbana.

A legislação de proteção aos mananciais foi elaborada no âmbito do governo estadual na década de 1970 – Leis Estaduais 898/75 e 1172/76[30]. Além de inovadora, foi de fun-

---

29. R. M. P. Meyer, M. D. Grostein, C. Biderman, op. cit., p. 91.

30. Que "Disciplina o uso do solo para a proteção dos mananciais, cursos e reservatórios de água e demais recursos hídricos de interesse da RMSP e dá providências correlatas". Cf. Legislação Estadual, Seção ASPAR,

damental importância para o início dos trabalhos de gestão dos recursos hídricos associados ao planejamento urbano e metropolitano. Isto é, a lei permitia conjugar diretriz de proteção ambiental, de forte viés preventivo, a ações passíveis de serem viabilizadas por parte do poder público, que de outra maneira não teria como arcar com o ônus da proteção dessas áreas[31]. Embora um dos principais objetivos da nova lei fosse deter o avanço da urbanização, na prática, apresentou desdobramentos que colaboraram para a reprodução da ilegalidade da ocupação urbana nas áreas de mananciais. Devido às restrições impostas pela legislação, o poder público municipal apresentou limitações de ação diante de uma urbanização consolidada e de contínua expansão: sem reunir condições práticas de deter a ocupação dessas áreas, também se via impedido, legalmente, de prover a região de infra-estrutura básica, permanecendo inerte perante uma grave situação de comprometimento da qualidade ambiental, especialmente de seus recursos hídricos.

Na década de 1990, uma nova legislação estadual de proteção aos mananciais – Lei 9.866/97 –, desta vez válida para todo o estado e não somente para a RMSP, instituiu a Política Estadual de Proteção aos Mananciais, que incorporou os princípios do sistema de gerenciamento de recursos hídricos, favorecendo e formalizando ações interinstitucionais e intergovernamentais em matéria de uso do solo[32]. Como grande inovação, essa nova lei apresentava a água como um bem público, finito e com valor eco-

---

Brasília: ANA/MMA, disponível em: http://www.ana.gov.br/Institucional/ASPAR/legislacaoEstadosDF.asp, acesso em: 28/11/2007.

31. Ricardo Toledo Silva, Mônica Ferreira do Amaral Porto, Gestão Urbana e Gestão das Águas: caminhos da integração, *Estudos Avançados*, São Paulo: IEA/USP, v. 17, n. 47, p. 6, 2003.

32. Embora, à época, o sistema de gerenciamento de recursos hídricos não estivesse ainda formalizado, Toledo e Porto afirmam que "as articulações institucionais fundadas no aproveitamento múltiplo e na proteção dos recursos já existia". Idem, ibidem.

nômico, e, dentre os múltiplos usos da água, reconhecia como prioridade o abastecimento humano[33].

No âmbito federal, a legislação é mais recente. Foi a partir da Lei 9.433, de 8/1/1997, que se instituiu a política nacional de recursos hídricos, com a criação de um sistema nacional de gerenciamento. O próprio conceito de "gestão das águas" surgiu num contexto de grande diversificação de usos e de impactos, tanto que, nos últimos anos da década de 1990, o controle da contaminação das águas e a gestão passaram a ser desenvolvidos de modo integrado, incluindo a bacia hidrográfica como objeto fundamental para o planejamento. Nesse sentido, a legislação avançou consideravelmente, promovendo ações mais claras e efetivas no âmbito institucional, culminando com a criação da Agência Nacional de Águas (ANA) – Lei 9.984, de 17/7/2000 –, entidade federal de implementação da política nacional de recursos hídricos e do sistema de gestão[34].

Os aspectos históricos da formação da metrópole paulistana destacados até aqui contribuíram para o quadro atual do setor de infra-estrutura urbana, especialmente os sistemas e as redes relacionados aos recursos hídricos, e também para a formação de alguns dos principais problemas urbanos de dimensão metropolitana existentes. A primitiva e estreita relação que a cidade manteve com as características físicas e geográficas do sítio, especialmente com seus recursos hídricos – abastecimento, deslocamentos fluviais regionais e intra-urbanos e produção de energia hidroelétrica para o transporte urbano e para a indústria nascente –, deixa claro, para além dos aspectos históricos, que a nossa questão das

33. J. G. Tundisi, T. M. Tundisi, op. cit., p. 85.

34. Legislação federal e estadual relativa aos recursos hídricos e mananciais, respectivamente, cf.: Legislação Relativa à Estruturação do Sistema Nacional de Recursos Hídricos, Seção Legislação, Brasília: ANA/MMA, disponível em: http:/www.ana.gov.br/Legislacao/default2. asp, acesso em: 28/11/2007; Legislação Estadual, Seção ASPAR, Brasília: ANA/MMA, disponível em: http:/www.ana.gov.br/Institucional/ASPAR/legislacaoEstadosDF.asp, acesso em: 28/11/2007.

águas encontra-se profundamente vinculada aos processos de constituição de sua infra-estrutura urbana.

A grande presença dos rios e das várzeas alagadiças na vida paulistana colocou o episódio das retificações e da drenagem do imenso território varzeano como um desses momentos-chave, à medida que gerou a impermeabilização de grande extensão de terra e viabilizou usos inadequados que se reproduziram ao longo de rios e córregos na bacia do Alto Tietê, determinando a qualidade da relação entre os rios e a cidade – da população com esses elementos naturais, do ponto de vista da paisagem urbana e do desenho urbano, por exemplo.

O período no qual a demanda populacional ultrapassa os sistemas e as redes de infra-estrutura urbana instalada, quando se implanta o padrão periférico de urbanização nas décadas seguintes, 1960-1970, e quando emerge com toda a sua força um grave conjunto de problemas ambientais e urbanos, expondo o comprometimento dos recursos hídricos, corresponde a uma seqüência de momentos decisivos para a compreensão contemporânea da nossa questão com as águas.

As conseqüências desses processos urbanos alcançam os nossos dias, demonstrando serem crônicos não apenas os nossos problemas com o abastecimento de água, a coleta e o tratamento de esgoto, mas com a circulação intra-urbana – afinal, é preciso construir acessibilidades para essa distante periferia consolidada – e a drenagem urbana, sistemas e redes de infra-estrutura urbana básica ausentes em muitas localidades da periferia metropolitana, sobretudo em espaços de moradia de bairros populares, cujos impactos negativos acabam por repercutir em toda a região metropolitana, onde a demanda pela água traduz-se por demanda de infra-estrutura urbana básica, pois, para além da baixa disponibilidade hídrica existente, trata-se de uma demanda construída historicamente, como foi visto, pela expansão urbana e seus desdobramentos, pelo avanço da urbanização em áreas impróprias, pelos impac-

279

tos sobre os mananciais e pela contaminação e poluição dos recursos hídricos, causando danos ao meio ambiente e comprometendo a qualidade da água para abastecimento público. Portanto, se a provisão desses sistemas, que são interligados e complementares, torna-se absolutamente fundamental para alcançarmos qualidade urbana e ambiental, não é menos importante a questão da supervisão e manutenção da infra-estrutura urbana e metropolitana básica instalada, sobretudo no caso da infra-estrutura urbana de abastecimento e coleta.

A maior parte da RMSP é abastecida, atualmente, por três grandes sistemas produtores: o sistema Cantareira, o sistema Guarapiranga-Billings e o sistema Alto Tietê[35]. No entanto, a dificuldade em atender a demanda metropolitana de abastecimento de água impõe a necessidade da importação de 50% da água consumida de outros mananciais, cada vez mais distantes, onerando a provisão da infra-estrutura de abastecimento. Mesmo situando-se numa região de cabeceiras – a bacia do Alto Tietê –, o fato de a RMSP ter se transformado na maior e mais importante região metropolitana do país resultou num quadro atual de baixa disponibilidade hídrica por habitante, e neste sentido, comparável às áreas mais secas do Nordeste brasileiro[36].

Algumas das principais causas dessa situação, destacadas ao longo do texto, convergiram para o comprometimento da qualidade da água, já que a maior parte do território da bacia hidrográfica não apresenta proteção legal, dependendo unicamente do controle público, isto é, de políticas públicas de uso e ocupação do solo e da gestão, portanto, da combinação de ações intermunicipais focadas na solução de tais problemáticas.

Por outro lado, a indisponibilidade e insuficiência de água potável nos trazem a questão da racionalização do uso. Há muita perda de água no sistema de abastecimento insta-

---

35. Cf. sítio da Emplasa, disponível em: http:/www.emplasa.sp.gov.br.
36. R. T. Silva, M. F. A. Porto, op. cit., p. 3.

lado como resultado de problemas decorrentes da manutenção e racionalização do uso, em primeiro lugar, pelo poder público. Há pouco mais de uma década, foi constatada pela Sabesp a perda total de 44% no sistema de abastecimento, assim subdividido: 22% como resultado de "perda física", ou seja, vazamentos na rede, em ligações prediais, por exemplo, e os 22% restantes constituem "perdas de faturamento", ou seja, ligações clandestinas. Quanto a estas, podemos dizer primeiramente que se trata de um sério problema de gestão e de fiscalização, mas também de um grave problema social.

Deficiências no sistema instalado também puderam ser observadas no período do rodízio de água na Grande São Paulo, há aproximadamente oito anos, quando os grandes reservatórios encontravam-se parcialmente vazios, devido à dificuldade de distribuição em algumas redes que não atingiam satisfatoriamente lugares altos. Desde então, a construção de pequenos reservatórios de "meia encosta" foi uma medida que se fez necessária, além de se investir na intensificação da racionalização e manutenção do sistema, diminuindo os períodos de rodízio[37].

Embora o número de ligações de água e de esgoto tenha evoluído consideravelmente entre as décadas de 1970 -1980 – evolução de 187,5% para as ligações de água e 203,7% para as de esgoto em 1980, com relação à década anterior[38] – e a cobertura desses serviços esteja próxima de atender toda a região metropolitana – no município, a cobertura da rede de coleta passou de 65% da área urbanizada em 1991 para 90% em 2000[39] –, o grande problema com relação aos esgotos ainda é a cobertura parcial do sistema de tratamento, uma vez que a maior parte da carga de esgotos coletados continua a

37. Gerôncio Albuquerque Rocha, A Disputa pela Água em São Paulo [Entrevista], *Estudos Avançados*, São Paulo: IEA/USP, v. 17, n. 47, p. 2-3, 2003.

38. R. M. P. Meyer, M. D. Grostein, C. Biderman, op. cit., p. 99.

39. Cf. Saneamento, *Atlas Ambiental do Município de São Paulo*, São Paulo: SVMA, Sempla, Fapesp, 2000-2007, disponível em: http://atlasambiental.prefeitura.sp.gov.br/pagina.php?id=26, acesso em: 2/10/2007 (v. o mapa Cobertura da Rede de Esgotos).

ser lançada em rios e córregos, causando graves problemas ambientais por meio da contaminação dos recursos hídricos. Atualmente, na RMSP, apenas a metade dos esgotos coletados é tratada, acarretando a subutilização das estações de tratamento do Sistema Integrado – estações de tratamento de esgoto (ETES), do ABC, Barueri, Parque Novo Mundo, São Miguel e Suzano –, construídas, em sua maioria, no âmbito do Projeto Tietê.

Em vigor desde 1992, o Projeto Tietê é o principal programa de saneamento ambiental do estado, e seu principal benefício e objetivo, depois de concluído – final dessa segunda etapa do projeto estava prevista para 2007 –, será impedir que o esgoto seja despejado na bacia do Alto Tietê, através da construção de redes coletoras de esgoto, de novas ligações domiciliares e de coletores-tronco que realizem a interligação entre a rede coletora existente e os sistemas de interceptação – o que significará a despoluição do principal rio da bacia, o Tietê[40].

Outro grave e importante problema de saneamento ambiental é o das enchentes urbanas, que a cada período de chuvas reaparecem sempre com novos pontos de alagamento, devido ao transbordamento de rios e córregos e o refluxo de galerias obstruídas e subdimensionadas, resultando em cenas de pessoas ilhadas, casas inundadas, carros submersos e arrastados pela correnteza, além de quilômetros de congestionamentos. As enchentes urbanas são conseqüências dos impactos das chuvas sobre a rede de drenagem urbana, problema pouco equacionado e relacionado principalmente à impermeabilização do solo – a impermeabilização, o desmatamento ou a retirada de cobertura vegetal em lotes urbanos contribuem para que aumente a velocidade de escoamento da água da chuva e diminua a sua capacidade de infiltração, resultado de características da urbanização paulistana, de políticas públicas de uso e ocupação do solo – e também à

---

40. Sítio da Companhia de Saneamento Básico do Estado de São Paulo (Sabesp), disponível em: http:/www.sabesp.com.br.

readequação e manutenção do sistema atual de drenagem urbana. Como vimos, a subtração do imenso território varzeano dos rios Tietê e Pinheiros – através da retificação e canalização de seus leitos d'água – e o modelo de implantação das avenidas de fundo de vale associado à canalização e ao tamponamento de vários córregos intensificaram a ocupação e a impermeabilização do solo urbano metropolitano. O padrão periférico de urbanização, o adensamento e a verticalização contemporâneos, além de contribuir para a ocorrência de enchentes, torna suas conseqüências extremamente graves, à medida que as áreas atingidas constituem-se focos de contaminação por doenças de veiculação hídrica, ao mesmo tempo em que interferem profundamente nas rotinas urbanas – na circulação de pessoas e mercadorias, especialmente. O problema das águas de enchentes, águas poluídas que sobram, logo, além de uma questão de economia urbana, periodicamente coloca em evidência o grave quadro social e de saúde pública em áreas menos favorecidas pelos investimentos públicos de infra-estrutura urbana básica.

Um conjunto de fatores interligados e interdependentes atuou na formação desse problema urbano recorrente – que tem hora, dia e mês para acontecer. Nesse contexto de interações foi elaborado o Plano Diretor de Macrodrenagem da Bacia do Alto Tietê[41], que, entre outras medidas, inclui a criação de espaços de detenção e retenção das águas de chuva como meio de controle de enchentes, tal qual os piscinões, espécie de várzeas artificiais.

A construção de piscinões e o aprofundamento da calha do rio Tietê são dois dos principais investimentos em macrodrenagem realizados juntamente com o Projeto Tietê. Apesar de terem sido muito discutidos, o fato é que, tomados isoladamente, eles são insuficientes para solucionar o problema. Mesmo que o desassoreamento do rio Tietê,

---

41. O Plano Diretor de Macrodrenagem da Bacia do Alto Tietê é de 1998 e trata-se de um instrumento de regulação com o objetivo de ordenar as ações de drenagem urbana da bacia, servindo de referencial técnico e estratégico. Cf. sítio do Daee, disponível em: http:/www.daee.sp.gov.br.

realizado paralelamente ao aprofundamento da calha do rio – que é uma medida praticada constantemente –, fosse estendido a todos os demais rios e córregos da bacia; mesmo que os pontos de estrangulamento existentes em galerias, pontes e antigos sistemas de drenagem fossem resolvidos; mesmo que o número de piscinões aumentasse consideravelmente e que os serviços de manutenção e limpeza do sistema de drenagem fossem realizados a contento, ainda assim seria possível que as enchentes persistissem, pelo menos enquanto o problema for tratado como sendo, primordialmente, de ordem da tecnologia de hidráulica – que é o que se assiste na prática, no caso dos piscinões. Pois, para além dos aspectos relativos à hidráulica urbana e à urbanização, temos as características geológicas da região, que, afinal, apresenta limites naturais de escoamento[42]. Como equacionar o atual índice de impermeabilização da metrópole – diante de adensamento e verticalização contínuos – e a capacidade natural de absorção do solo, frente aos atuais mecanismos de drenagem do ambiente urbano? Se a própria existência das várzeas já denotava uma limitação natural de escoamento, resultando nas grandes inundações varzeanas, o que dizer dessas limitações face às complexidades advindas da urbanização e do permanente desajuste dos sistemas e das redes de infra-estrutura urbana relacionados à drenagem urbana?

Por outro lado, existem também as questões ligadas à microdrenagem urbana, que devem ser observadas e tratadas – como evitar o lançamento do esgoto e lixo em rios e galerias de águas pluviais, limpeza e manutenção de bueiros e galerias, além de preservar áreas verdes, garantindo a permeabilidade do solo –, e cujas abordagem e observação nos conduzem a outra escala de apreensão dos problemas, mais relacionados a um contexto sociocultural.

---

42. Luiz F. Vaz, Solução para as Enchentes em São Paulo, *O Estado de S. Paulo*, p. A2, 29/5/2005.

Evitar jogar lixo no espaço público é um ato simples, mas de grande significado nas ações relativas à micro-drenagem urbana, pois contribuem com os trabalhos de limpeza e manutenção de bueiros, bocas-de-lobo e piscinões[43] – o IBGE levantou que uma das principais causas imediatas das enchentes urbanas é a obstrução de bueiros, seguida por problemas na execução de obras e inadequação da rede de drenagem, consideradas, aliás, incompatíveis com as vazões atuais, de tão antigas que são[44]. Como já foi observado, para o problema das águas que sobram – poluídas e contaminadas – das enchentes não existe solução a curto prazo, apartada do âmbito das demandas de gestão dos recursos hídricos, porém, medidas preventivas educativas poderiam reduzir substancialmente os transtornos.

Na Grande São Paulo são consumidos aproximadamente 4,1 bilhões de litros de água por dia – cada habitante consome 160 litros por dia –, sendo que as residências encontram-se ligadas às redes de distribuição da Sabesp. Se os procedimentos tradicionais de economia de água numa habitação – cuidados com torneiras, chuveiros e descargas sanitárias – há muito contam com oferta de produtos no mercado para esse fim, agora, ratificados e enfatizados pelo Programa Municipal de Conservação e Uso Racional da Água em Edificações[45], começa a se disseminar o conceito de utilização de água potável somente quando esta for indispensável. Nesse âmbito, para além das

43. Com a proximidade do final do ano e da estação das chuvas, o poder público realiza a limpeza de aproximadamente 2.700 bocas-de-lobo diariamente. Cf. sítio da Prefeitura da Cidade de São Paulo, disponível em: http:/www.portal.prefeitura.sp.gov.br

44. Cf. sítio do IBGE, disponível em: http:/www.ibge.gov.br.

45. Apesar de o projeto ter sido bem aceito por especialistas, o problema residiria na impossibilidade de fiscalização da lei, segundo o professor da Escola Politécnica da USP, Ivanildo Hespanhiol. No entanto, para o vereador Aurélio Nomura, autor do projeto, o controle seria possível através das contas de água, que deveriam, obrigatoriamente, sofrer substancial diminuição. Cf. Débora Didonê, Mariana Iwakura, Casa Sustentável Deve Beber Pouca Água, *Folha de S. Paulo*, 27/11/2005.

medidas diretamente relacionadas à redução de perdas no sistema de abastecimento público – sob responsabilidade dos órgãos governamentais –, há as medidas de racionalização do uso de água na dimensão do usuário doméstico, o que tecnicamente significaria gerir a demanda doméstica. Refiro-me aqui às políticas públicas, municipais e metropolitanas, de conservação e uso racional da água, direcionadas à diminuição das perdas e do desperdício, o que inibe ações como, por exemplo, a utilização de mangueiras de jato d'água para a limpeza de quintais e veículos, conscientizando acerca do uso e estimulando medidas de economia em residências, até o reaproveitamento de água em condomínios residenciais e comerciais.

Num país em que mais de sete milhões[46] de brasileiros não têm acesso à água encanada, o reaproveitamento de água é praticado em apenas 1% das indústrias, apesar das vantagens financeiras e ambientais[47]. Porém, esse quadro tende a mudar desde o final da última década, quando foi aprovada a Lei Federal 9.433/97 – na qual a água passa a ser considerada um bem público, finito e com valor econômico, isto é, deixa de ser um bem livre e passa a ser um recurso cobrado –, que, aliada a um conjunto de fatores ambientais e principalmente econômicos – afinal a tendência é de que a água fique cada vez mais cara –, só fez aumentar o interesse industrial pela água de reúso[48]. Ainda que seja um investimento caro, o setor industrial teria mais condições de investir nos equipamentos necessários, visto que as em-

46. Segundo o Sistema Nacional de Informações sobre Saneamento (SNIS), 91,7% das pessoas que vivem em cidades têm água encanada em casa. Porém, o número de pessoas que não têm acesso ao abastecimento de água no Brasil pode ser superior a catorze milhões. Cf. sítios do SNIS, www.snis.org.br; da campanha De Olho nos Mananciais, www.mananciais.org.br; e *Atlas de Saneamento Ambiental*, Rio de Janeiro: Instituto Brasileiro de Estatística e Geografia, [s. d.].

47. Estima-se que, se todas as indústrias do país reutilizassem a água, teríamos uma economia de 1,65 bilhões de litros por dia, suficientes para abastecer 8,2 milhões de pessoas. Cf. Laura Diniz, Só 1% das Indústrias Reutiliza Água, *O Estado de S. Paulo*, 5/1/2005.

48. L. Diniz, op. cit.

286

presas de saneamento ainda não têm condições de oferecer água em diferentes estágios de tratamento, embora exista um grande e potencial mercado para a água de reúso, de acordo com estimativas de empresas especializadas. A água de reúso também é produzida pela Sabesp em algumas das estações de tratamento de esgoto – "mini-estações", em três delas –, mas tem seu consumo bastante restrito devido ao fato de não dispor de rede de distribuição – o transporte é responsabilidade das indústrias consumidoras.

Apesar de representar um consumo de apenas 4% do total, presume-se que a adesão à reutilização de água pelo setor industrial na RMSP impulsionaria os demais setores, já que a economia no consumo de água poderia atingir até 70% do total. O setor residencial consome 80% da água na RMSP, fato que, por si, coloca a reutilização como priorida-de, não só em condomínios residenciais, podendo resultar em uma redução de até 30%, mas também nos comércios, cujo consumo pode ser reduzido em até 50%. O investi-mento em redução das perdas e do desperdício, em econo-mia de água, e sobretudo em gestão da demanda domiciliar é factível, desde que as instalações necessárias tenham sido incorporadas ainda na fase de projeto das edificações, pois exigem equipamentos e instalação de alto custo – com equi-pamentos e instalações adequadas é possível reaproveitar a água do banho, dos lavatórios, da área de serviço e da chuva para jardins, limpeza de quintais, passeios públicos e veículos – para a maior parte das edificações existentes, porque não foram previstas instalações desse tipo; o fato é que tais medidas ainda encontram-se distantes.

De todas as grandes temáticas urbanas de dimen-sões metropolitanas, a das águas é a que envolve, de fato, mais variáveis. Entretanto, dentre as ações políticas, ins-titucionais, de cunho social e ambiental, preventivas ou reparadoras, contempladas à luz dos principais aspectos históricos e urbanísticos relacionados com a emergência da questão das águas, cabe destacar outras possibilidades.

Poderíamos iniciar enfatizando a questão educacional e de cidadania como decisivas para o problema, mas sabemos que são aportes fundamentais e definitivos para grande parte das questões e dos problemas que o país tem enfrentado nos últimos cinqüenta anos. A apreensão do elemento água, dos recursos hídricos, a conscientização de sua existência e finitude estão associadas ao trabalho de racionalização do uso, um esforço de educação ambiental e de cidadania. Por outro lado, apesar de constituírem-se diretrizes fundamentais, não são suficientes para diminuir a velocidade atual de degradação dos recursos naturais no meio ambiente urbano. Assim, para além de políticas públicas e iniciativas de organizações não governamentais, comprometidas com a recuperação e preservação dos recursos hídricos, no que se refere à percepção e apreensão dos problemas que envolvem a água, ações de outra natureza são igualmente necessárias e bem-vindas. Refiro-me às ações que buscam uma nova aproximação da população com seus mais significativos referenciais geográficos – e urbanísticos –, como já foram os rios, córregos, várzeas, vales, colinas e espigões, tendo em vista que muito do que foi colocado aqui, com relação à formação histórica dos problemas urbanos relacionados à água, decorre do processo de invisibilidade – ou acobertamento – ao qual foram submetidas as principais características geográficas metropolitanas, ao longo do último século de urbanização. O desaparecimento da navegação intra-urbana, dos rios como caminhos, dos passeios às margens do Tietê, da prática de esportes aquáticos nos clubes náuticos – os clubes Esperia e Regatas Tietê, dentre outros –, o fechamento em dutos de muitos córregos-afluentes dos principais rios, o desaparecimento das matas ciliares, dos meandros, dos portos de areia, dos campos de várzea, da pescaria e do lazer nos rios e nas represas são alguns exemplos de elementos e antigos usos referenciais que não passaram por transformações, nem foram substituídos. Com raras exceções, o próprio elemento água não se encontra mais presente na paisagem urbana – não constitui elemento de projeto e organização do espaço livre público, espaço de sociabilidade,

288

como já foi noutra São Paulo com chafarizes e bicas de abastecimento público, por exemplo. A água não poluída não é um componente do espaço e da paisagem urbana e metropolitana atual, e, nesse sentido, falta muita água. Assim, os principais rios urbanos e todo o sistema hidrográfico metropolitano poderiam desempenhar o papel de ponta de lança de uma nova aproximação da população com o elemento água, com os elementos naturais e, conseqüentemente, com os demais referenciais geográficos. Mas, como alcançar tal situação? Tais objetivos? Antes de tudo, descontaminar e despoluir o sistema hidrográfico é condição fundamental e, nessa perspectiva, várias medidas têm sido tomadas no âmbito do poder público e da sociedade civil – algumas das quais já citadas neste texto, como foi o caso do Projeto Tietê.

Acolhido pelo poder público estadual, para além de um conhecido projeto especial de saneamento ambiental para despoluição da bacia do Alto Tietê, o Projeto Tietê é um exemplo bastante significativo de mobilização da população. Originado por iniciativa da rádio Eldorado de São Paulo e da organização não governamental ecológica SOS Mata Atlântica, além do apoio da mídia impressa, a campanha foi iniciada em 1991 e, num curto intervalo de tempo, conseguiu a adesão de mais de um milhão de pessoas, o que significava, à época, a adesão de aproximadamente 10% da população paulistana[49]. Por outro lado, dar continuidade ao processo de envolvimento da população na campanha de despoluição dos rios demanda muitos esforços a serem

49. A primeira etapa do projeto, realizada entre 1992-2002, transcorreu com algumas paralisações por falta de recursos; a segunda etapa, iniciada em 2002, apresenta previsão de término para este ano, 2007. Com a sua finalização e a construção de redes coletoras, coletores-tronco e interceptores, o Projeto Tietê retirará do rio e da bacia o esgoto doméstico de quase trezentos mil domicílios. Além disso, devido ao movimento, 1.250 empresas instaladas na RMSP assumiram medidas antipoluição e já em 1999 deixaram de lançar dejetos industriais líquidos nos rios. Cf. PPP Alto Tietê, Seção A Sabesp, São Paulo: Sabesp/SSE, disponível em: http://www.sabesp.com.br/calandraweb/calandraredirect/?temp=A8&proj=sabesp&pub=t&db=&docid=B01FAA7F087EDE3B8320B0069229C, acesso em: 29/ 11/2007.

desenvolvidos não apenas pelos grupos que se destacaram naquela ocasião, mas por outros grupos que se formaram desde então, por meio de grupos de monitoramento formados por cidadãos[50].

Há muito tempo referenciais naturais como os rios, por exemplo, na sua passagem pela região metropolitana, não são mais percebidos pela população como "elementos da natureza", mesmo que pertencentes a um sistema hidrográfico e, portanto, um sistema natural. Mas, então, qual o sentido e significado dos referenciais naturais, a partir do momento em que a área não se situa mais, objetivamente, no campo dos elementos naturais? A resposta a essa pergunta possivelmente será a base para que se estabeleça a oportunidade de uma nova relação entre a cidade, sua população e o meio ambiente urbano. E não se trata de uma reaproximação nos mesmos moldes de décadas passadas – ou, pelo menos, não totalmente –, mas de uma reaproximação em sintonia com as dinâmicas urbanas contemporâneas, na qual venham à tona pontos de partida para que outra relação se estabeleça, nova, no sentido de perceber, ver, olhar os elementos naturais, especialmente a água.

A proposta dessa reaproximação também passa pela idéia de uma nova relação entre os rios e a população, os rios e a cidade, e aí temos uma questão primordial para o urbanismo. Como estabelecer novos vínculos entre a população e esses elementos naturais de percepção tão negativa (contaminação, poluição, enchentes e congestionamentos) nos dias de hoje? E, se uma providência fundamental é *apresentar* à população esses corpos d'água, sob um outro ponto de vista, dentre várias possibilidades, temos um manancial de idéias contempladas em várias propostas urbanísticas contemporâneas ao longo dos rios urbanos, nas quais, porém, são recorrentes em várias escalas de proposição; idéias que associam a água ao lazer, ao

---

50. Cf. sítio do Núcleo Pró-Tietê, disponível em http:/www.rededasaguas.org.br.

esporte e a grandes parques lineares, áreas verdes em profusão. Uma espécie de retorno à natureza? Mas, de qual natureza estamos falando?

Como atrair a atenção para as possibilidades de outra relação e outros vínculos entre a população e a água? Como reinserir propositivamente a questão no cotidiano urbano, para além da água de beber – água limpa que corre nos encanamentos, que se encontra em reservatórios e estações de tratamento –, ou da condição da água contaminada e poluída?

Uma possibilidade poderia ser mais direta, atingindo um grande número de pessoas no menor intervalo de tempo possível: uma apreensão visual das referências urbanas. É assim em uma das imagens mais fortes da campanha de recuperação do rio Tietê nos anos de 1990: a de ecologistas usando máscaras e remando em caiaques ao longo do rio, próximos à ponte das Bandeiras[51]. Em 2006, novamente assistimos – por pouco mais de vinte dias – à cena semelhante no rio Pinheiros, entre as pontes Eusébio Matoso e o viaduto Ary Torres, só que, em vez de pessoas navegando, contemplamos uma colorida intervenção artística – 150 manequins a bordo de cem caiaques distribuídos numa extensão de três quilômetros. O artista, os patrocinadores e os apoiadores da intervenção estimaram que o projeto atingiria, visualmente, mais de trezentas mil pessoas por dia, com a mensagem principal de despoluição dos rios e recuperação de suas margens[52].

Mais impactante que as inacessíveis águas contaminadas e poluídas dos rios e córregos – águas que não são vistas ou percebidas no dia-a-dia pela maioria da população, a

51. Cf. Imagem de César Diniz, Agência Estado, em Vicente Adorno, *Tietê – Uma Promessa do Futuro para as Águas do Passado*, São Paulo: Texto Art Gráfica e Editora, 1999, p. 103.

52. A intervenção pôde ser vista no período de 2/10 até 25/10/2006, e seu idealizador foi o artista Eduardo Srur, que contou com o apoio cultural da Companhia Paulista de Trens Metropolitanos (CPTM), da Empresa Metropolitana de Águas e Energia (Emae), da Secretaria Estadual de Saneamento e Energia e da Subprefeitura de Pinheiros.

não ser em situações de desastre –, ou quaisquer outros índices da atual situação do abastecimento, do saneamento, do número de favelas, dos pontos de alagamento e índice de contaminação dos recursos hídricos, foi a mensagem que perdurou por dias da mais recente intervenção do artista Eduardo Srur. De fato, nenhuma outra mensagem poderia ter sido mais direta e ter atingido um grande número de pessoas no mesmo intervalo de tempo.

Se a navegação dos ecologistas, em 1990, chocou pela dramaticidade – presença de pessoas navegando e utilizando acessórios de segurança que lembravam a todos, e a todo o momento, o risco iminente da contaminação pelas águas escuras do rio –, a intervenção de Srur, mesmo que breve, não deixou de causar o mesmo impacto, servindo possivelmente a várias percepções – sobre o rio, a água, a cidade e o ambiente urbano – para muitos paulistanos que atravessaram e circularam sobre as pontes, as avenidas marginais e a ferrovia. E, possivelmente, muito da lembrança da cidade e daqueles rios e ambiente de outrora tenha revisitado tantos outros paulistanos.

Na metrópole sobram águas contaminadas e poluídas, esgoto doméstico e industrial, água de chuva, águas de córregos canalizados, enchentes, água de reúso, mas faltam água potável para a periferia, água limpa para rios, córregos e mananciais; falta reaproveitar a água, drenar, sanear.

Embora o abastecimento público seja a prioridade fundamental a ser atendida pelos recursos hídricos e o primordial uso para a água, a *questão das águas* não se restringe à questão do abastecimento ou do saneamento e tratamento de esgotos; e, para além de todas as implicações que apresenta, especialmente de ordem social, é também uma questão cultural.

SOBRE OS AUTORES

SERGIO KON é arquiteto e artista gráfico, autor de *Imagem: Da Caverna ao Monitor, a Aventura do Olhar* (Melhoramentos, 2006).

FÁBIO DUARTE, arquiteto e urbanista, leciona Gestão Urbana na PUC, em Curitiba. É autor, entre outros, de *Crise das Matrizes Espaciais* (Perspectiva, 2002).

MARIA ALICE JUNQUEIRA BASTOS, arquiteta e urbanista, é doutora em História da Arquitetura. É autora de *Pós-Brasília: Rumos da Arquitetura Brasileira* (Perspectiva, 2003).

POLISE MOREIRA DE MARCHI é arquiteta e urbanista, mestre em Estruturas Ambientais Urbanas, com pesquisas desenvolvidas na Alemanha, França e Canadá. É professora de Comunicação e Arte do Senac-SP.

297

CARLOS ALBERTO JANSON MERCANTE é engenheiro, com pós-graduação na área financeira e em gestão de empresas, especialista em transporte metroferroviário.

TALES A. M. AB'SÁBER é mestre em Artes e doutor em Psicologia Clínica/Psicanálise, autor de *A Imagem Fria* (Ateliê Editorial, 2003) e de *O Sonhar Restaurado* (Ed. 34, 2005), vencedor do prêmio Jabuti.

GILSON LAMEIRA DE LIMA é arquiteto e urbanista, professor e pesquisador da Fundação Santo André. Tem atuação destacada nas áreas de gestão e destinação do lixo e de sistemas construtivos com madeira.

JENNY ZOILA BALDIVIEZO PEREZ é arquiteta e urbanista, doutora em Estruturas Ambientais Urbanas. É professora dos cursos de Gestão Ambiental e de Arquitetura e Urbanismo da FMU/UniFIAMFAAM.

Impresso em São Paulo, em fevereiro de 2008,
nas oficinas da Bartira Gráfica e Editora Ltda.,
para a Editora Perspectiva S.A.